NEW AGE MUSIC

Partituras para aficionados al piano

Diseño de cubierta: Regina Richling

Fotografías de cubierta: Wikimedia Commons
Dreamstime

ISBN: 978-84-18703-40-9

Depósito legal: B-16.286-2022

Impreso por Ulzama, Pol.Ind. Areta, calle A-33, 31620 Huarte (Navarra)

Impreso en España - *Printed in Spain*

NEW AGE MUSIC

Partituras para aficionados al piano

NEW AGE MUSIC

Partituras para aficionados al piano

Theme from Harry´s Game

Clannad

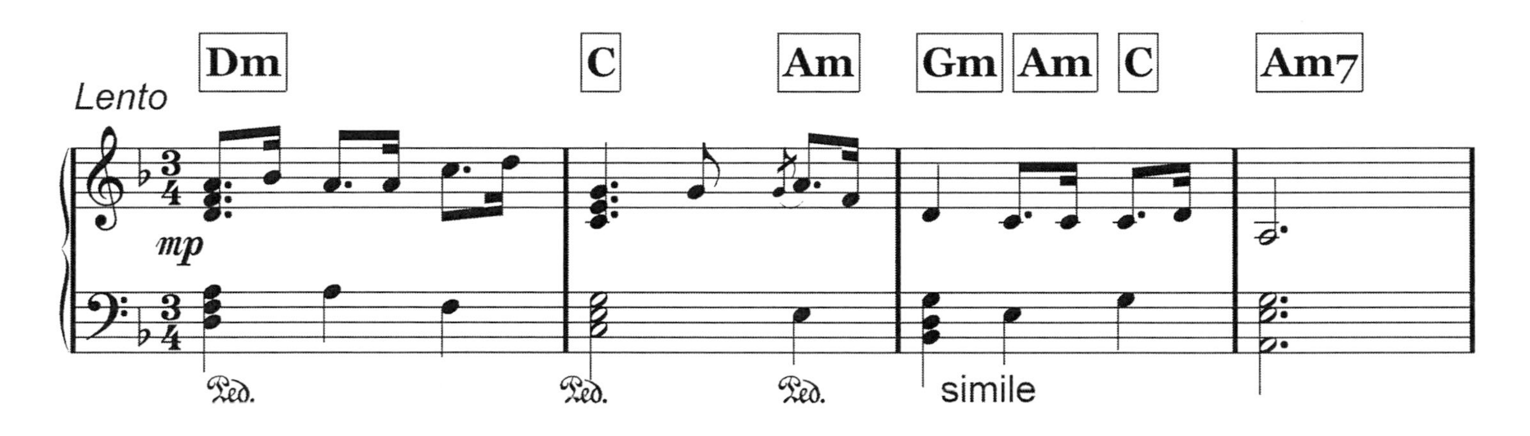

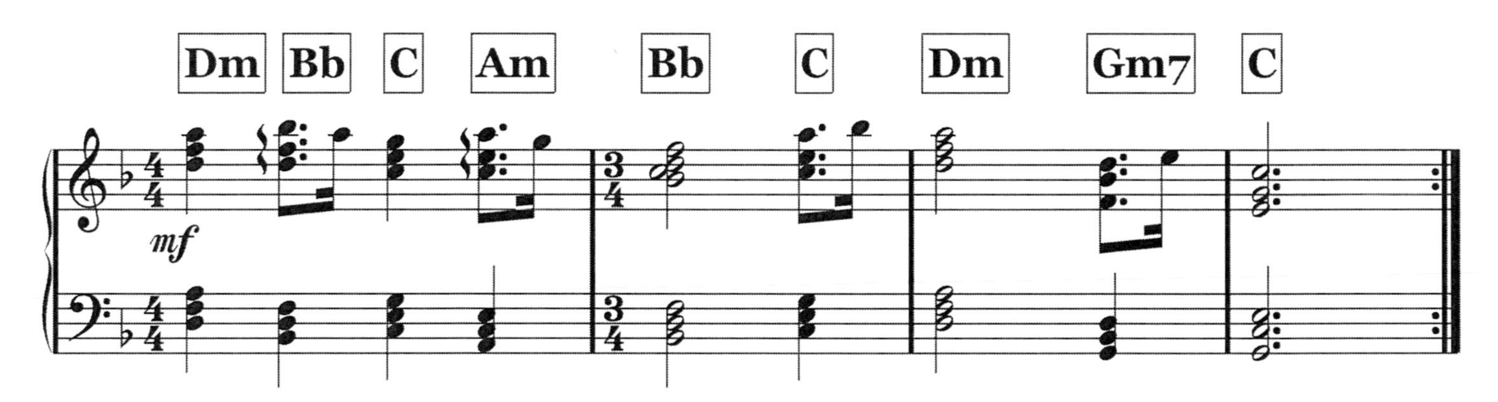

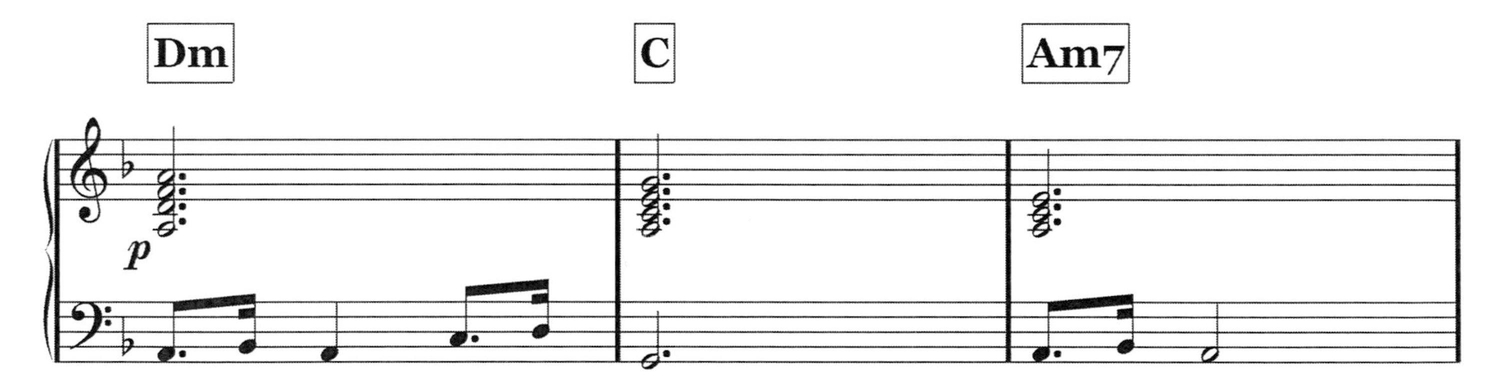

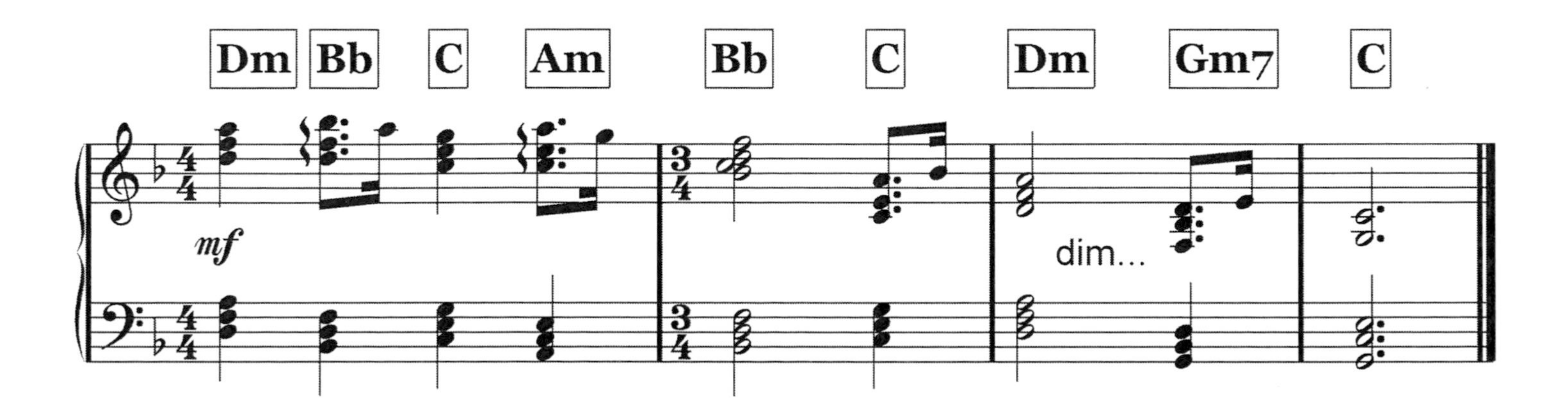

Watermark

Enya

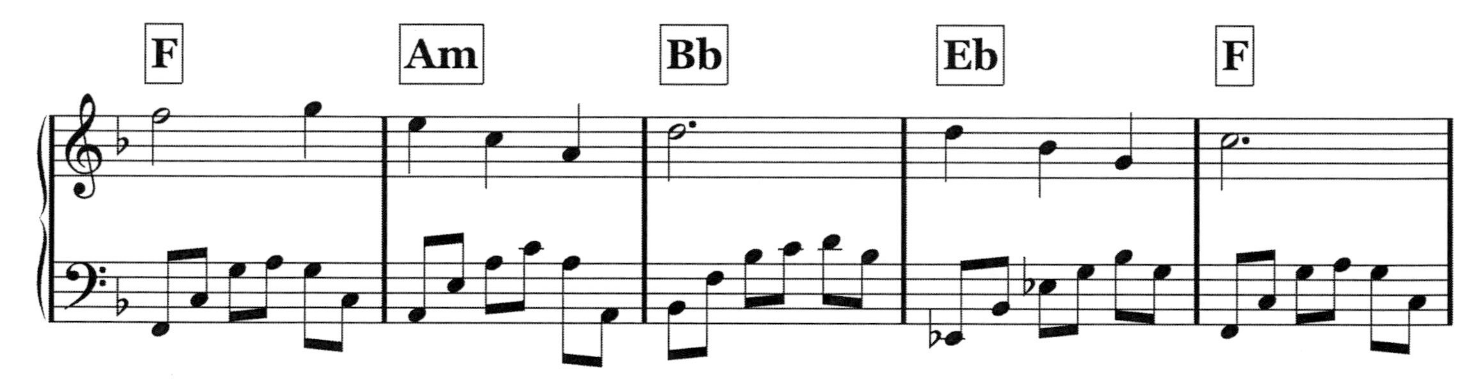

Dm
Am
Eb
F
Dm
mf

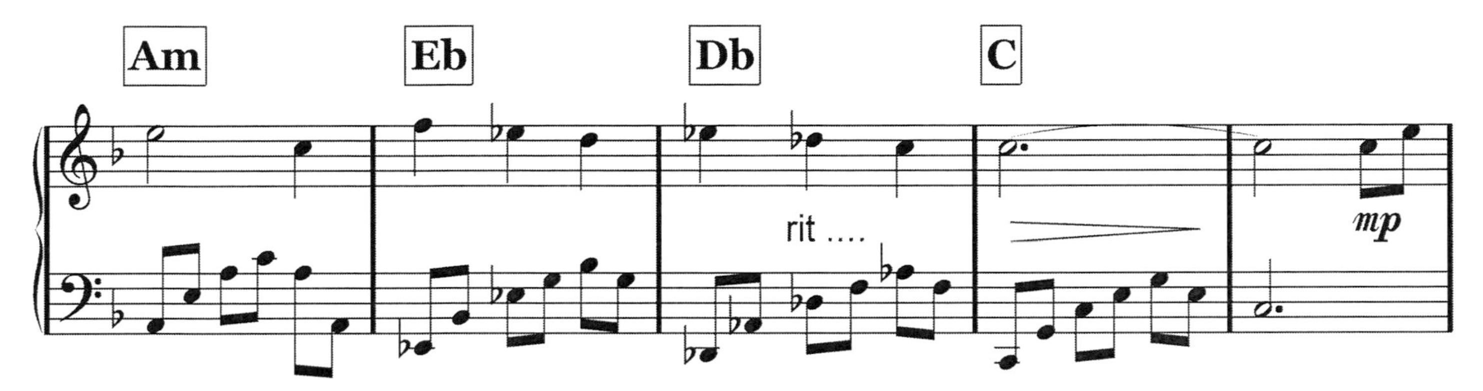
Am
Eb
Db
C
rit ....
mp

F
Am
F
Am
Bb
Eb
a tempo

F
Am
F
Am

Bb
Eb
F
rit ....

The Velocity of Love

Suzanne Ciani

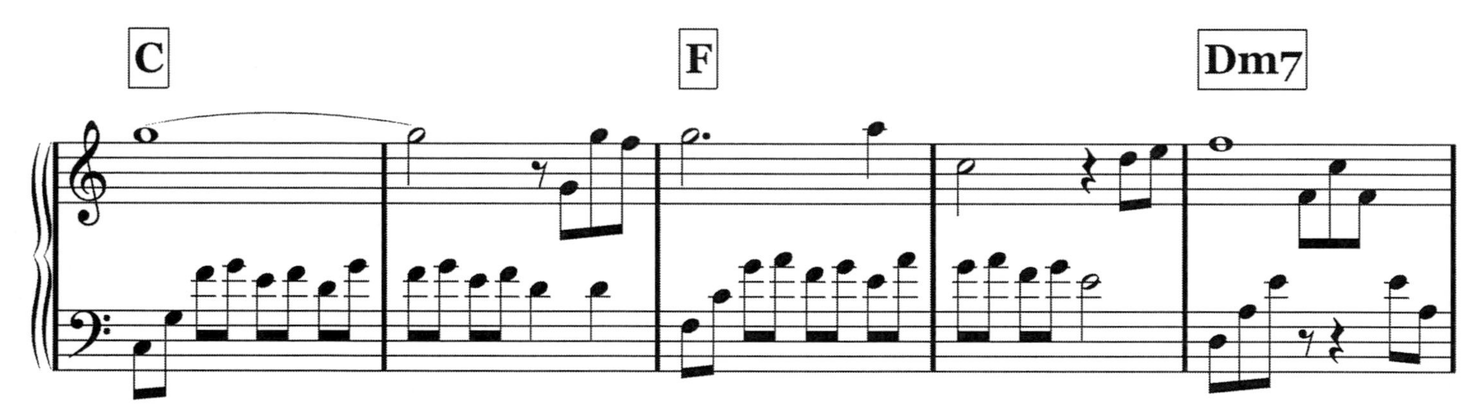

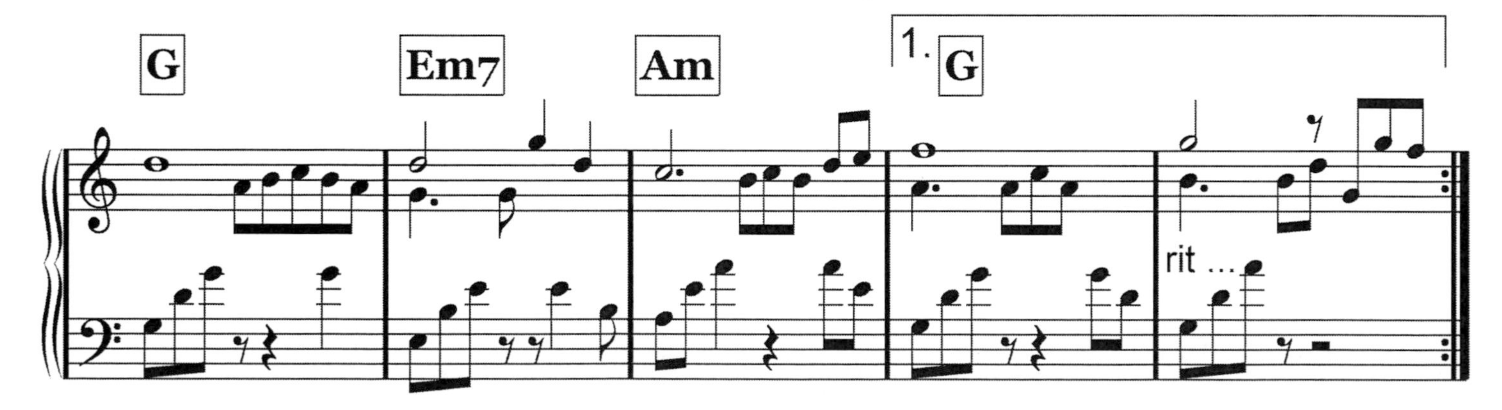

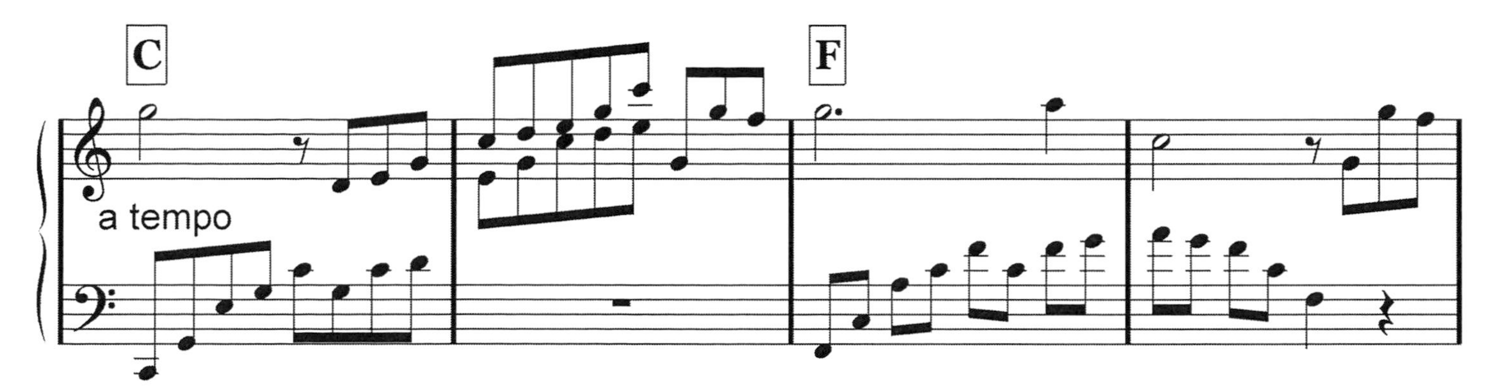
C
F
a tempo

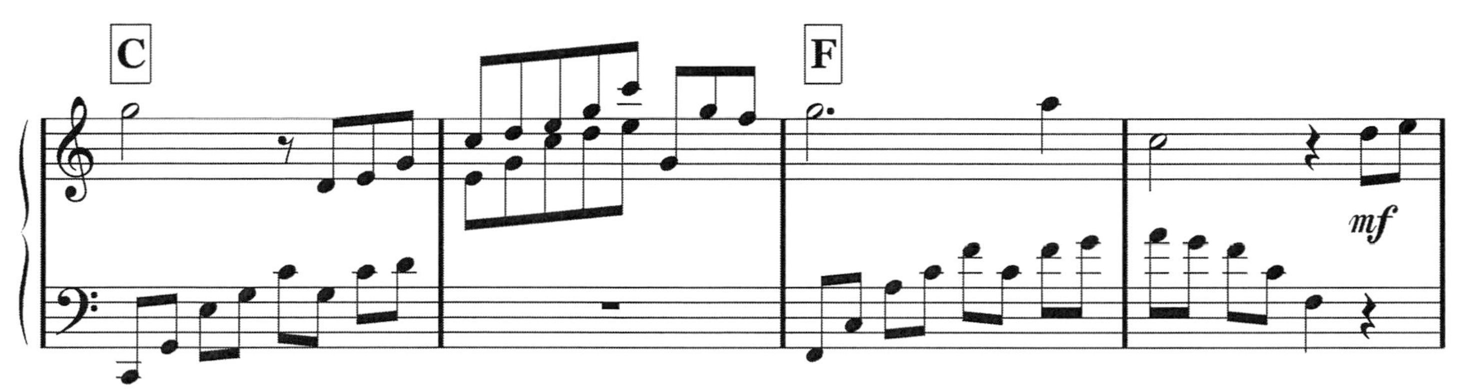
C
F
mf

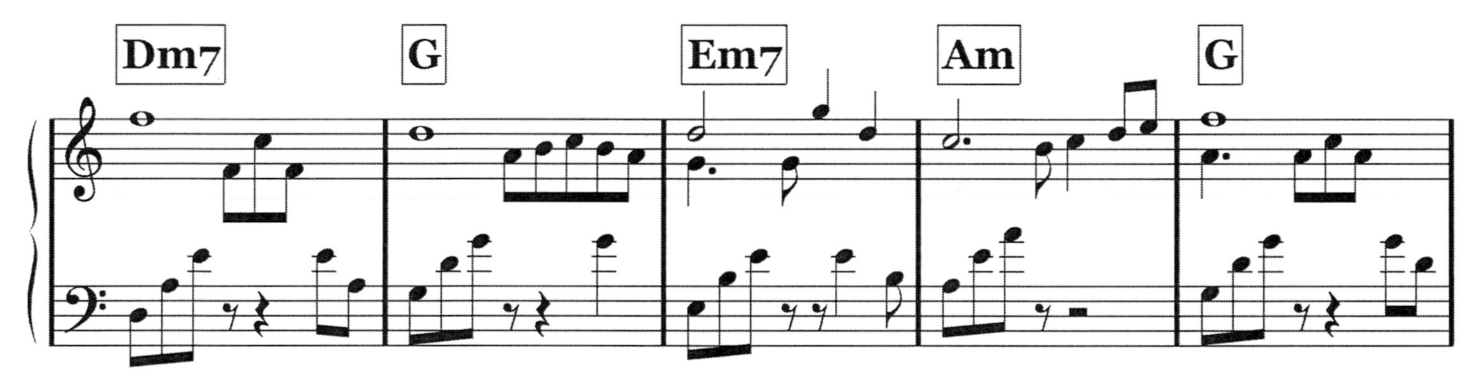
Dm7
G
Em7
Am
G

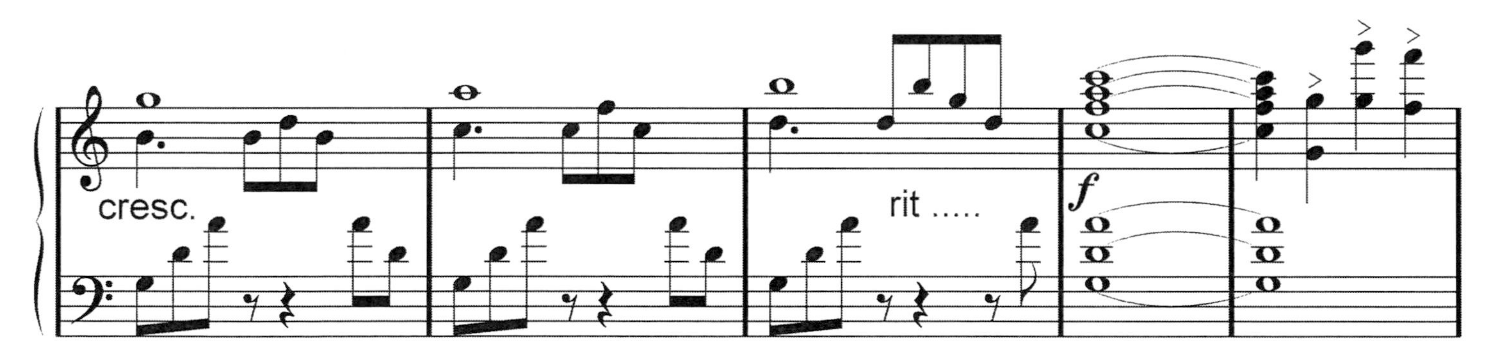
cresc.
rit .....
f

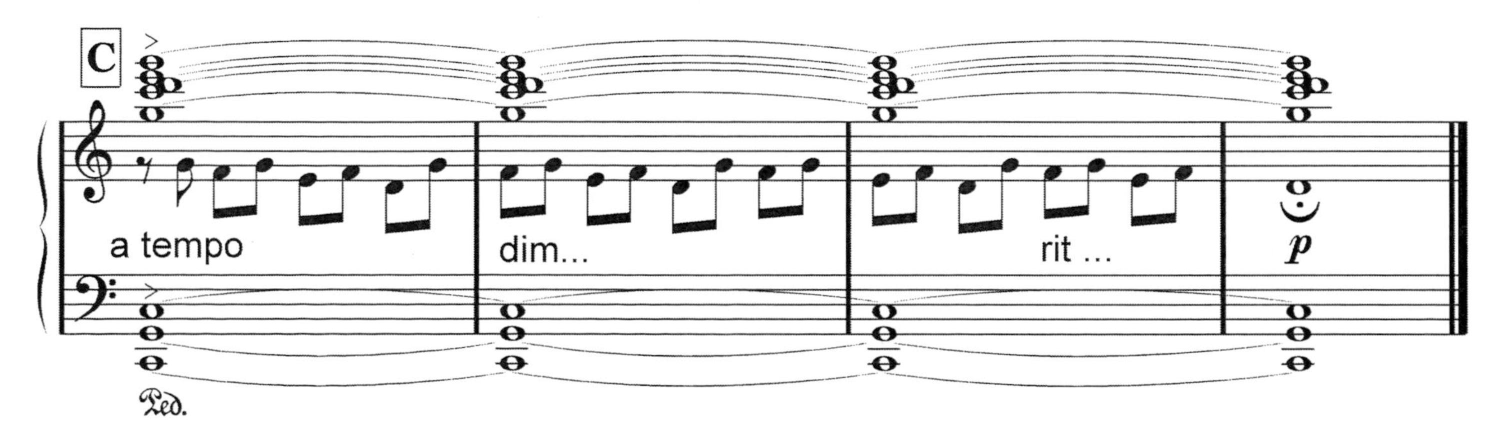
C
a tempo
dim...
rit ...
p
Ped.

Poem Without Words

Anne Clark

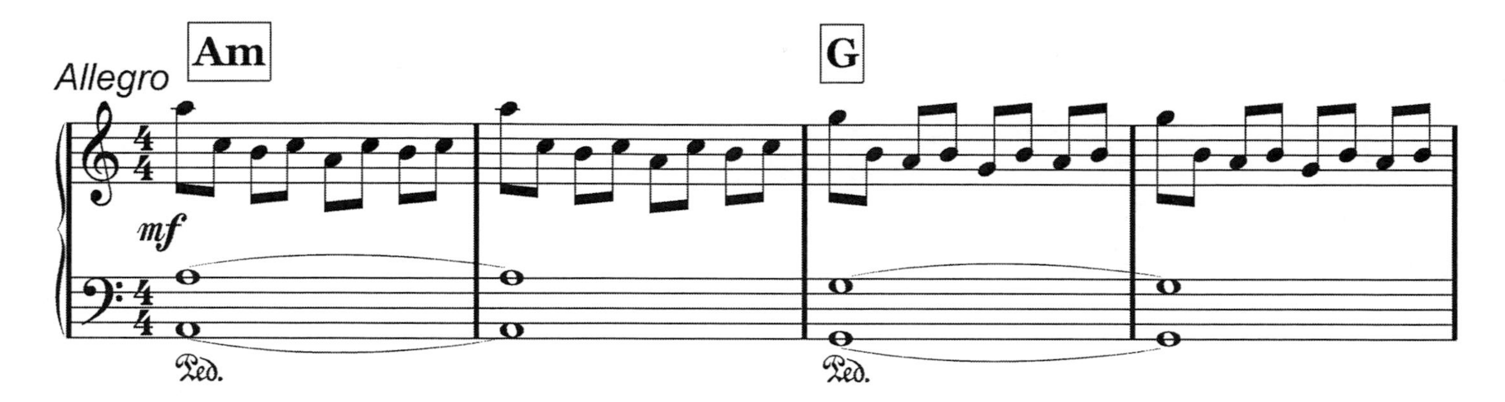

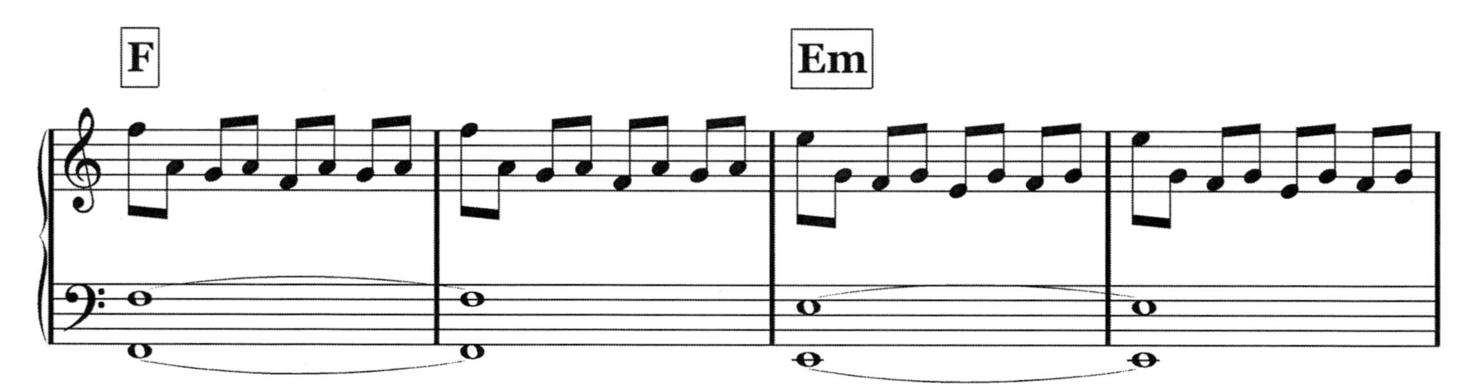

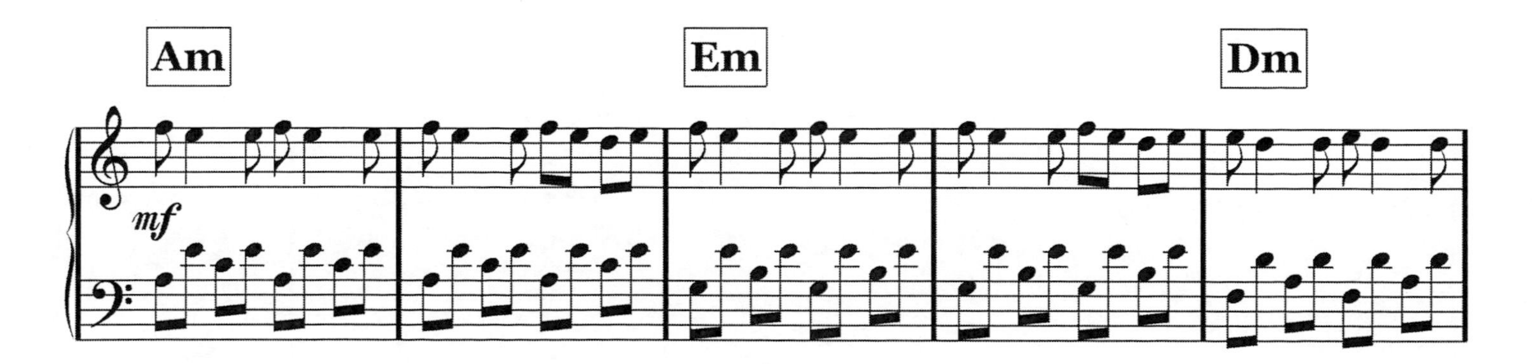

C
Dm

Am
Em
mp

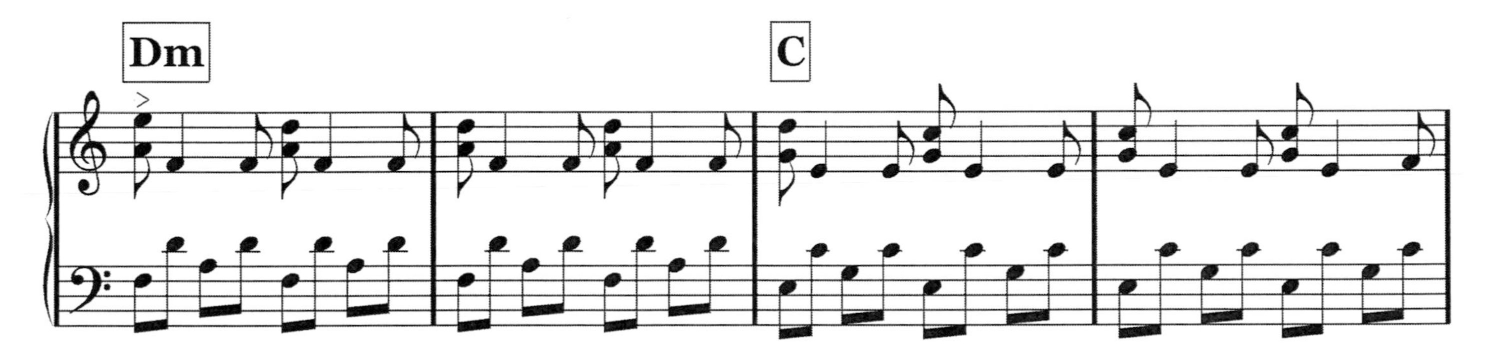
Dm
C

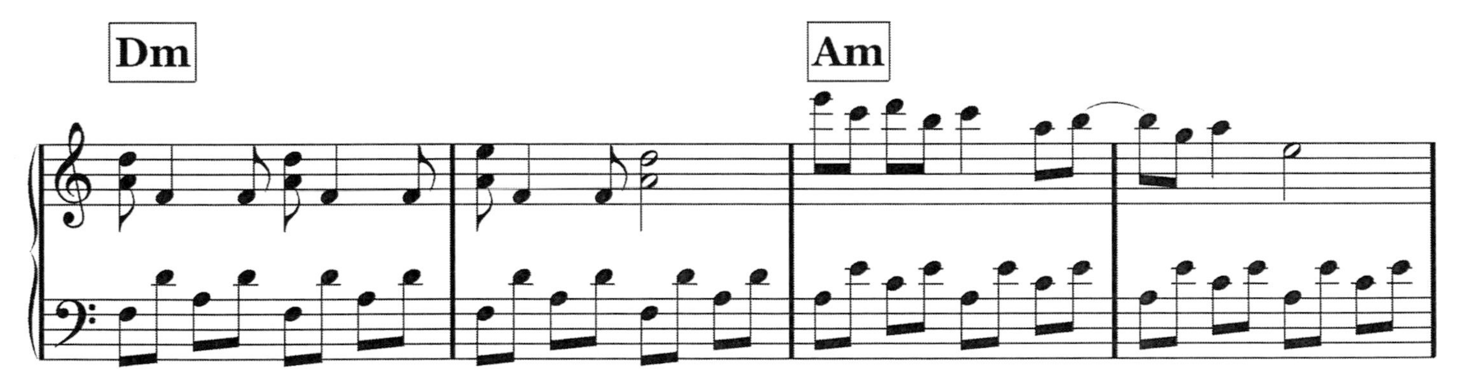
Dm
Am

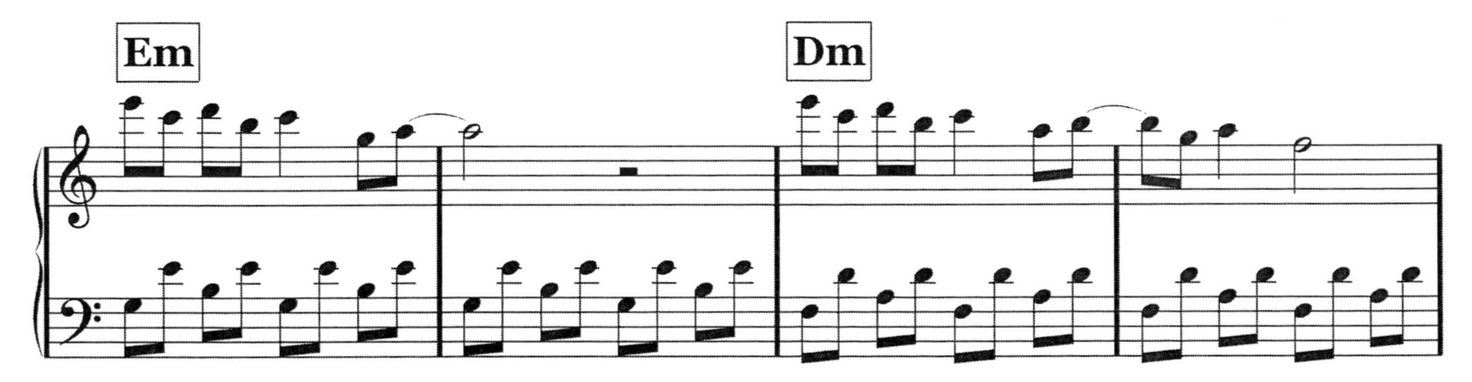
Em
Dm

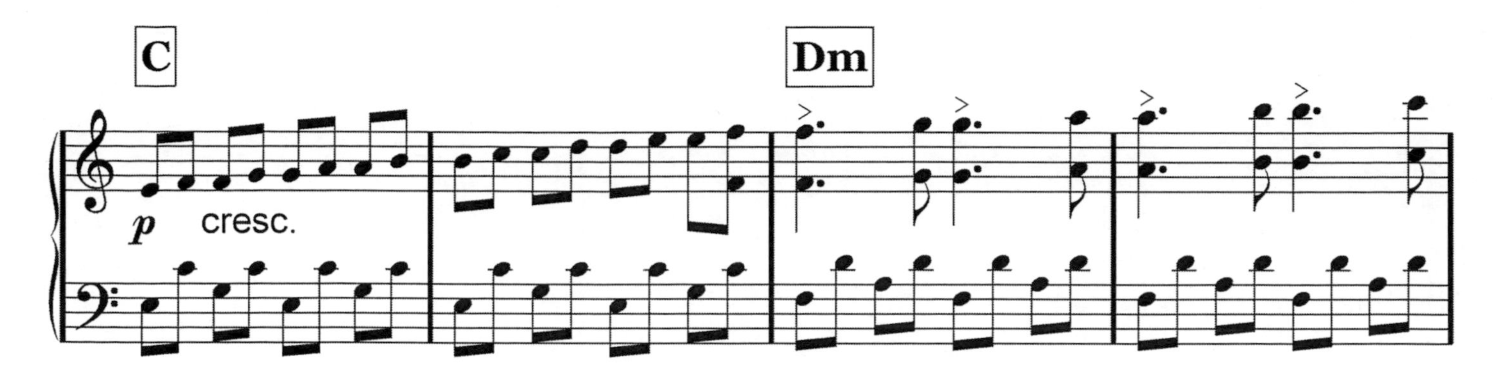
C
Dm
p
cresc.

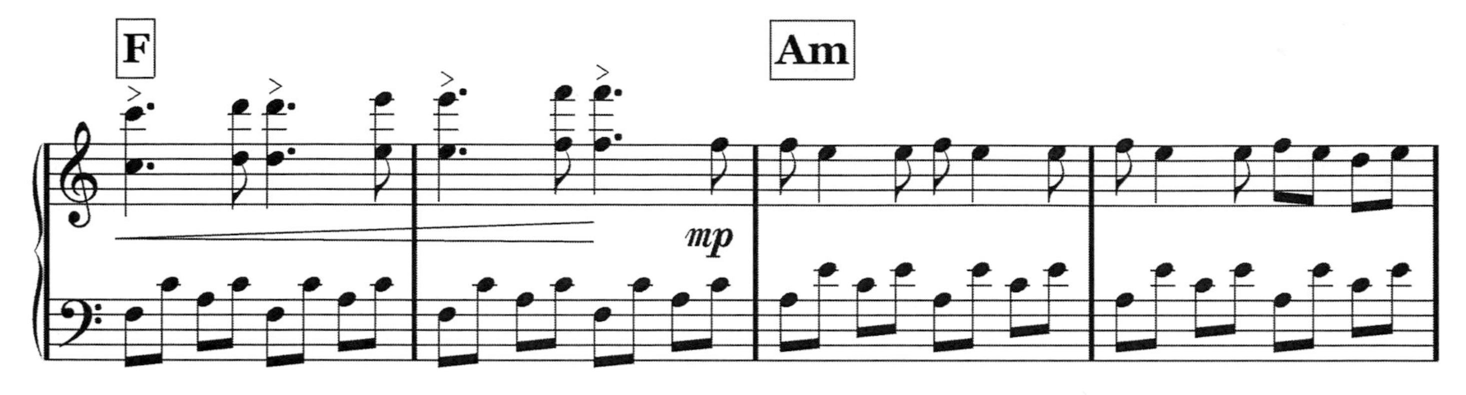
F
Am
mp

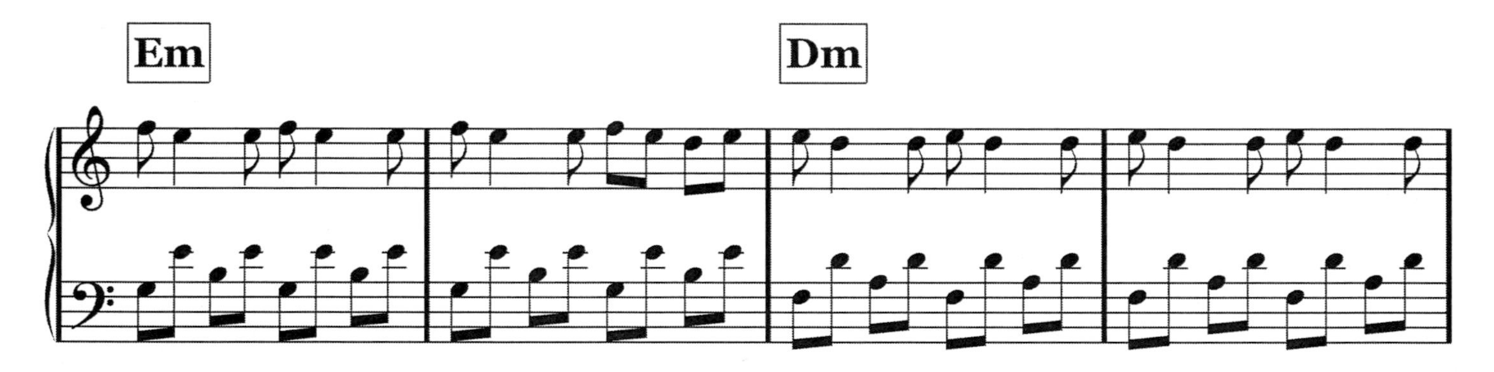
Em
Dm

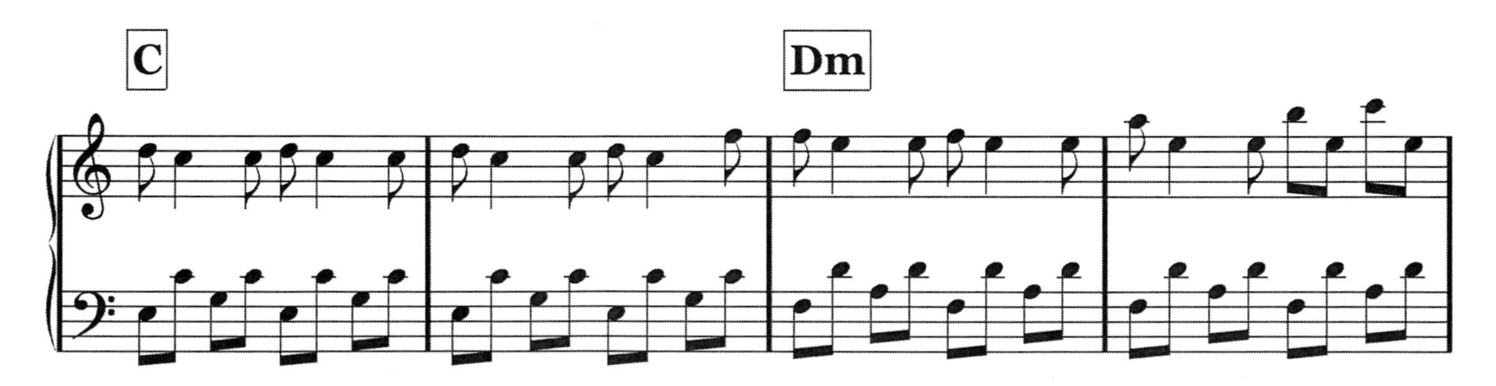
C
Dm

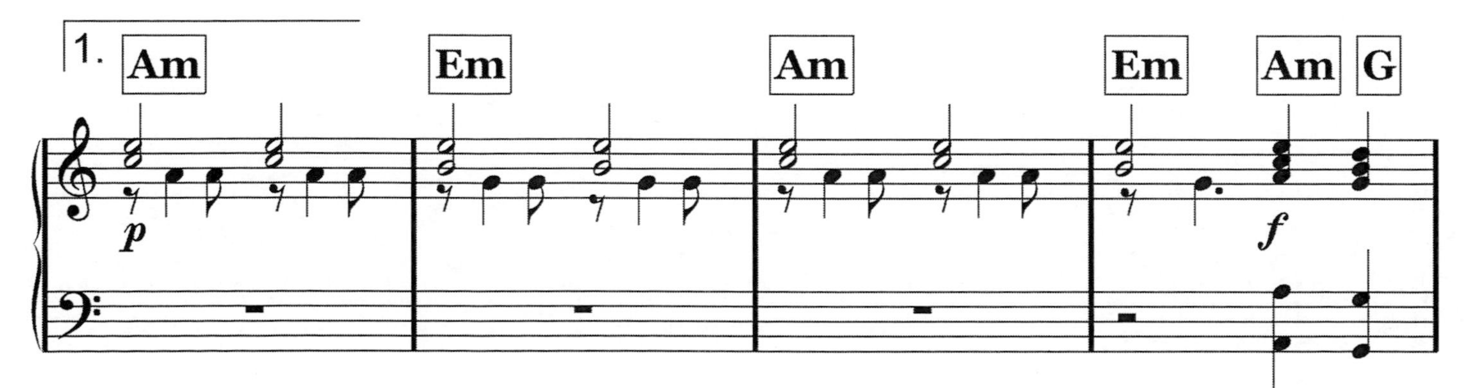
1.
Am
Em
Am
Em
Am
G
p
f

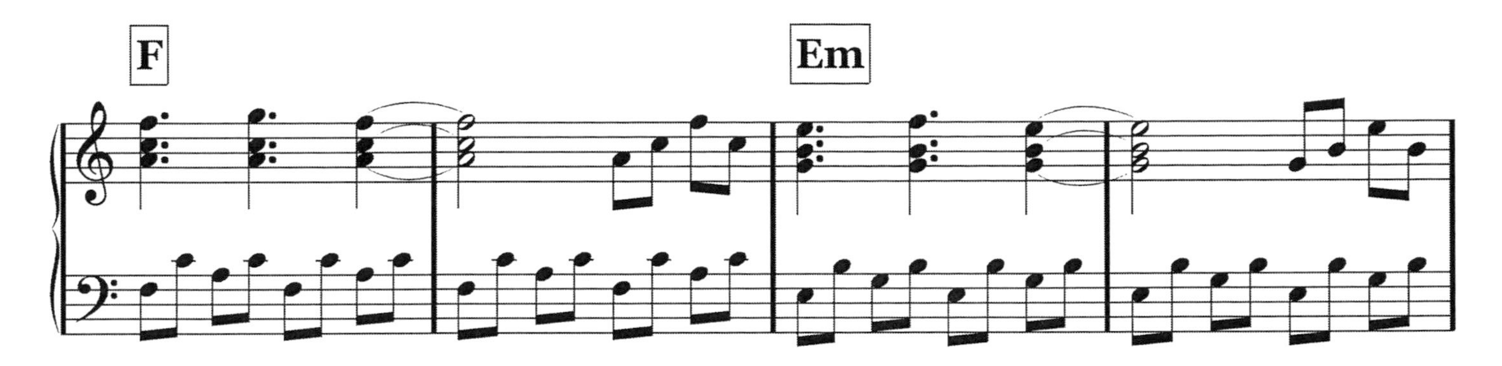
F
Em

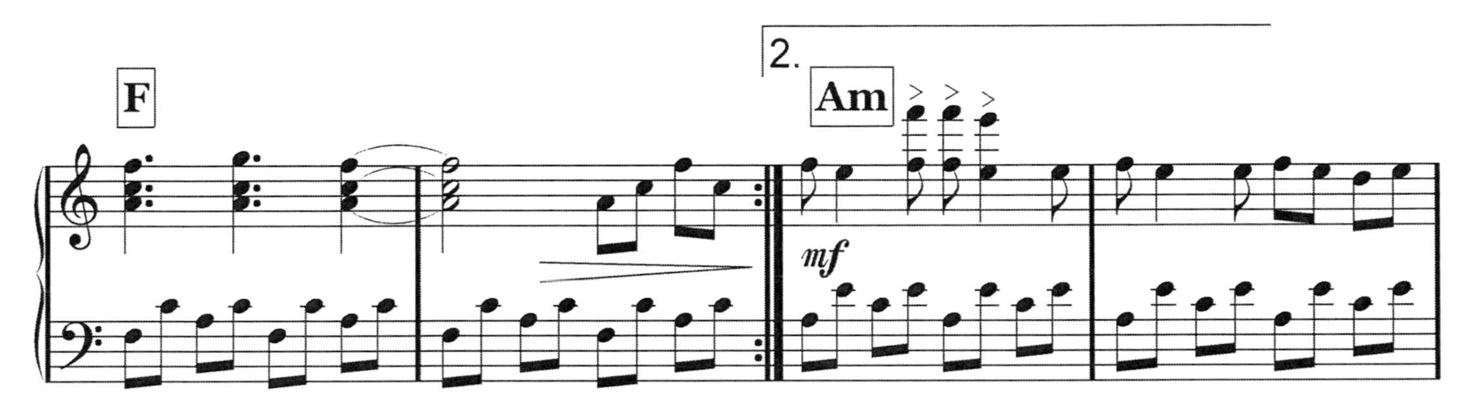
F
2.
Am
mf

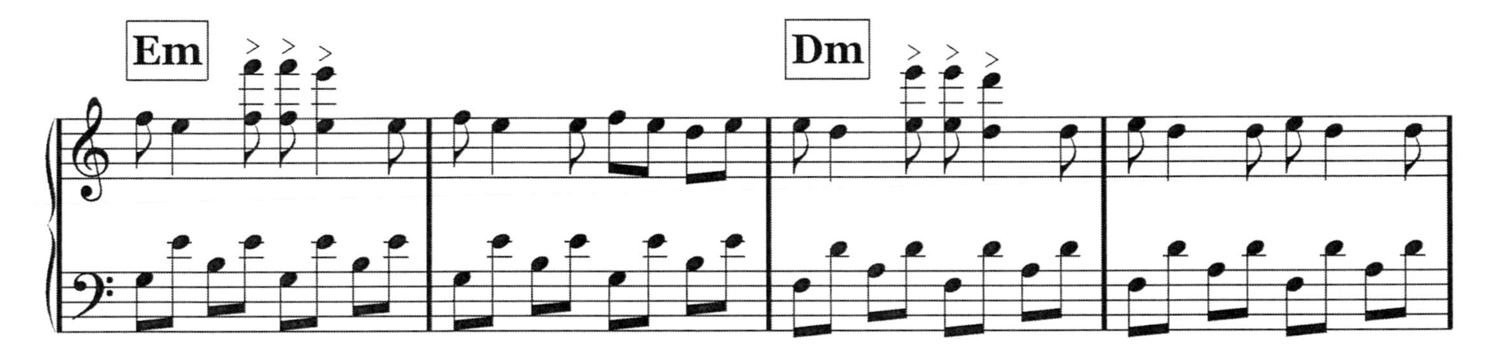
Em
Dm

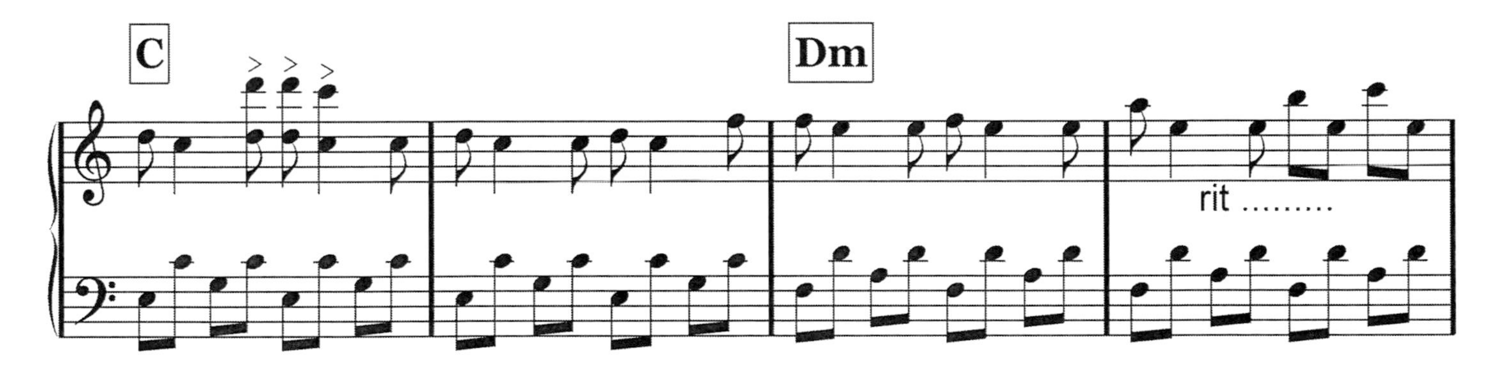
C
Dm
rit ....

Am
mf
rit ...
p

Close Cover

Wim Mertens

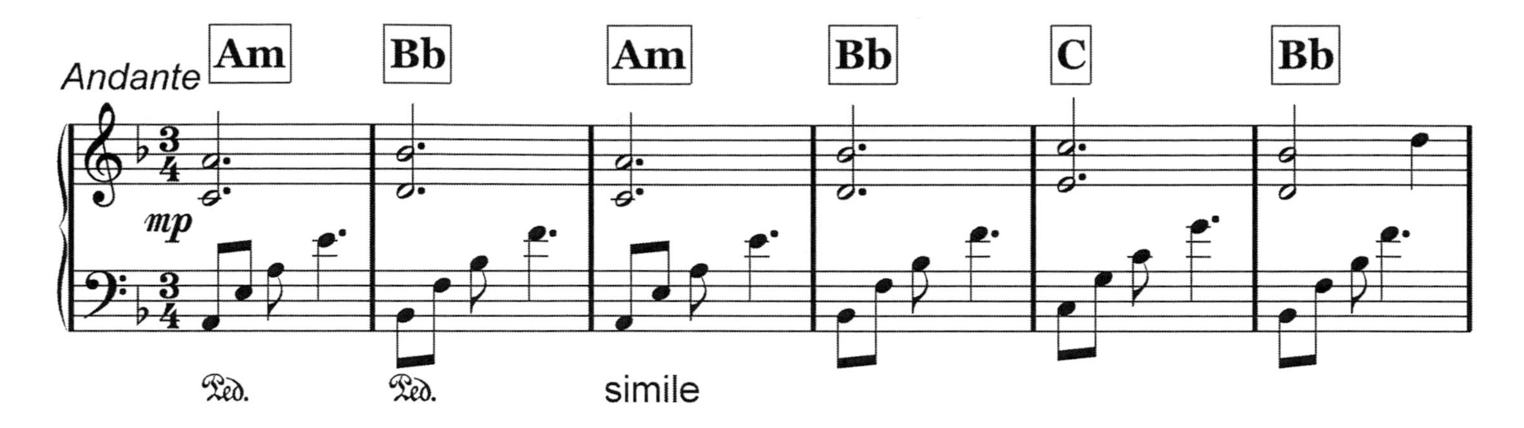

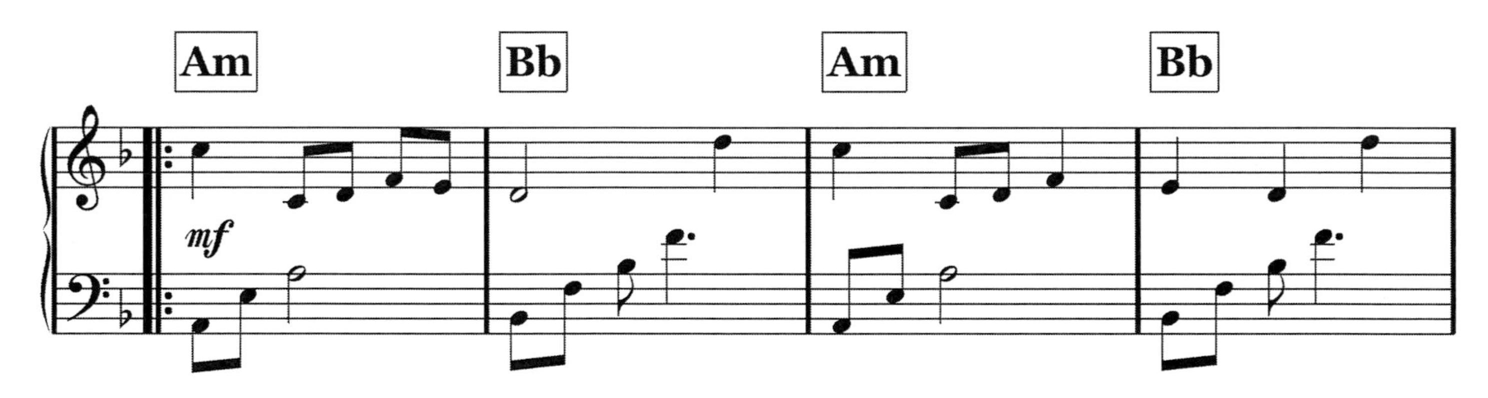

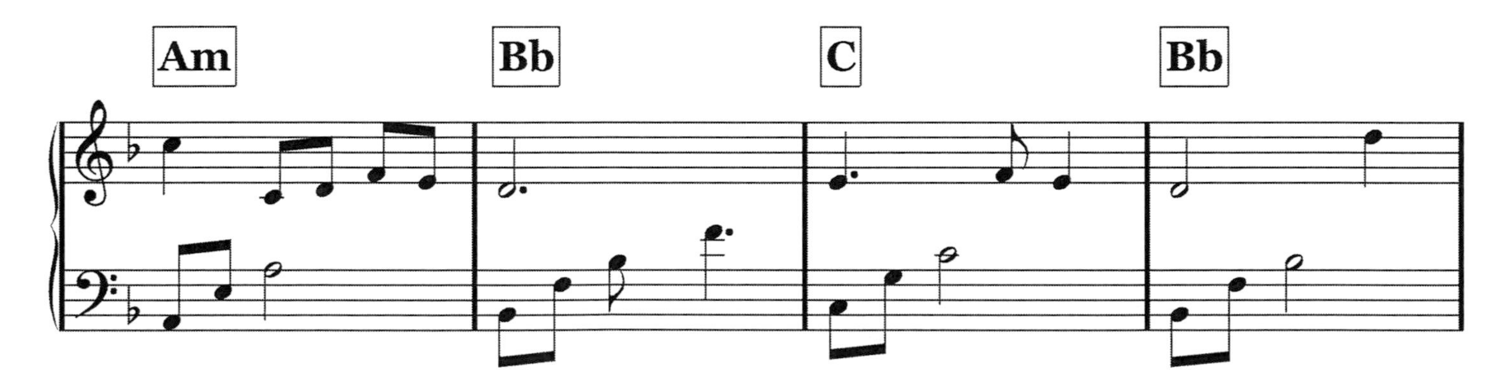

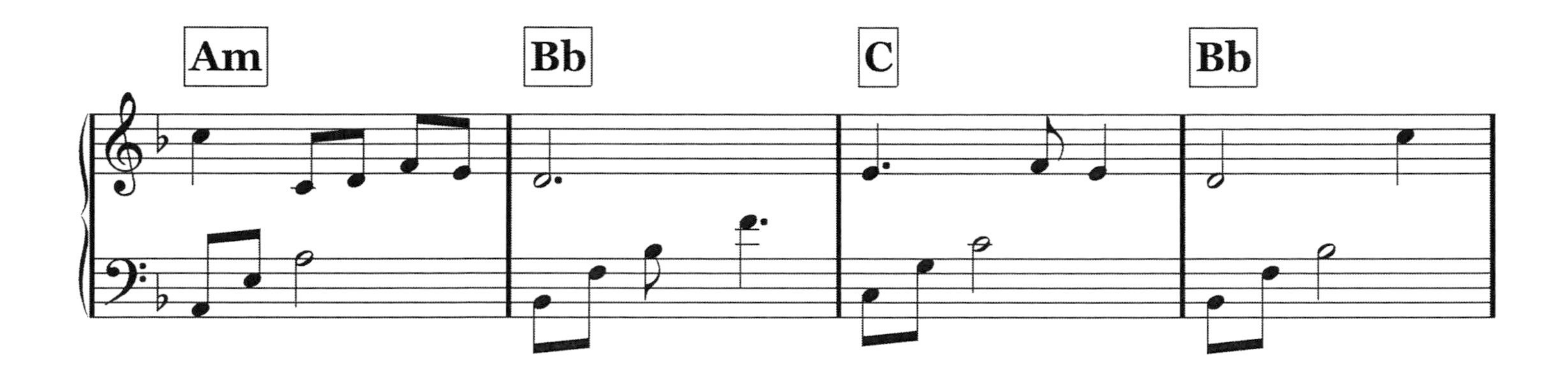
Am
Bb
C
Bb

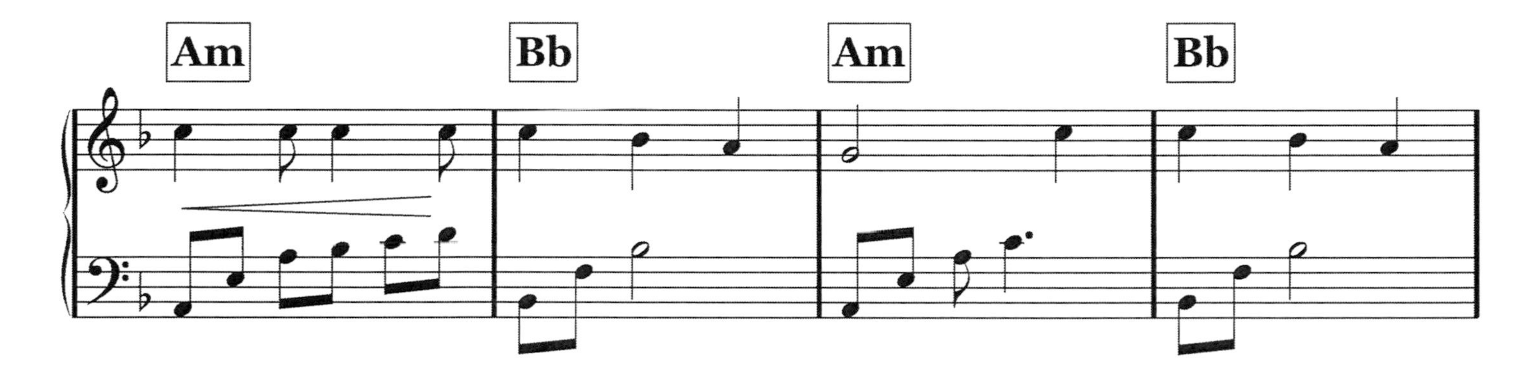
Am
Bb
Am
Bb

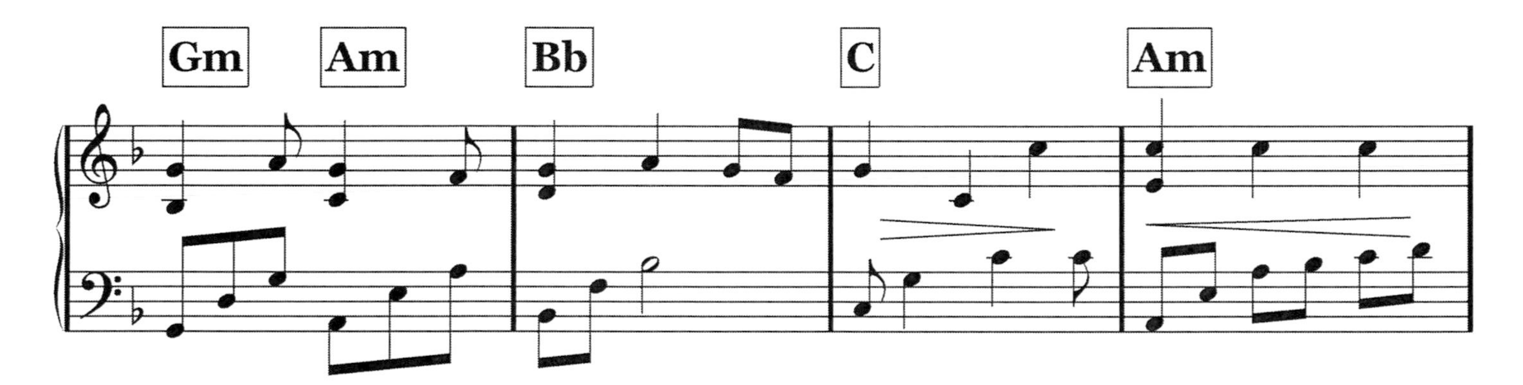
Gm
Am
Bb
C
Am

Bb
Am
Bb
Gm
Am

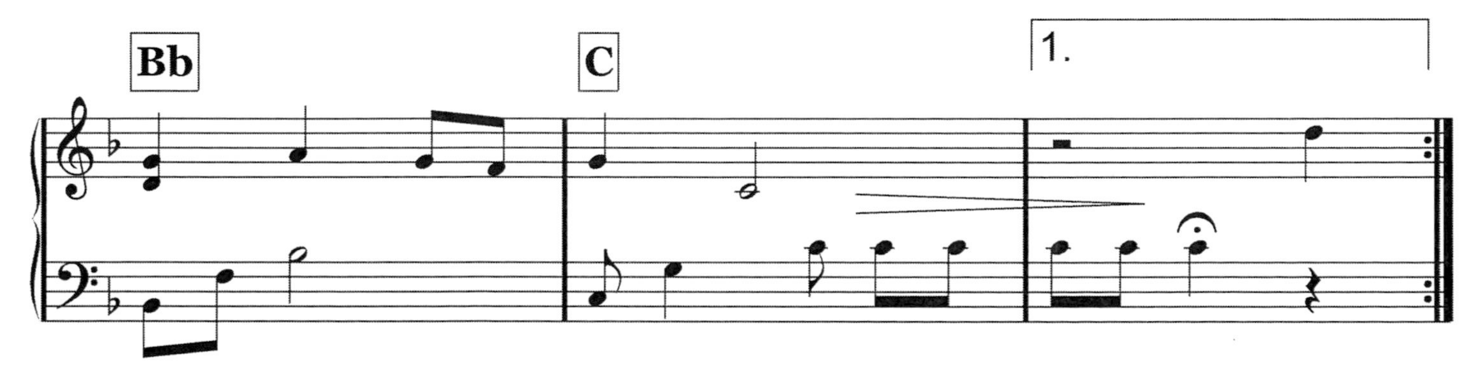
Bb
C
1.

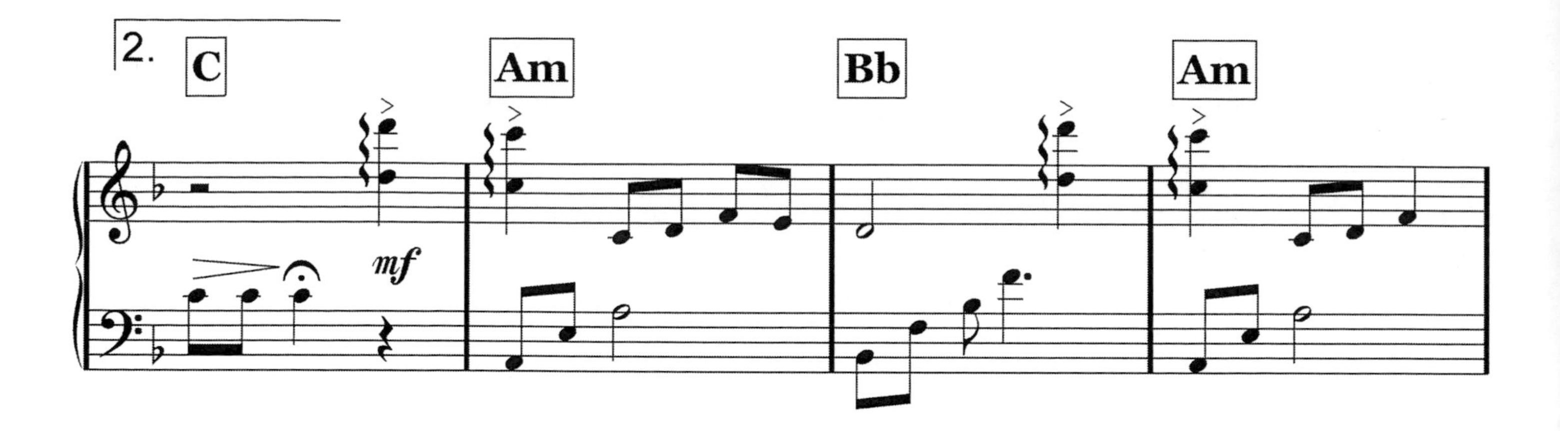
2.
C
Am
Bb
Am
mf

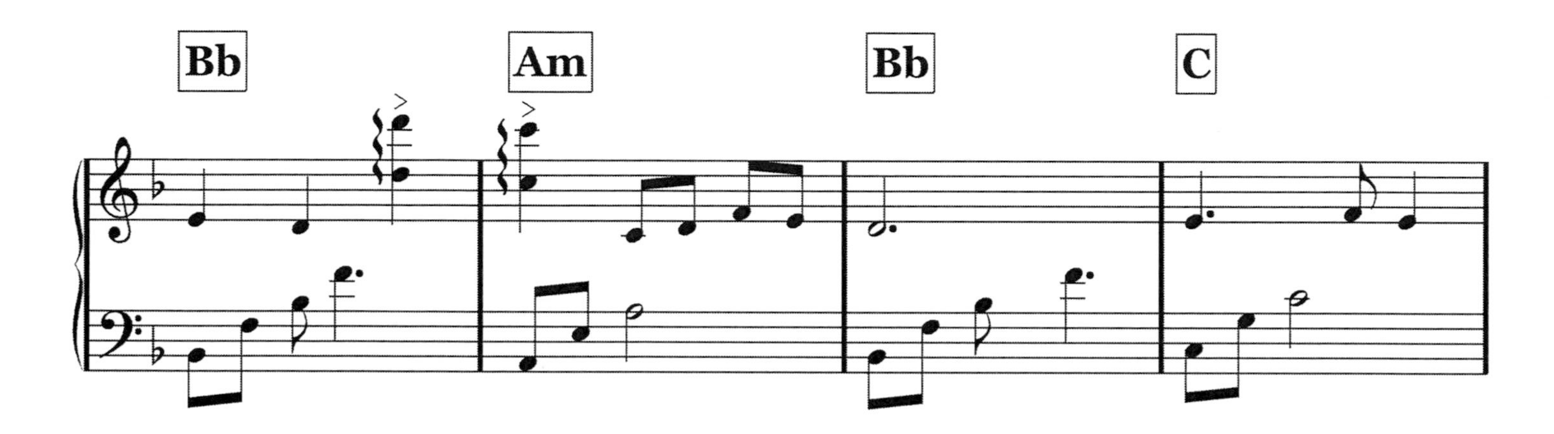
Bb
Am
Bb
C

Bb
Am
Bb
Am

Bb
Am
Bb
C
Bb
rit ...

Cristofori´s Dream

David Lanz

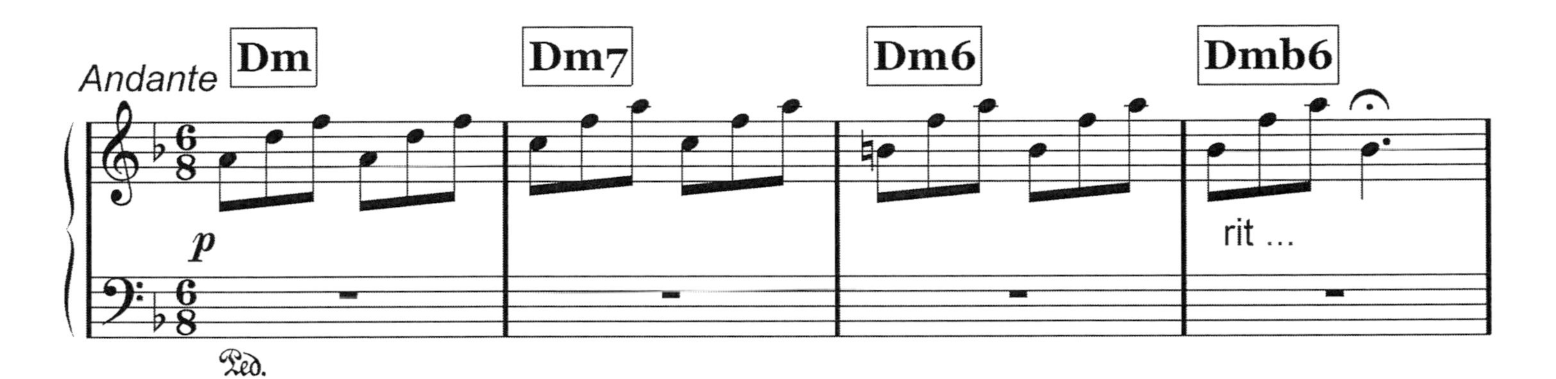

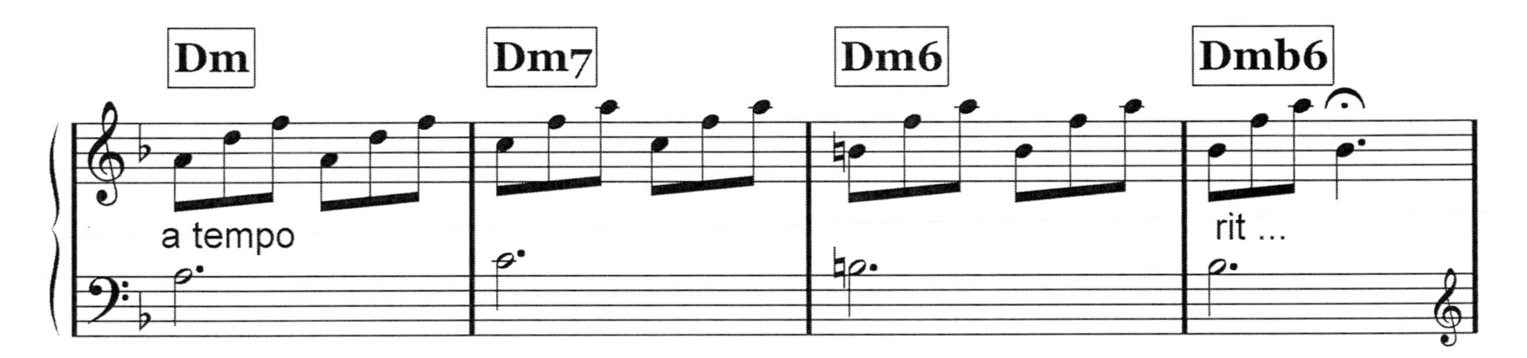

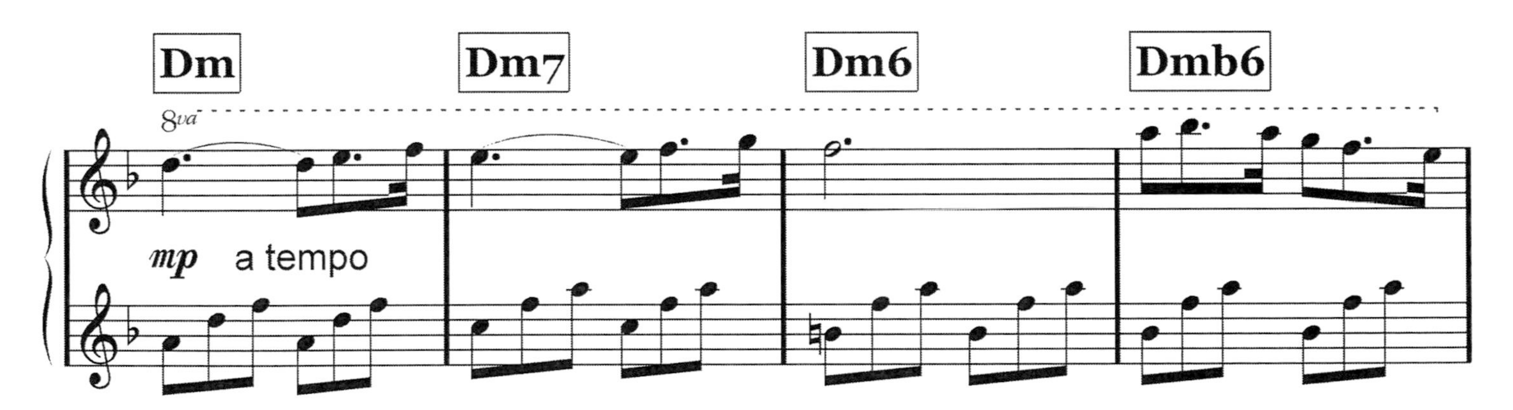

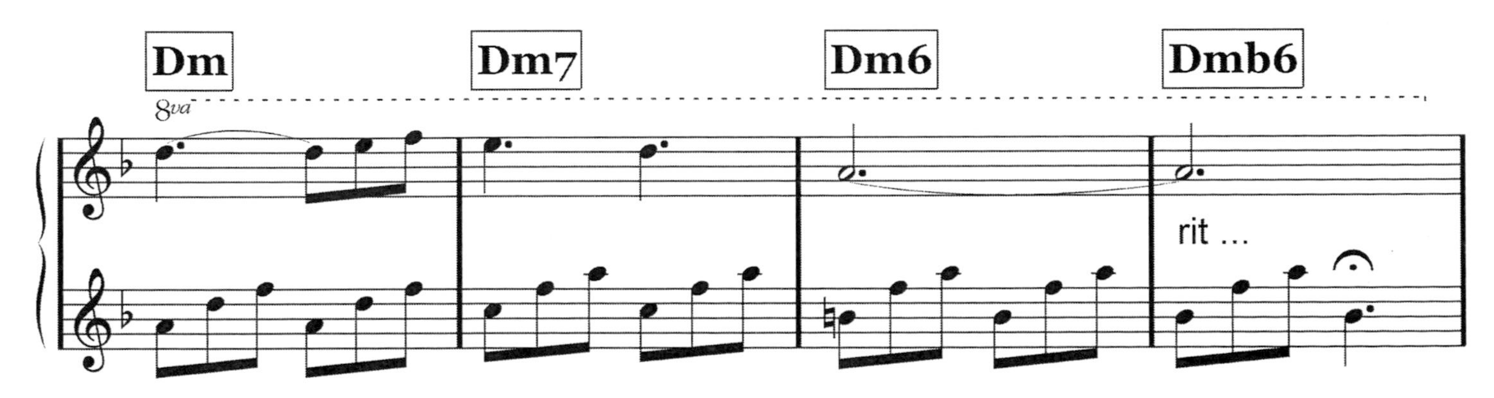

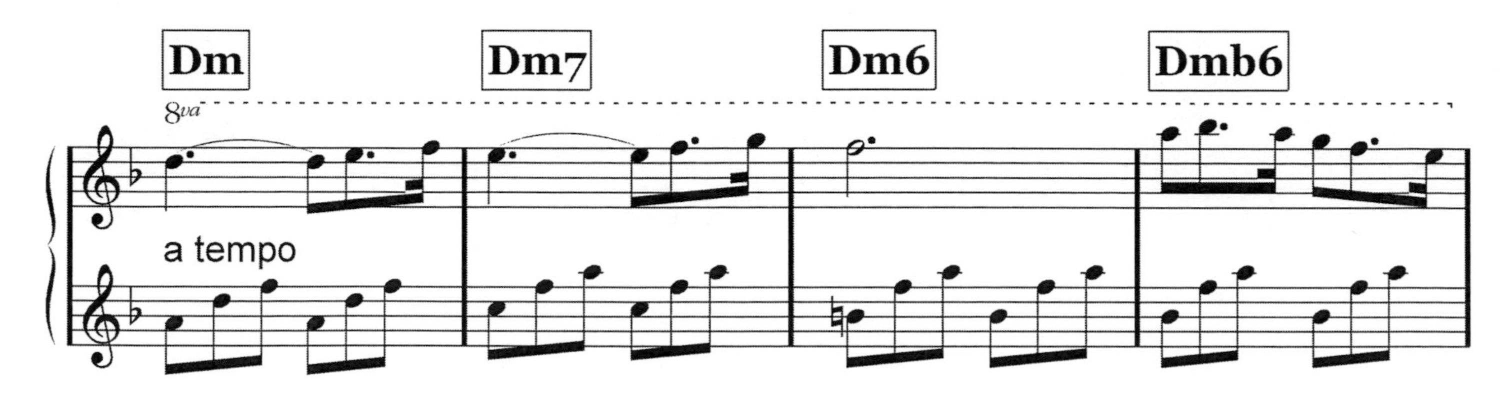
Dm
Dm7
Dm6
Dmb6
8va
a tempo

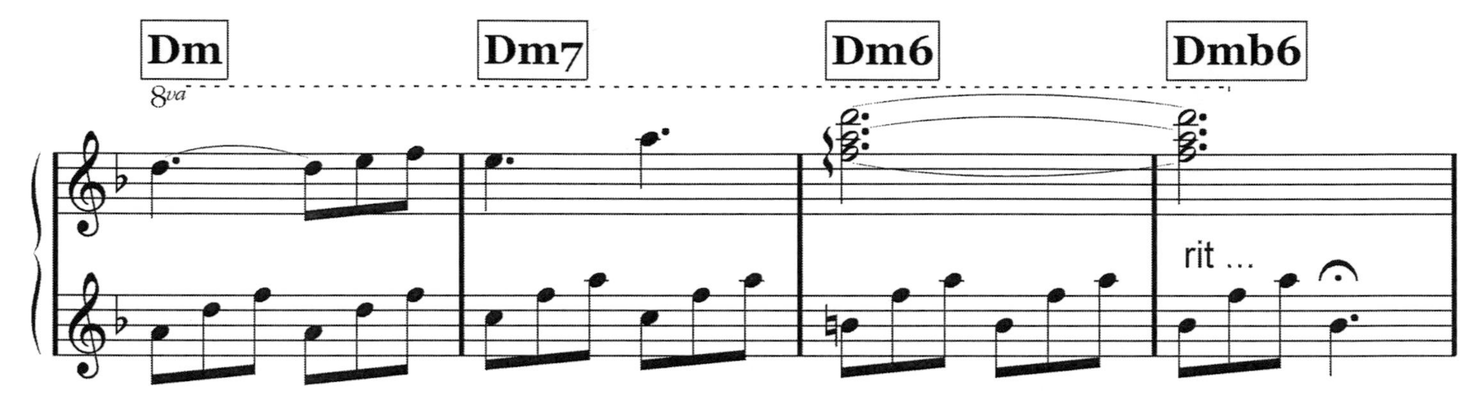
Dm
Dm7
Dm6
Dmb6
8va
rit ...

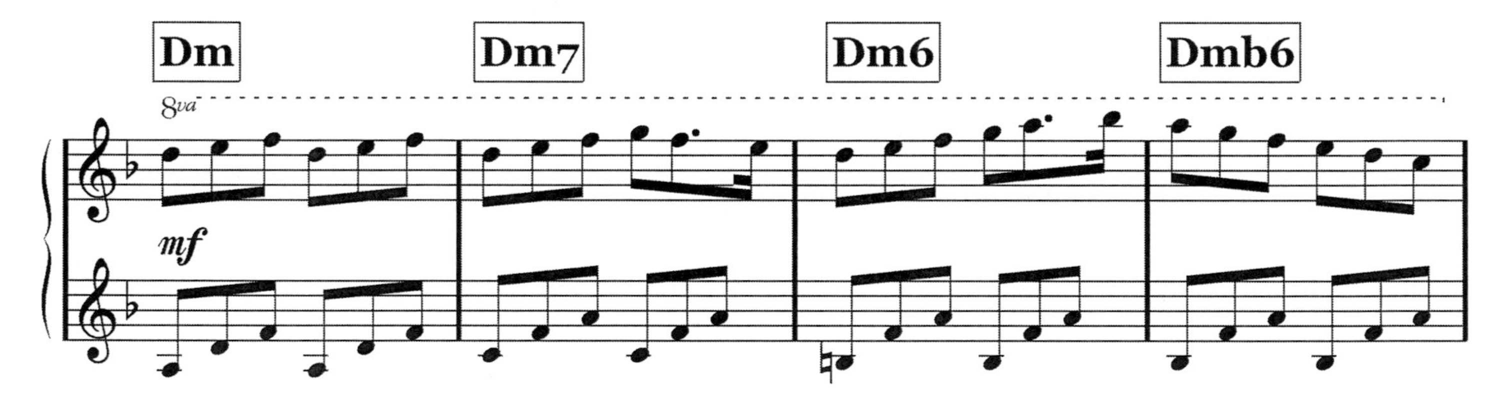
Dm
Dm7
Dm6
Dmb6
8va
mf

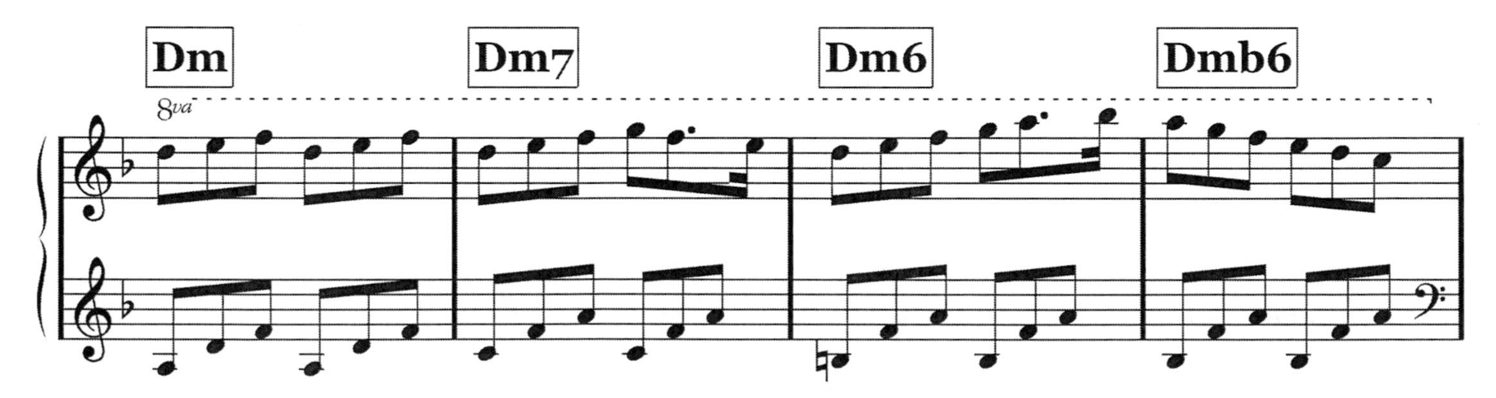
Dm
Dm7
Dm6
Dmb6
8va

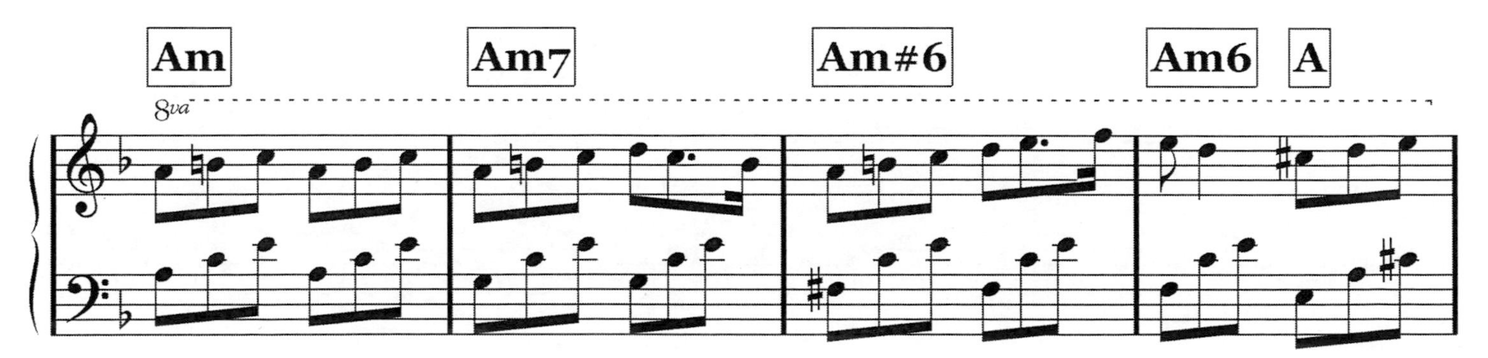
Am
Am7
Am#6
Am6
A
8va

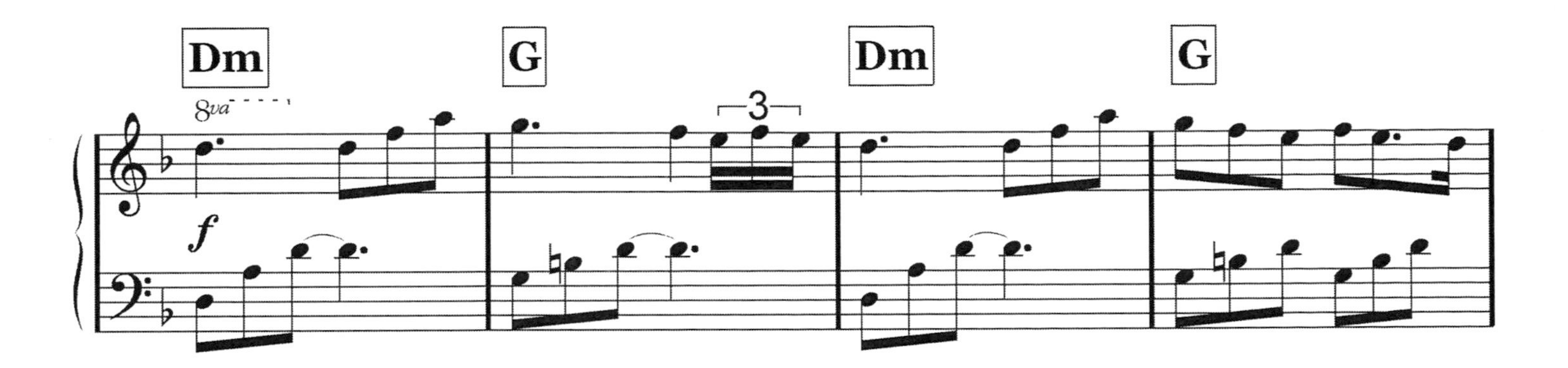
Dm
G
Dm
G
8va
3
f

C
F
Bb
A

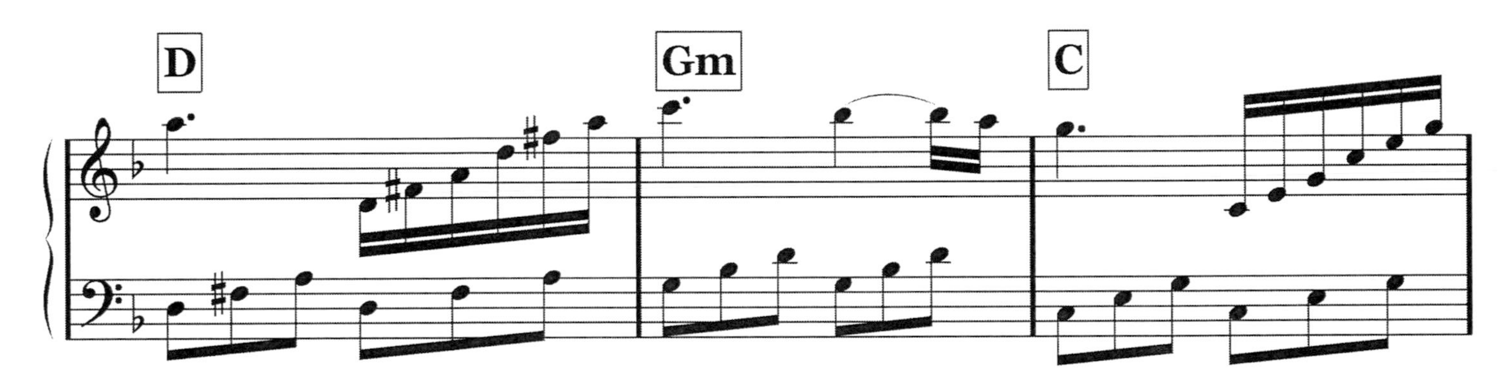
D
Gm
C

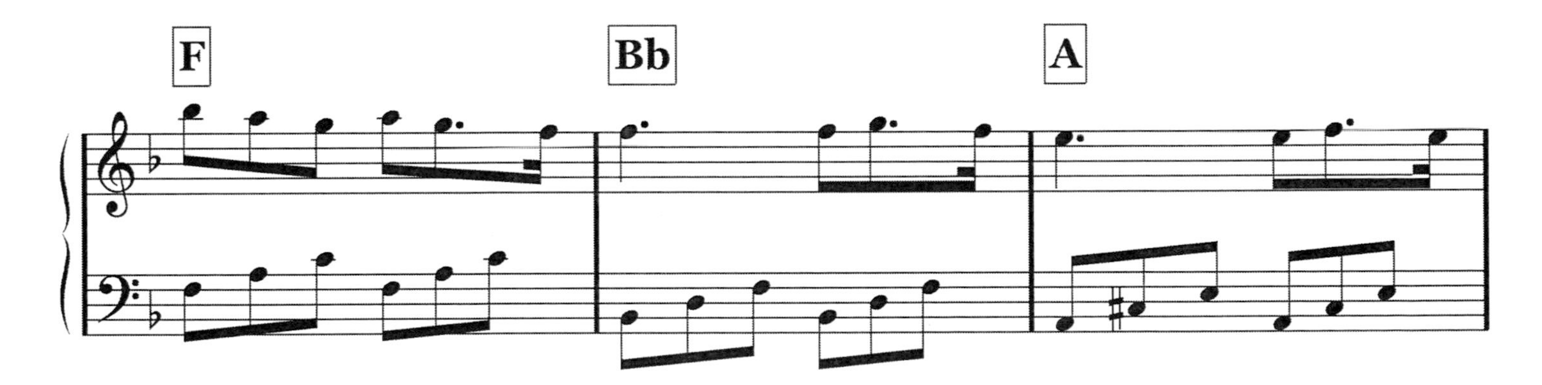
F
Bb
A

Bb
A
rit ...

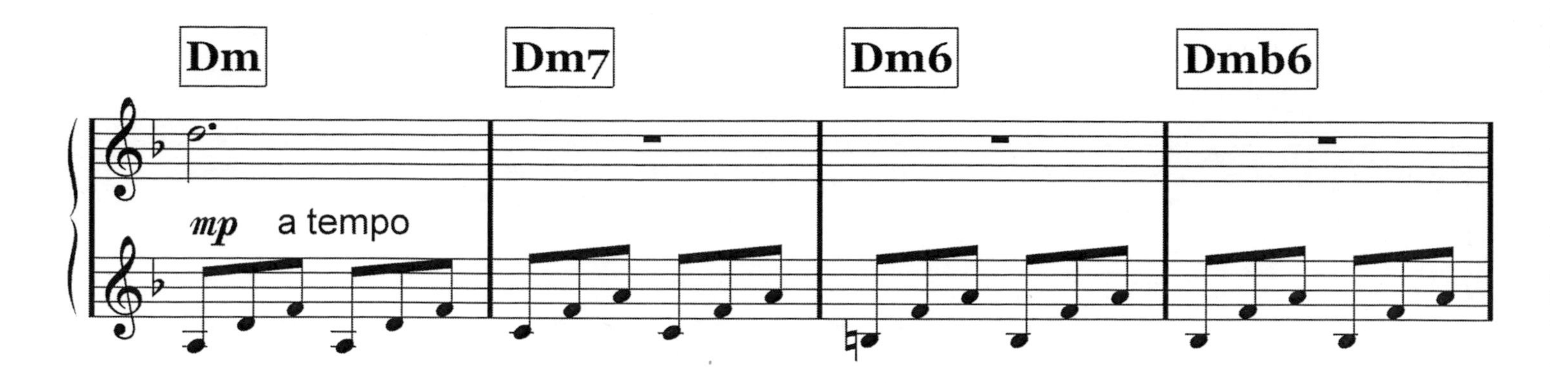
Dm
Dm7
Dm6
Dmb6
mp
a tempo

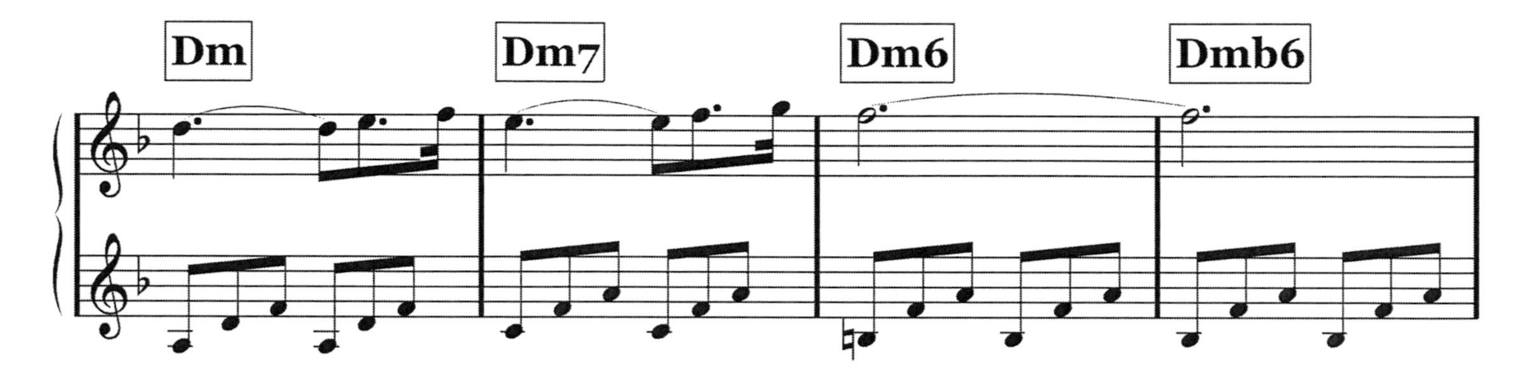
Dm
Dm7
Dm6
Dmb6

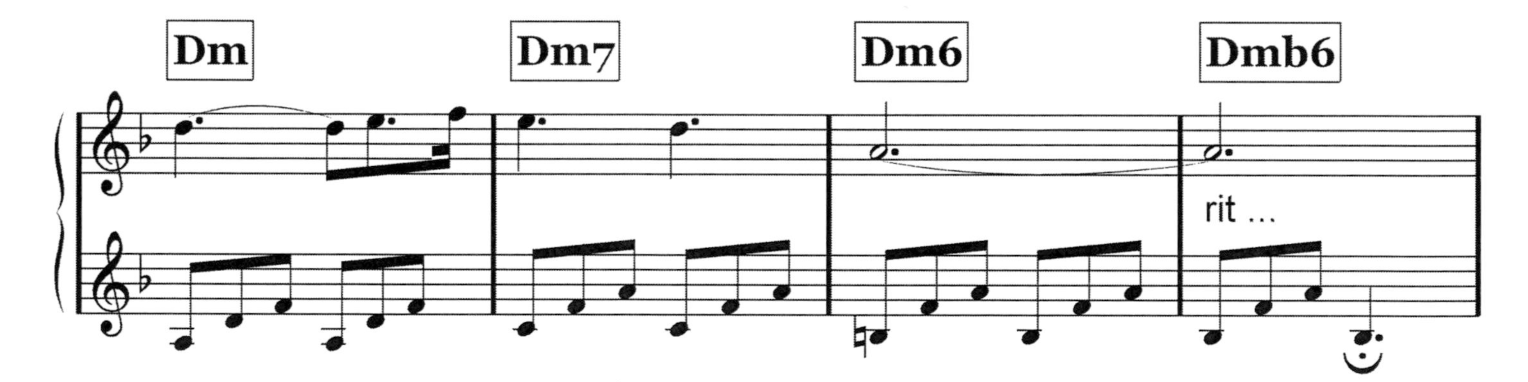
Dm
Dm7
Dm6
Dmb6
rit ...

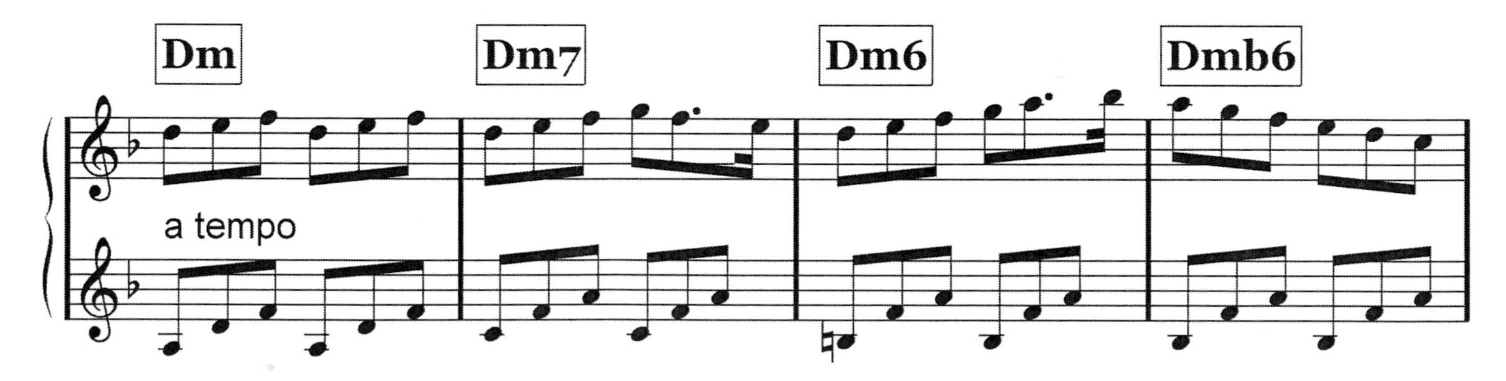
Dm
Dm7
Dm6
Dmb6
a tempo

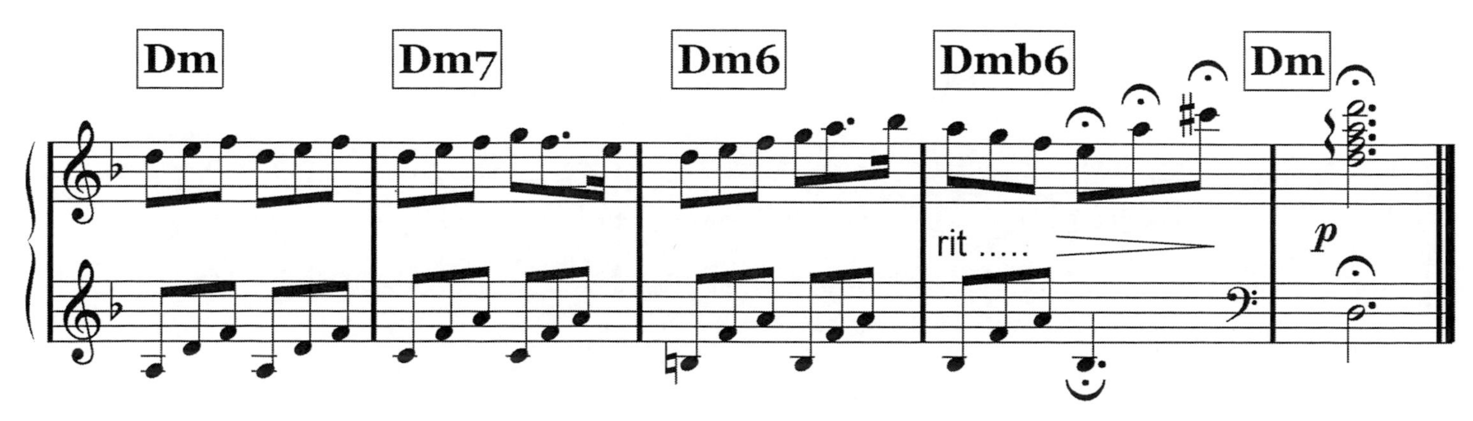
Dm
Dm7
Dm6
Dmb6
Dm
rit .....
p

Nuvole Bianche

Ludovico Einaudi

F#m
D
A
E
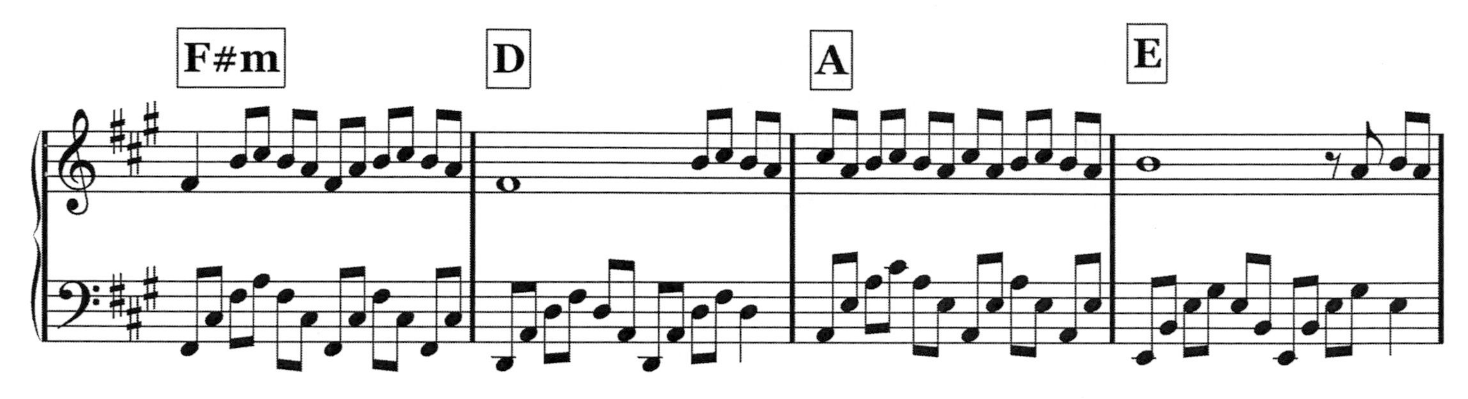
F#m
D
A
E
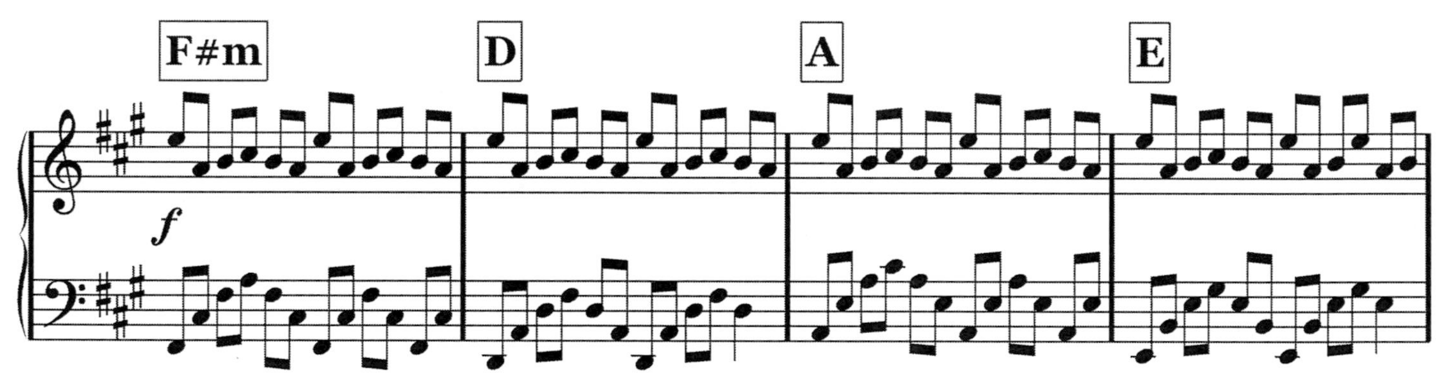
F#m
D
A
E
f
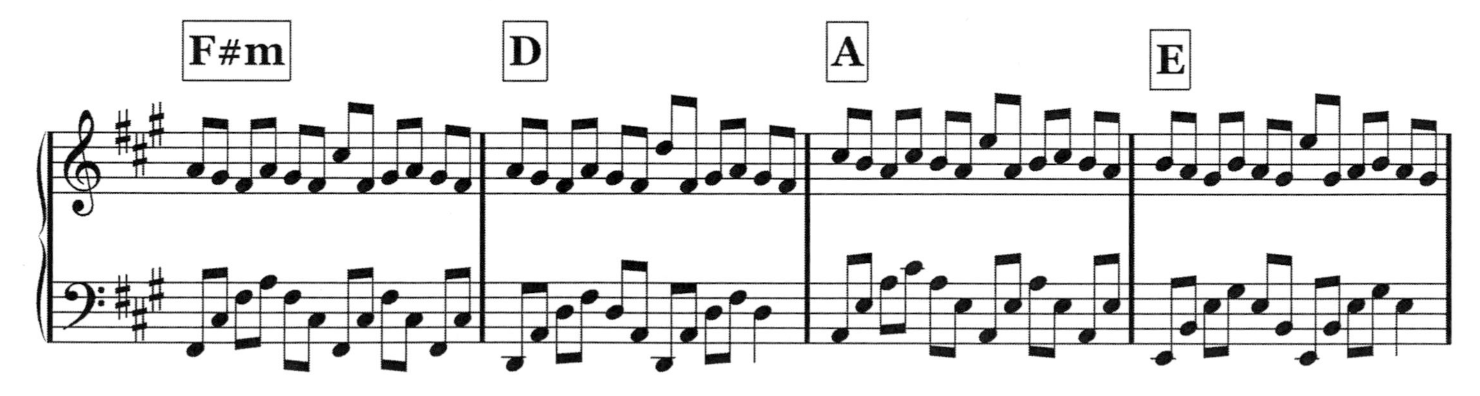
F#m
D
A
E
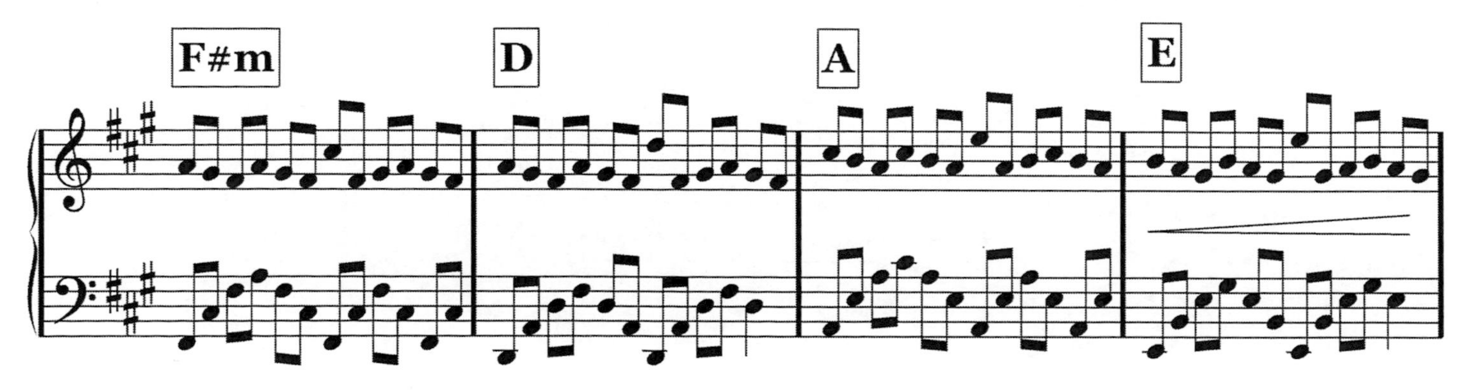
F#m
D
A
E

F#m D A E F#m D A E
ff

F#m D A E F#m D A E
rit .....

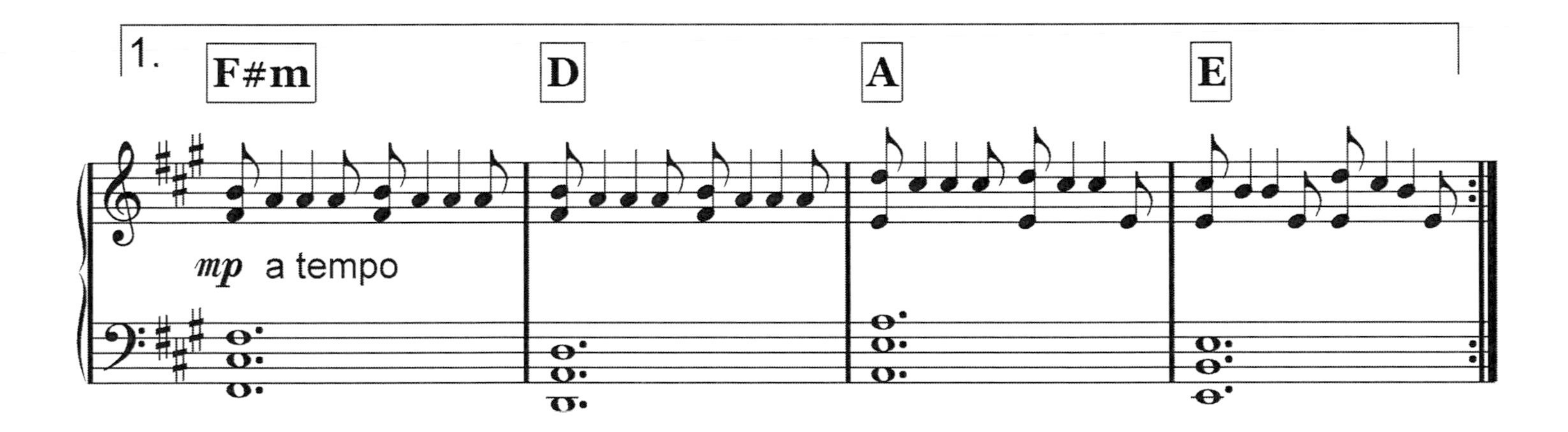
1.
F#m D A E
mp a tempo

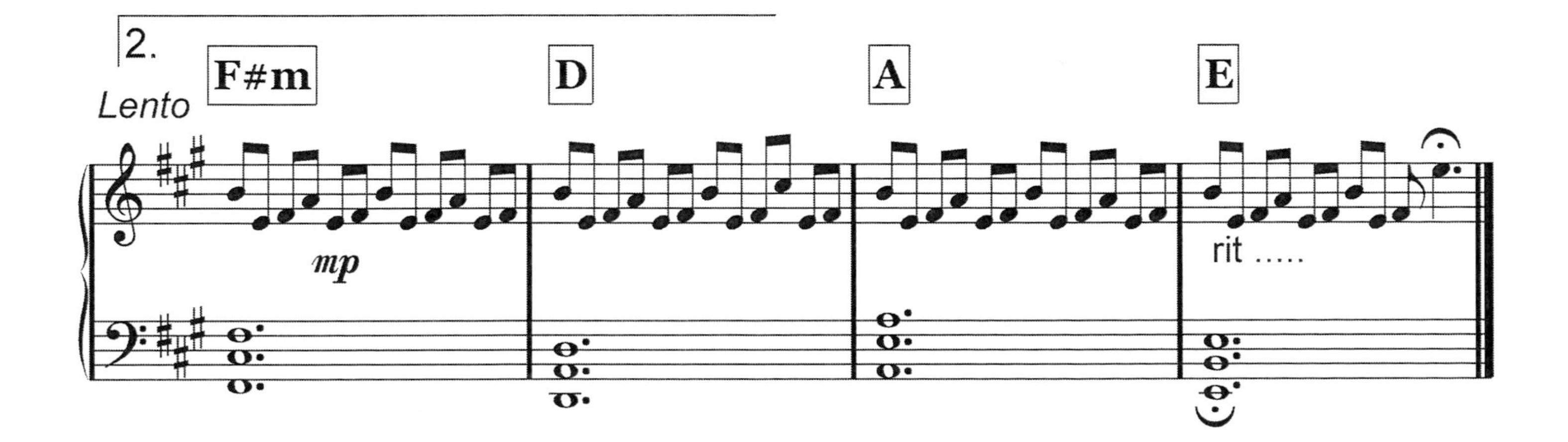
2.
Lento
F#m D A E
mp
rit .....

As montanhas

Madredeus

Gm
Cm
mf

A
D

1.
mp

2.
Gm
rit ...
p

Joy

George Winston

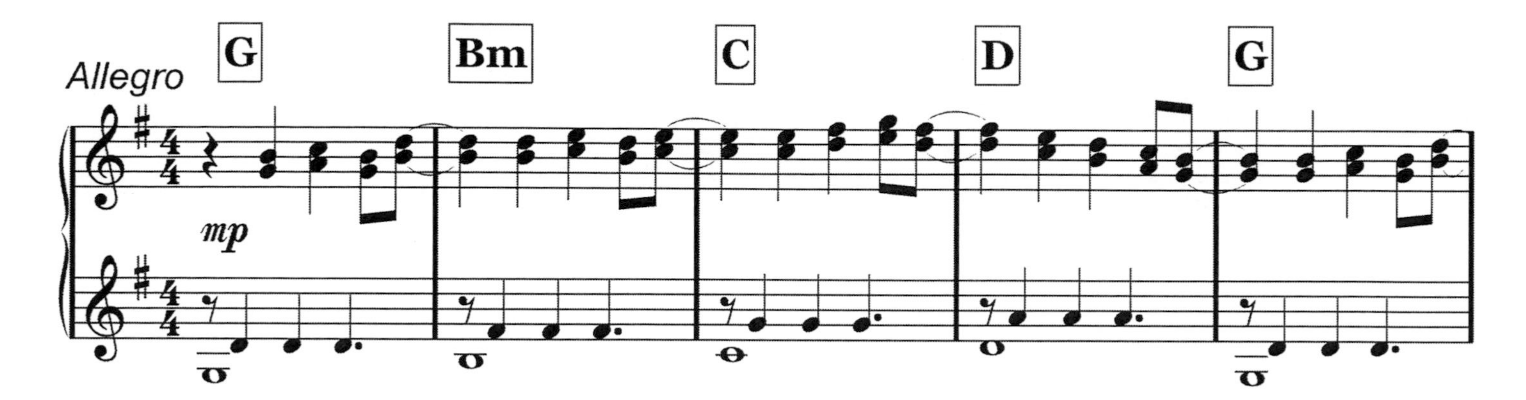

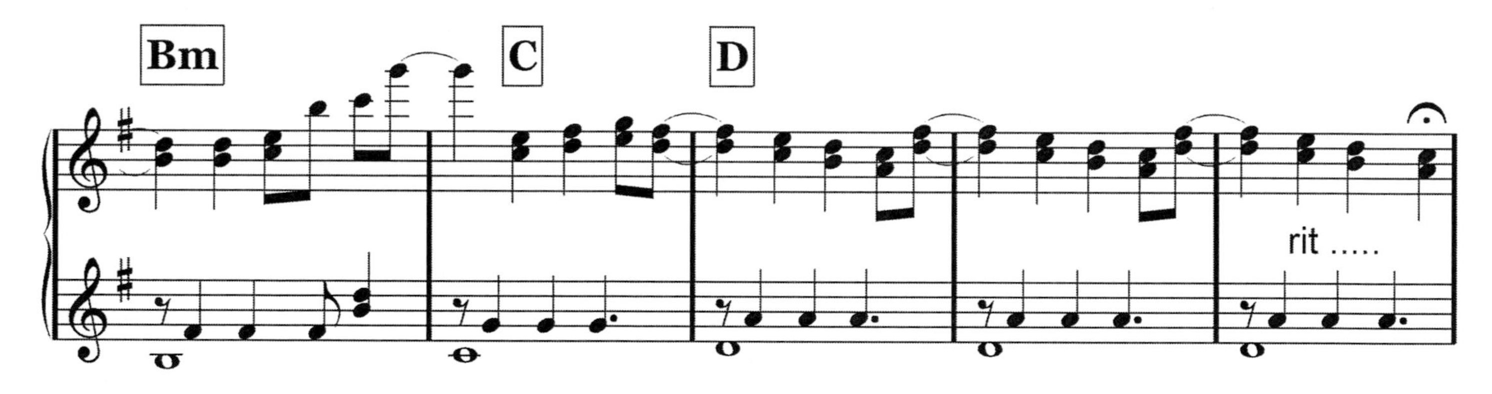

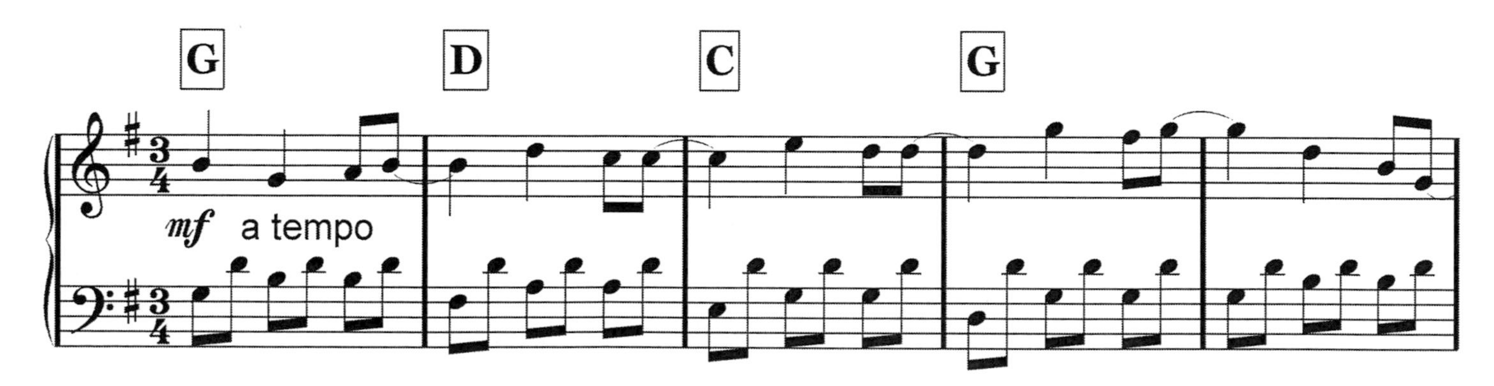

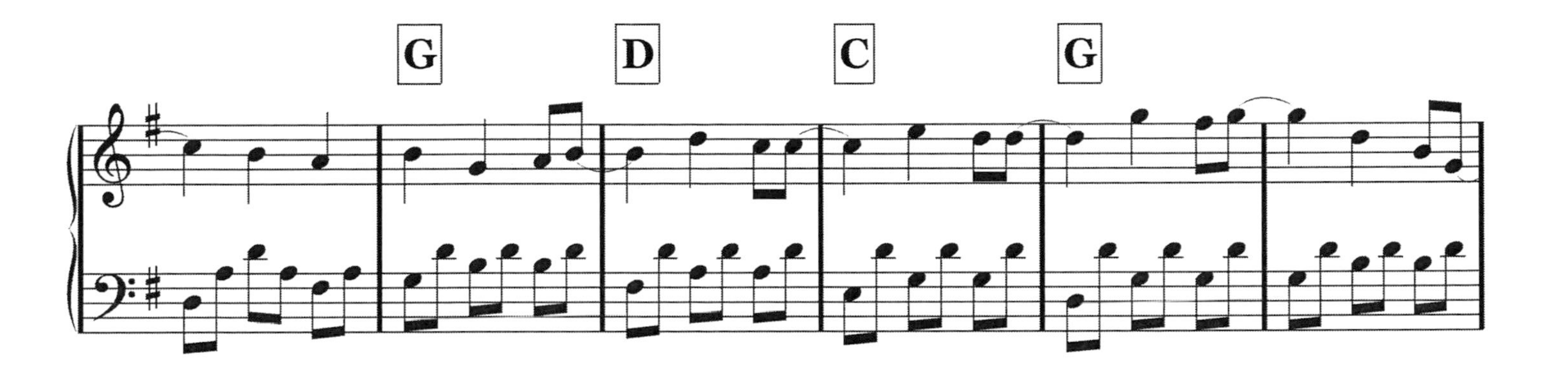
G
D
C
G

Em7
Am
G
C
D
G

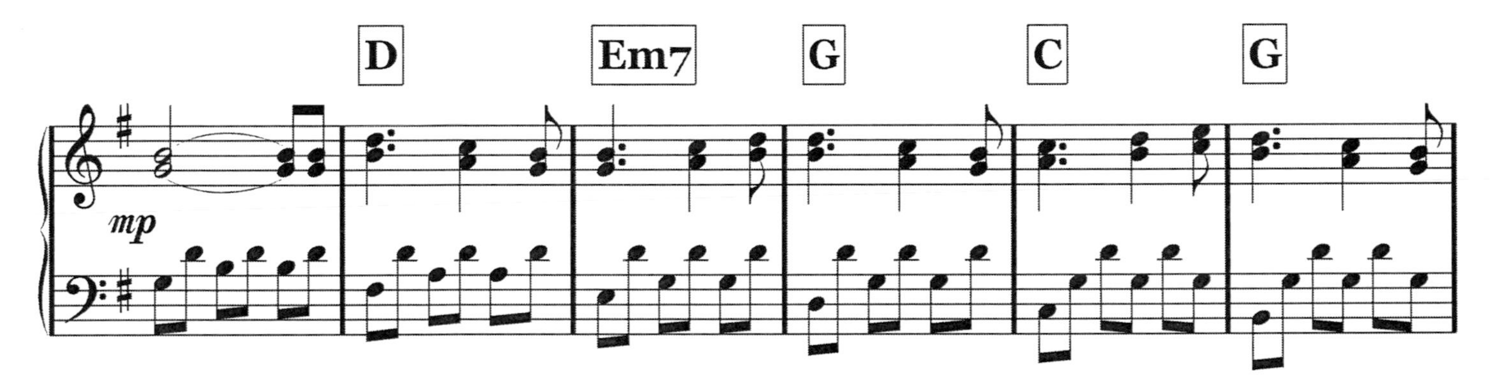
D
Em7
G
C
G
mp

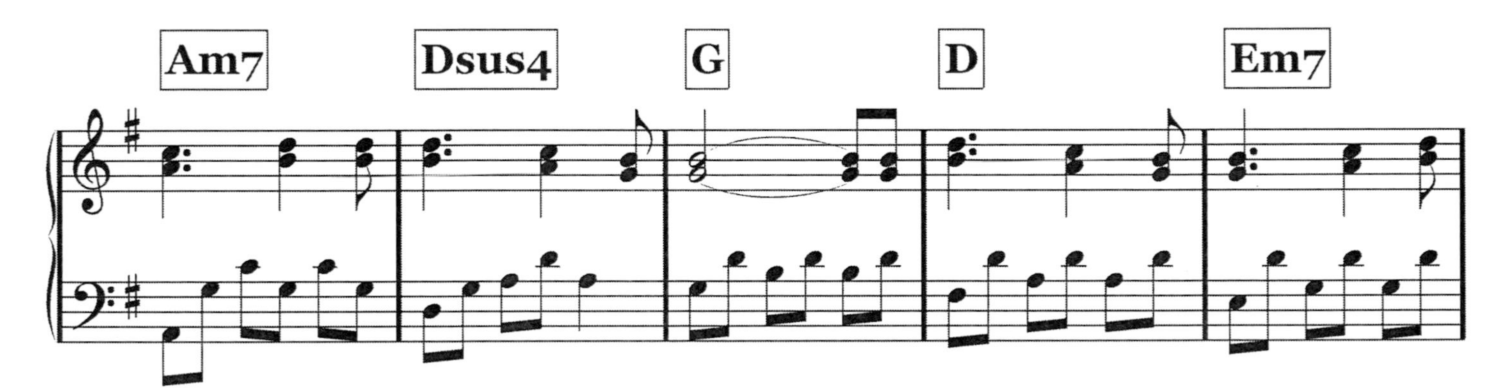
Am7
Dsus4
G
D
Em7

G
C
G
Am7
D
rit .....

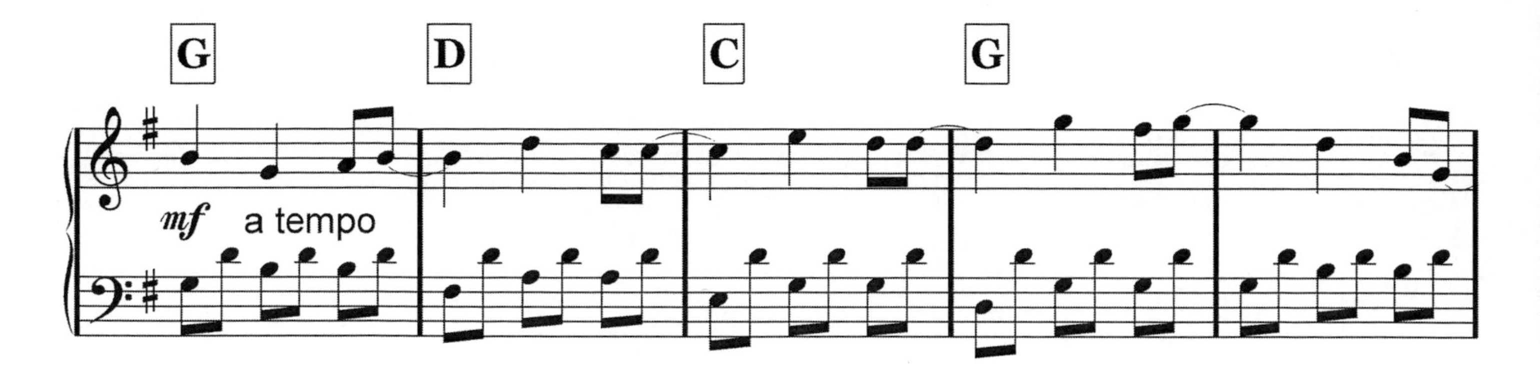
G
D
C
G
mf
a tempo

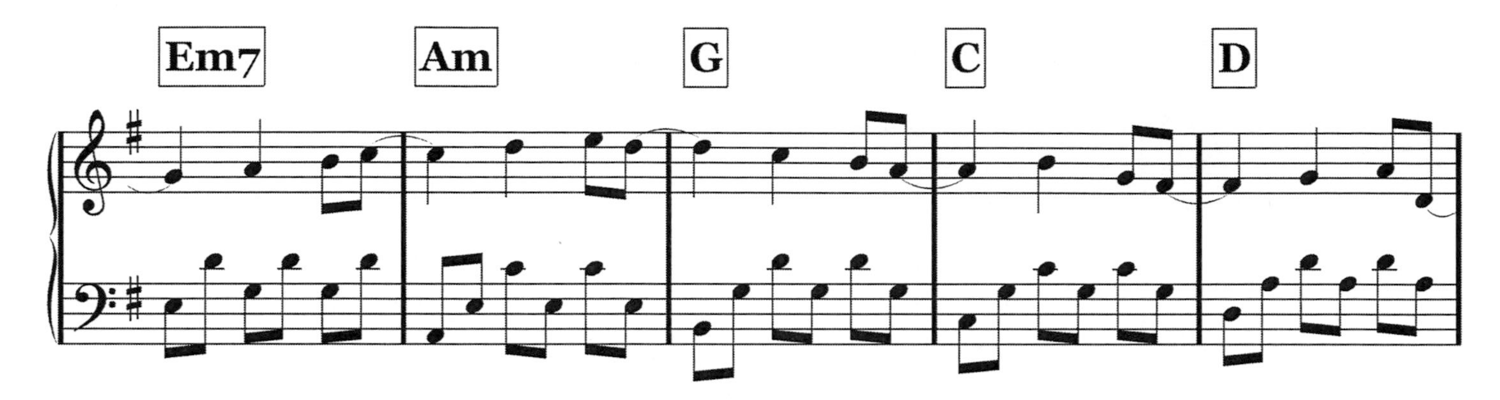
Em7
Am
G
C
D

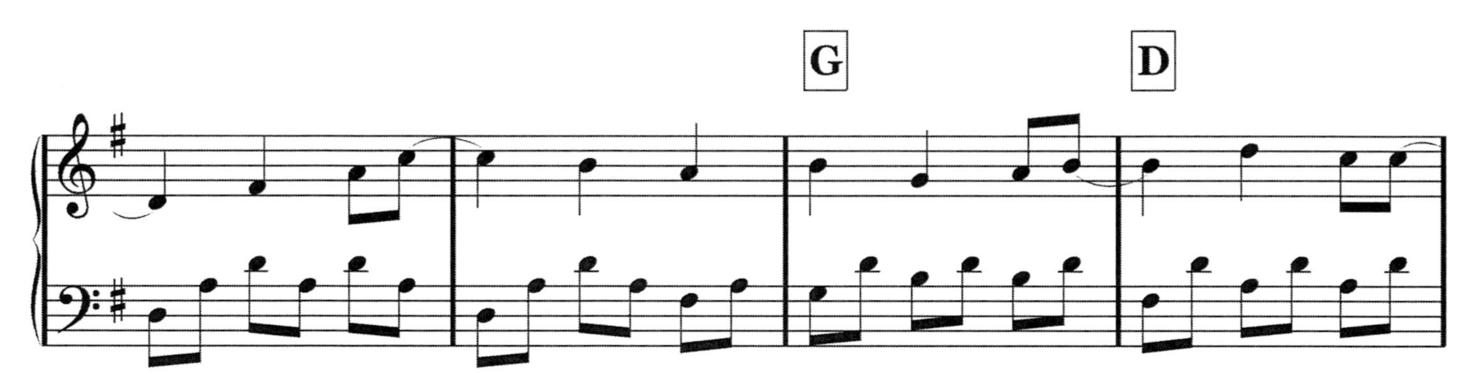
G
D

C
G
Em7

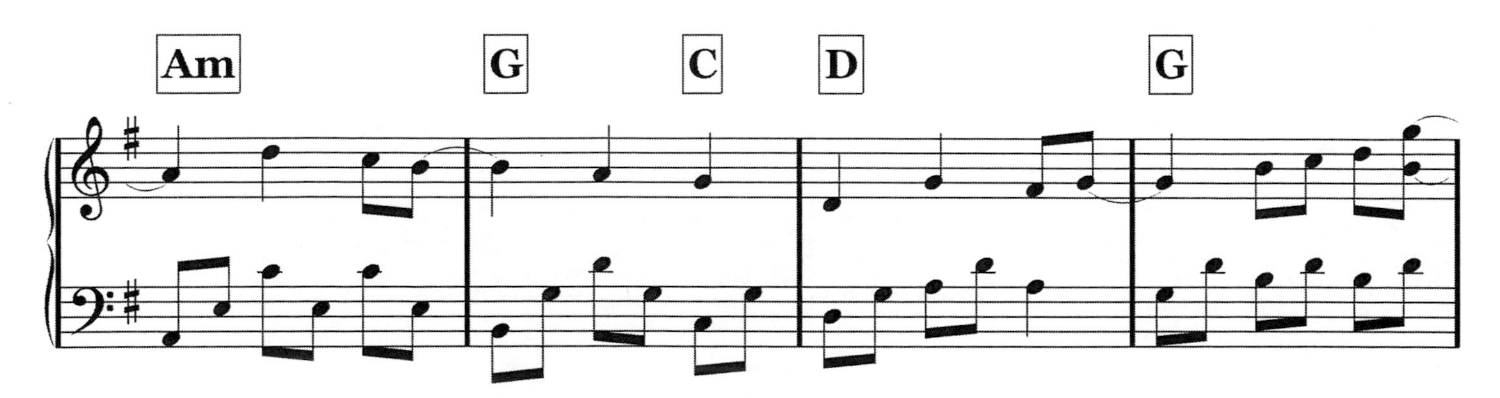
Am
G
C
D
G

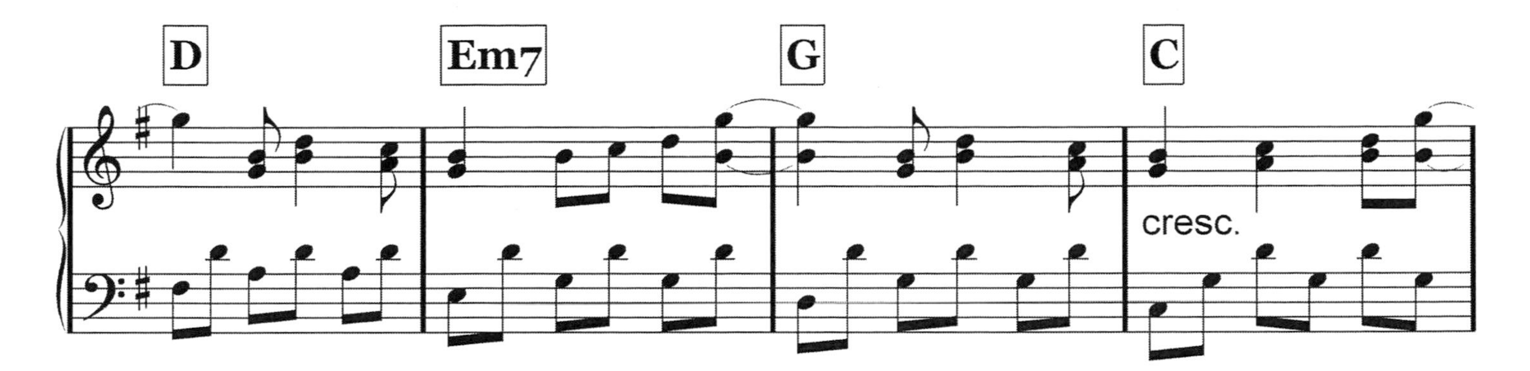
D
Em7
G
C
cresc.

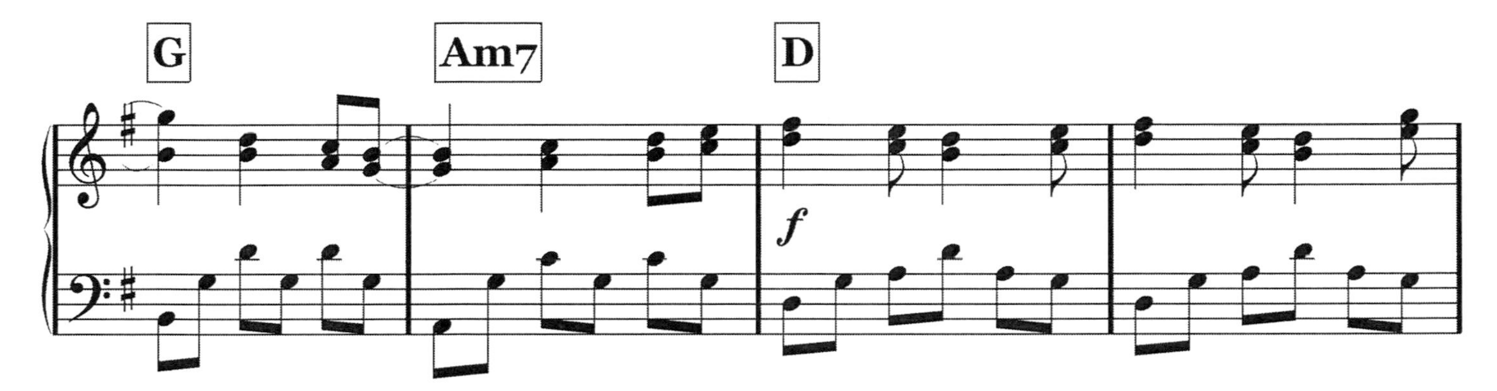
G
Am7
D
f

G
mf

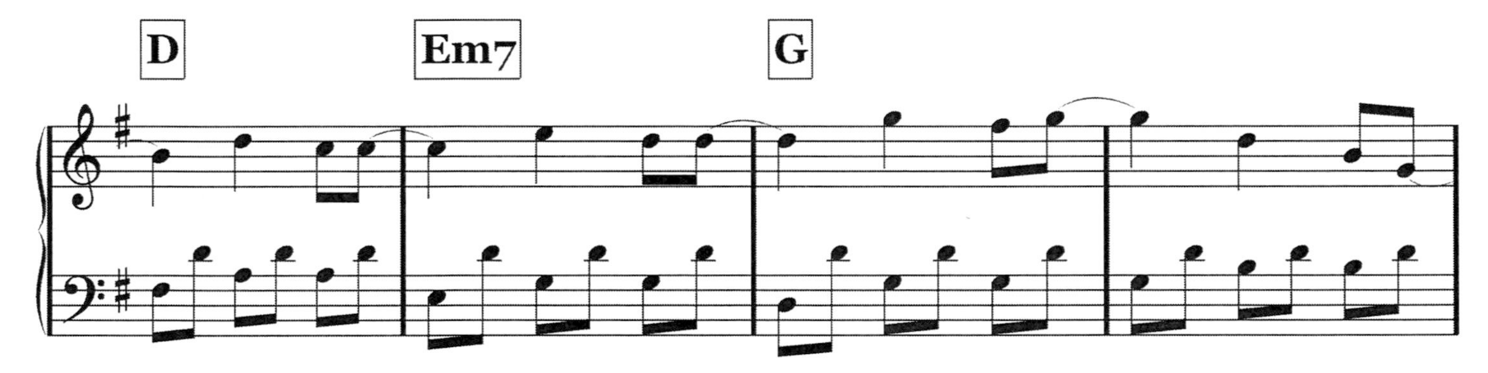
D
Em7
G

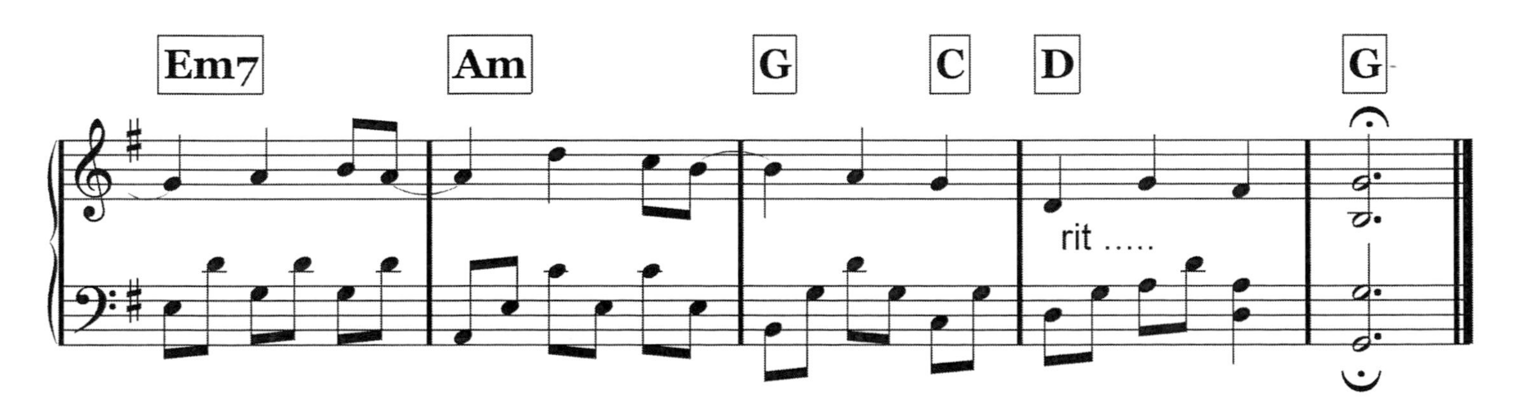
Em7
Am
G
C
D
G
rit .....

Tango to Evora

Loreena McKennitt

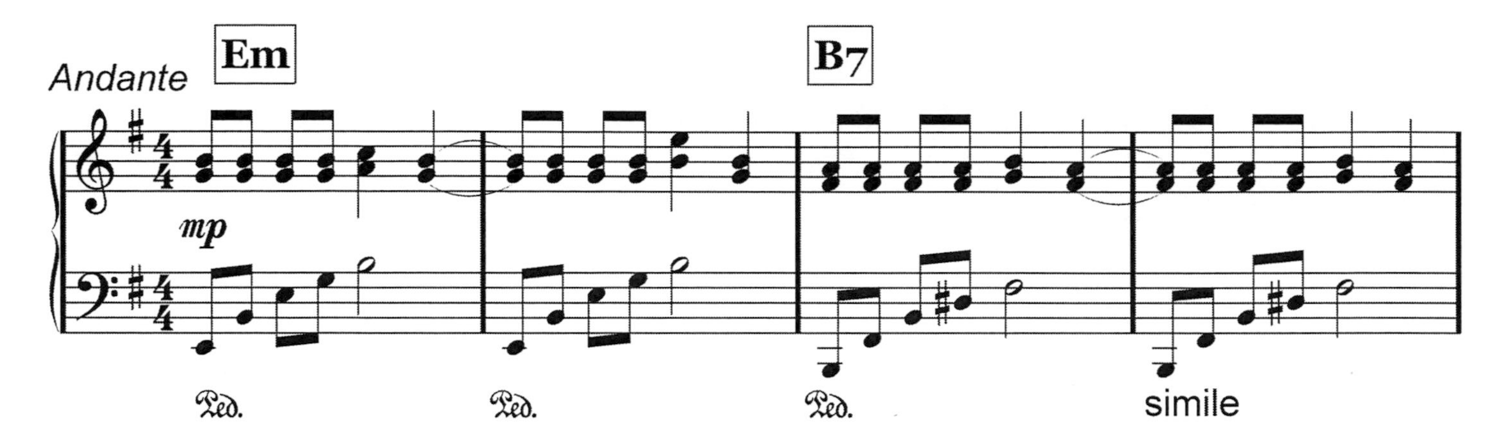

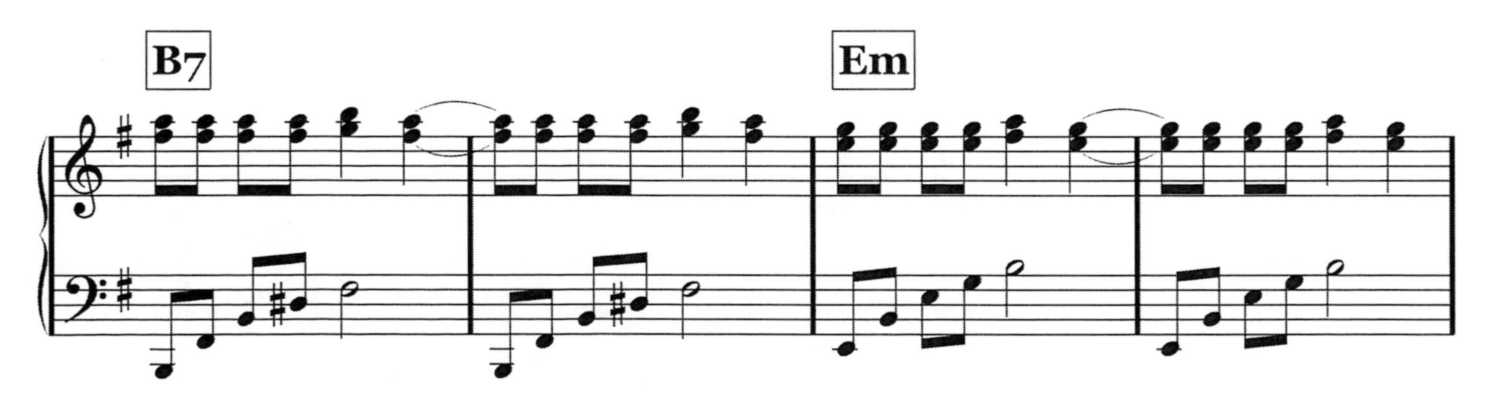

B7
Em

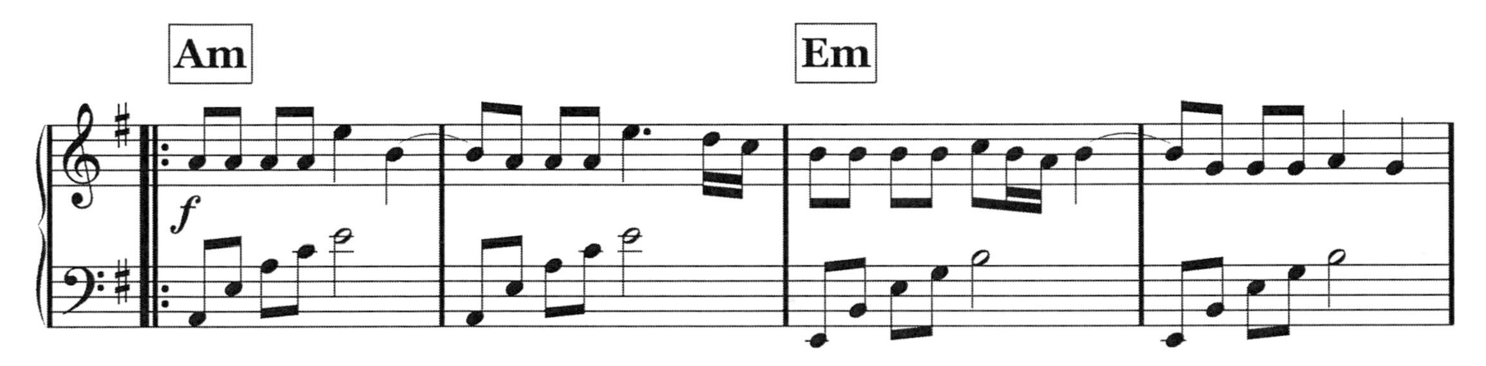
Am
Em
f

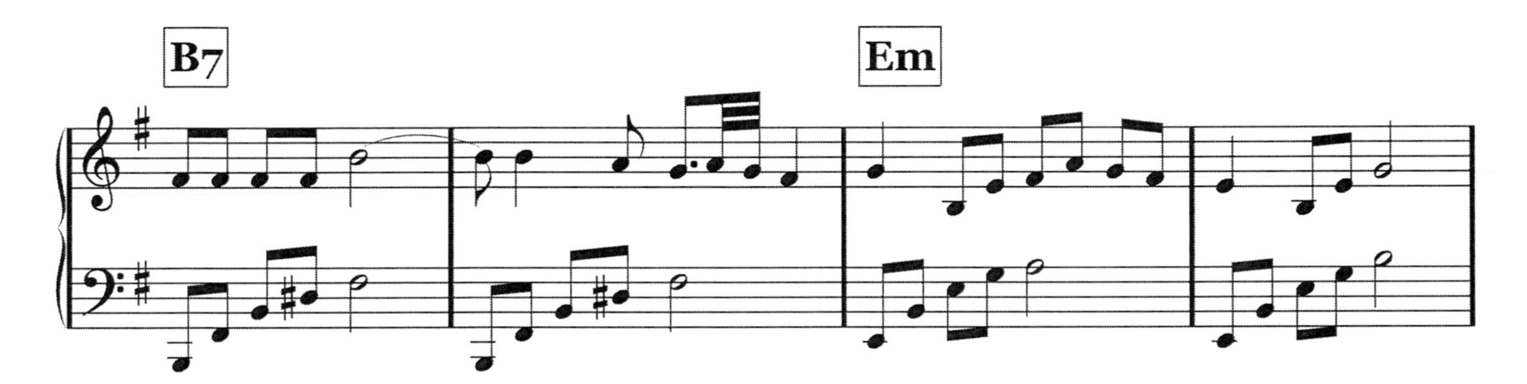
B7
Em

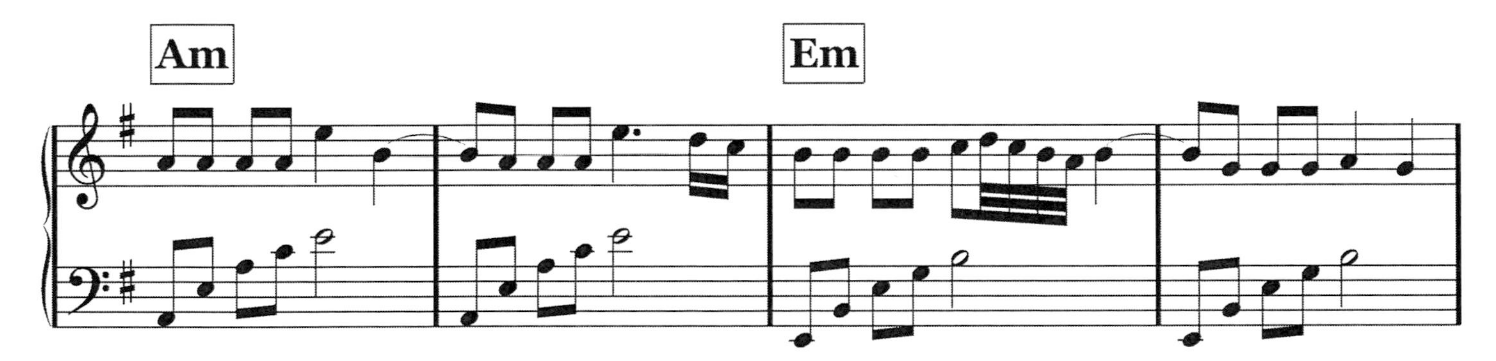
Am
Em

B7
Em

Em
B7
mf

Em

B7
Em

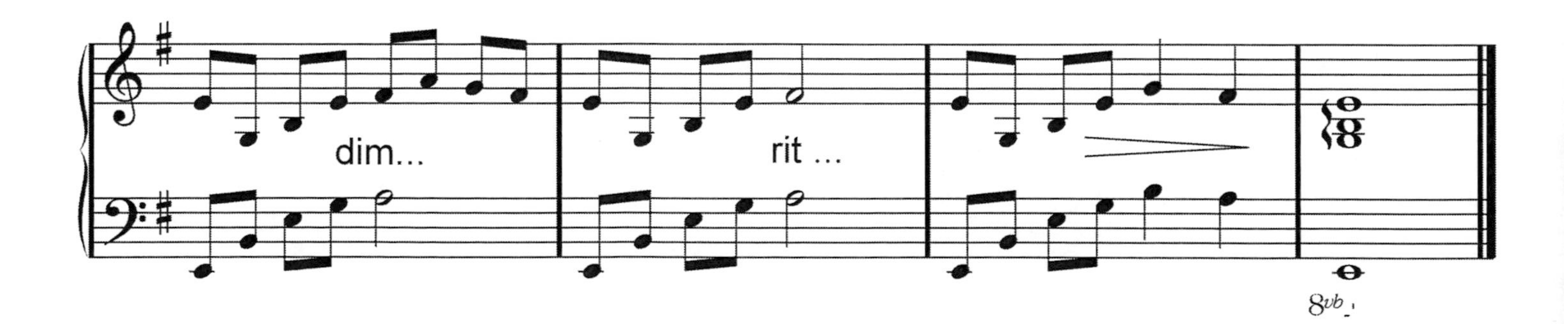
dim...
rit ...
8vb

Dream

Yiruma

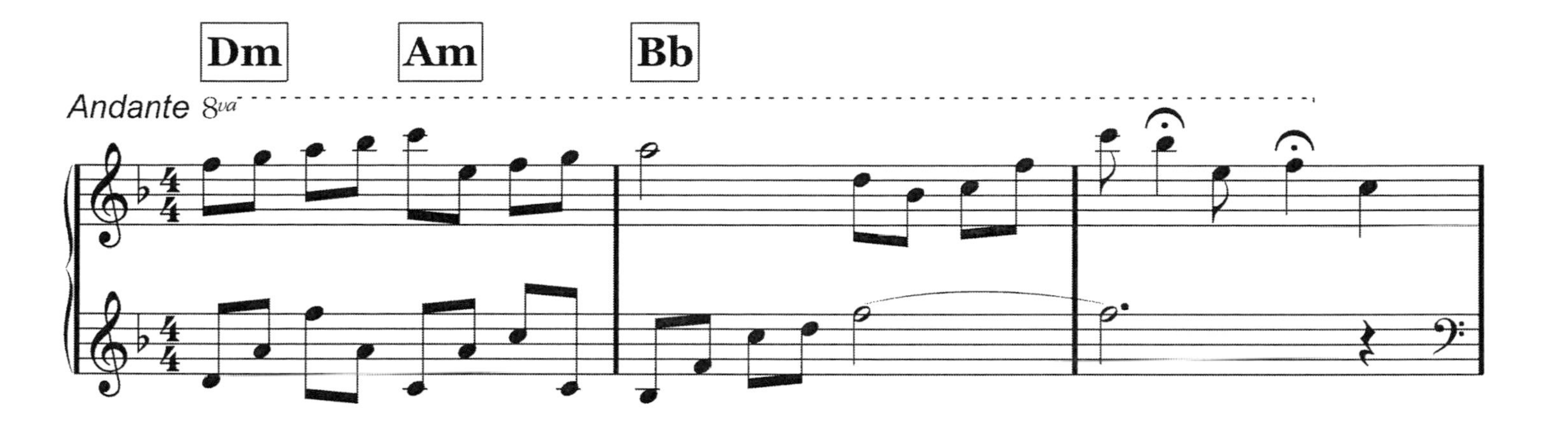

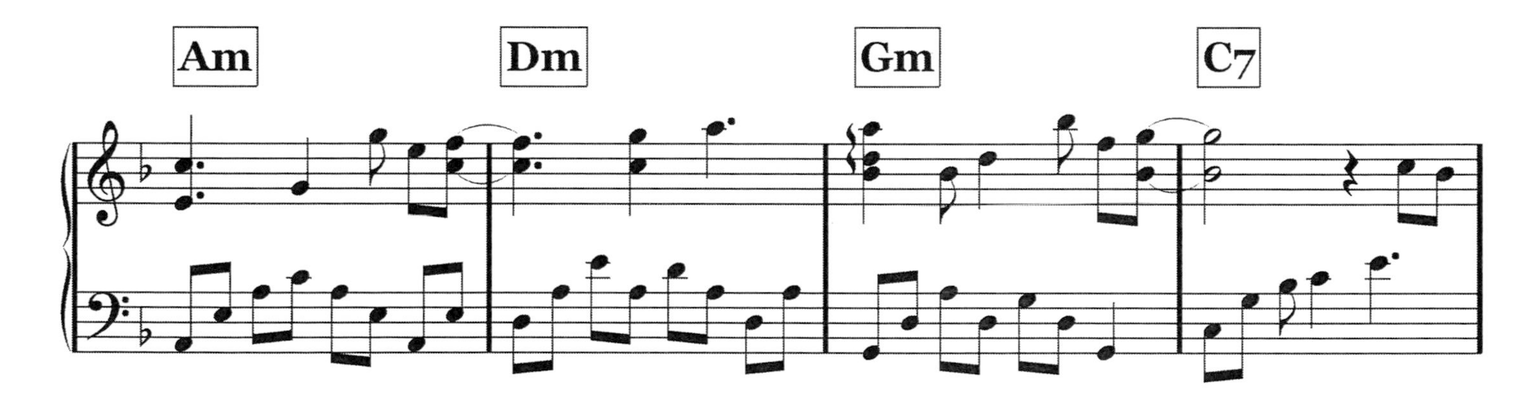

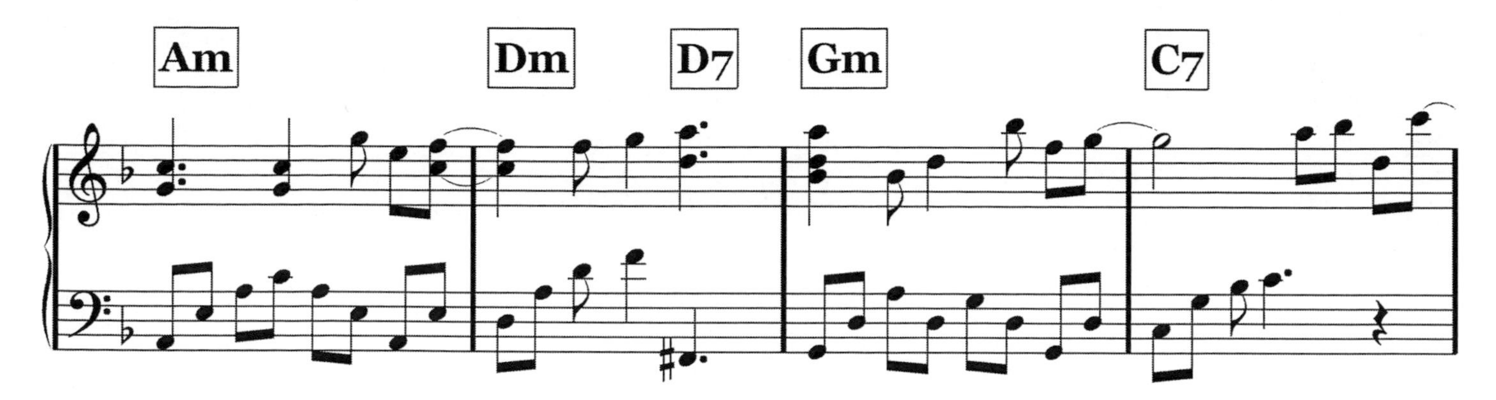
Am
Dm
D7
Gm
C7

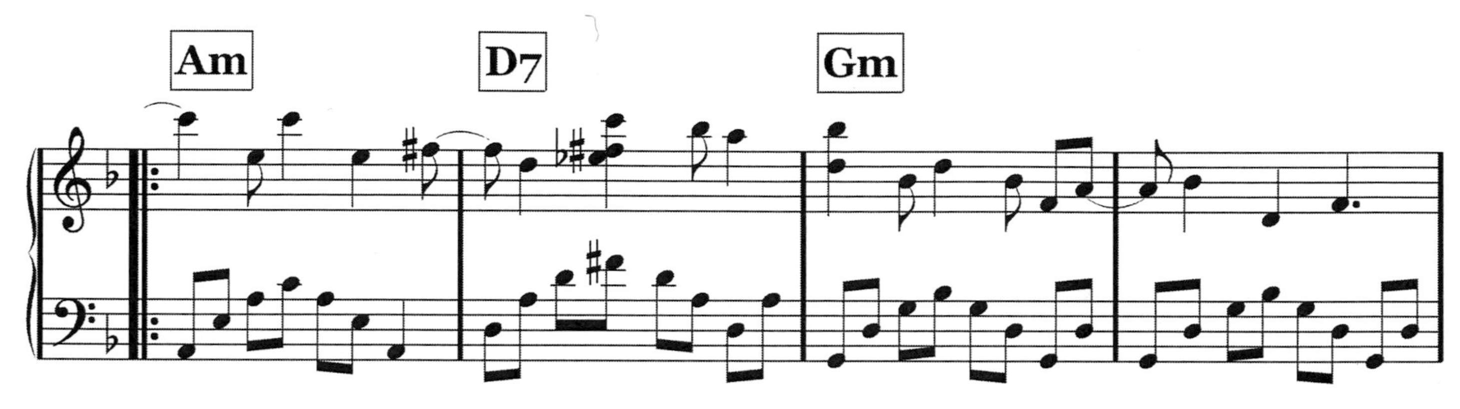
Am
D7
Gm

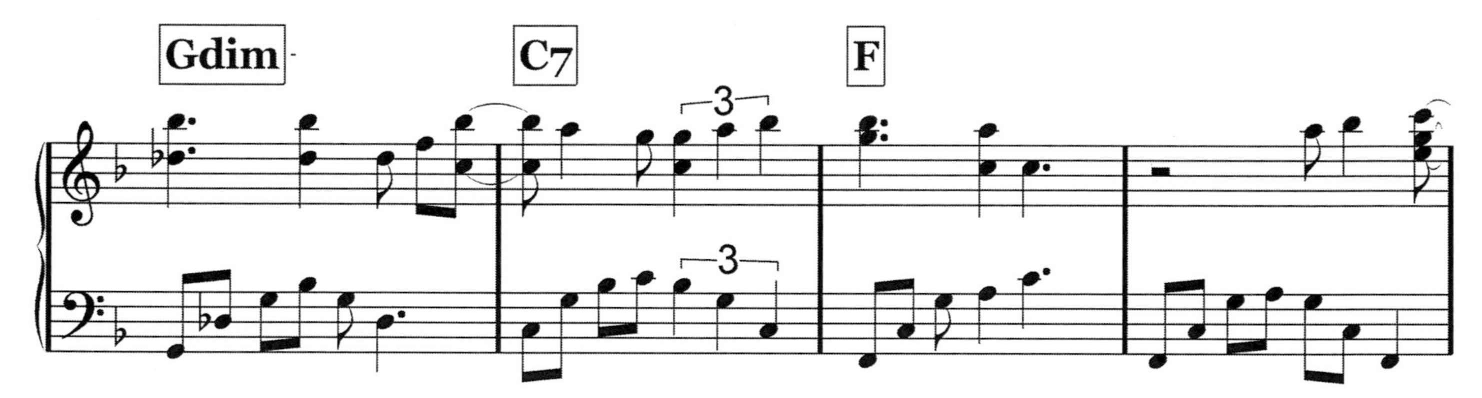
Gdim
C7
F
3
3

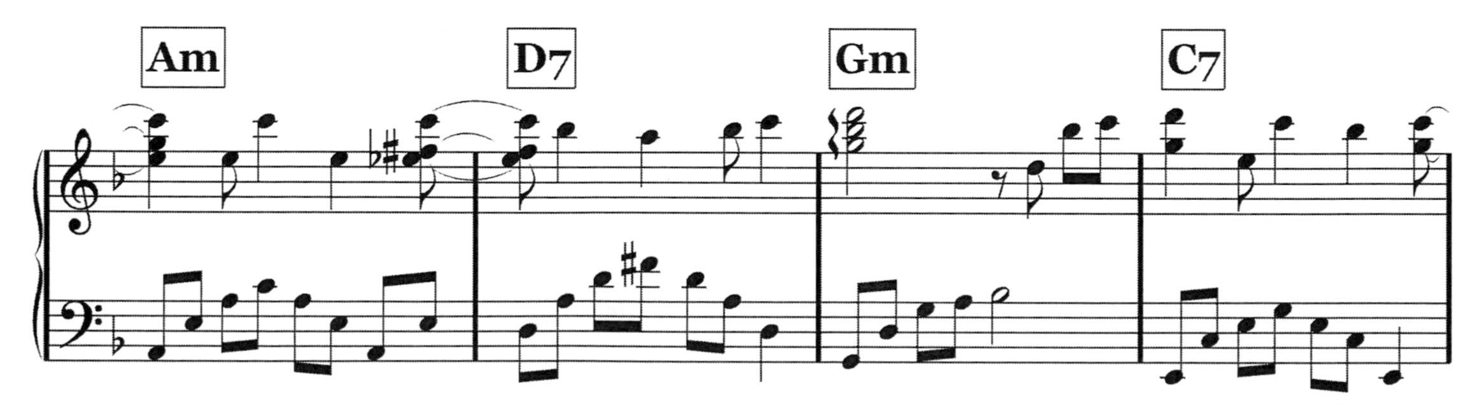
Am
D7
Gm
C7

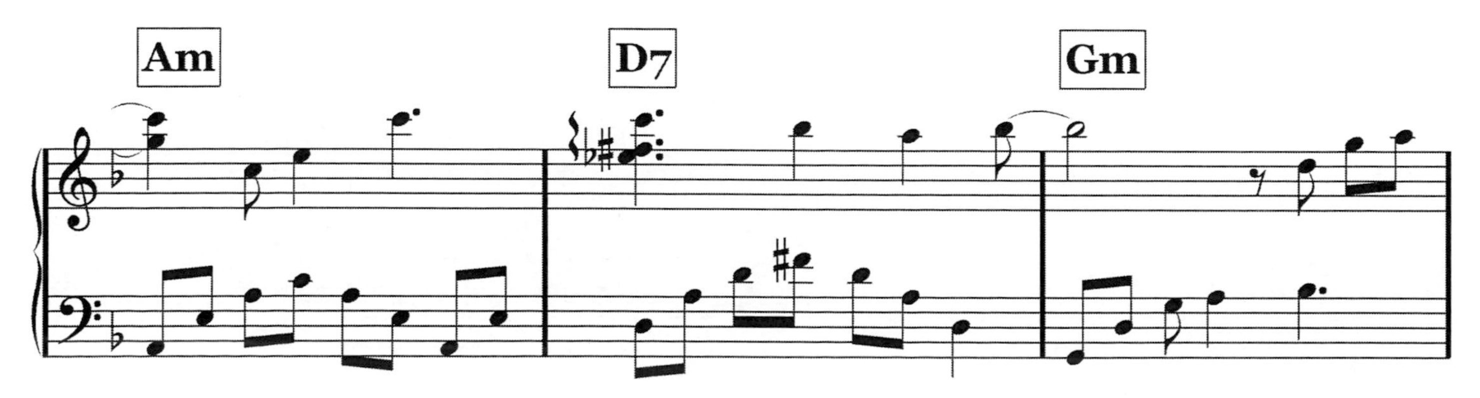
Am
D7
Gm

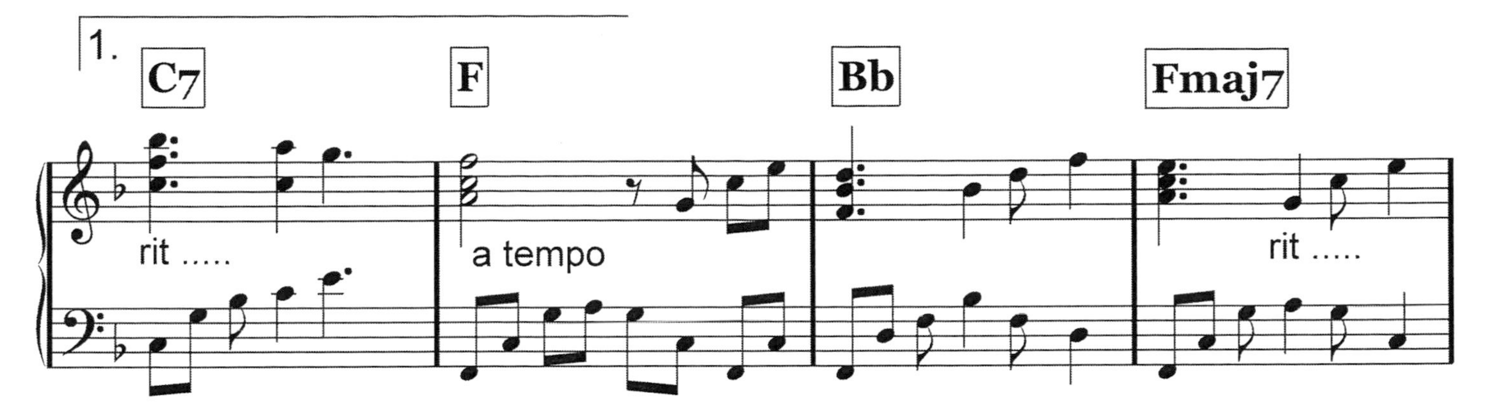
1.
C7
F
Bb
Fmaj7
rit .....
a tempo
rit .....

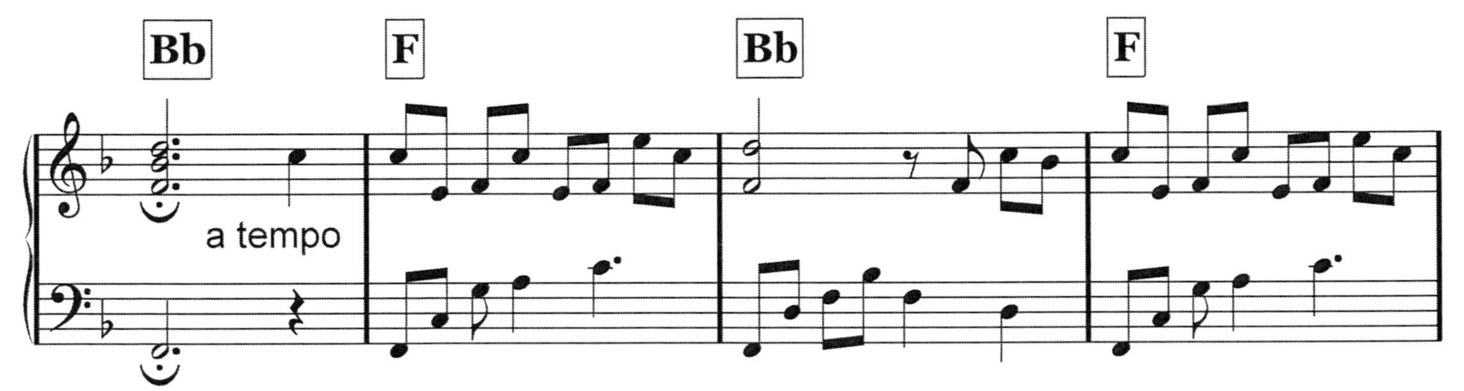
Bb
F
Bb
F
a tempo

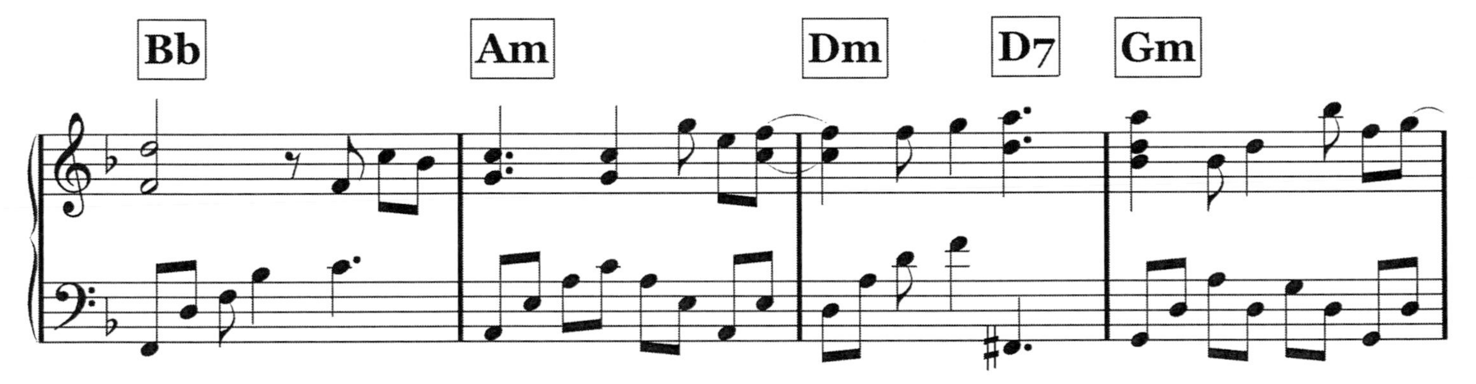
Bb
Am
Dm
D7
Gm

C7
2.
C7
F
Bb
rit .....
a tempo

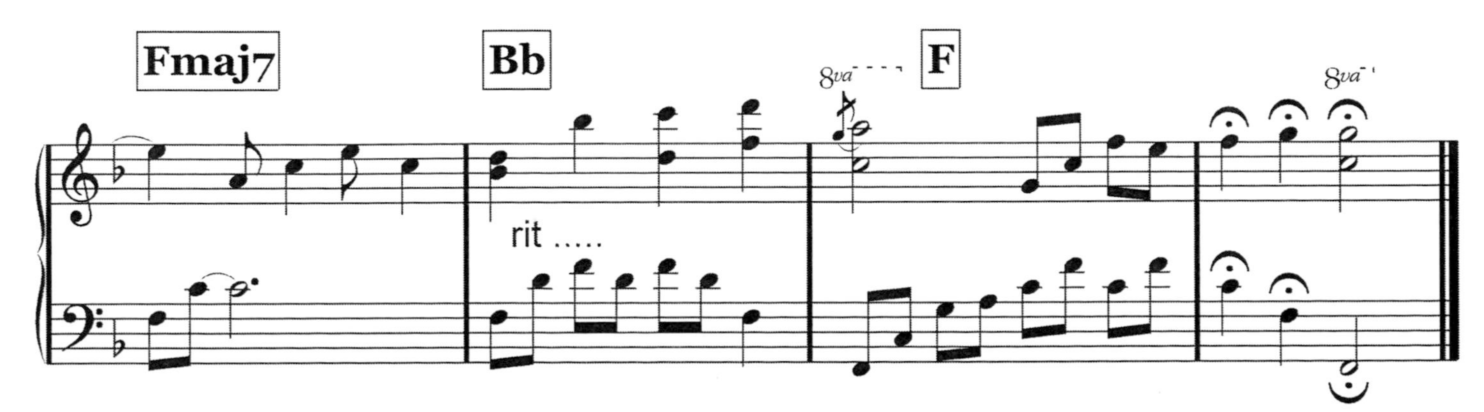
Fmaj7
Bb
8va
F
8va
rit .....

Ese amigo del alma

Lito Vitale

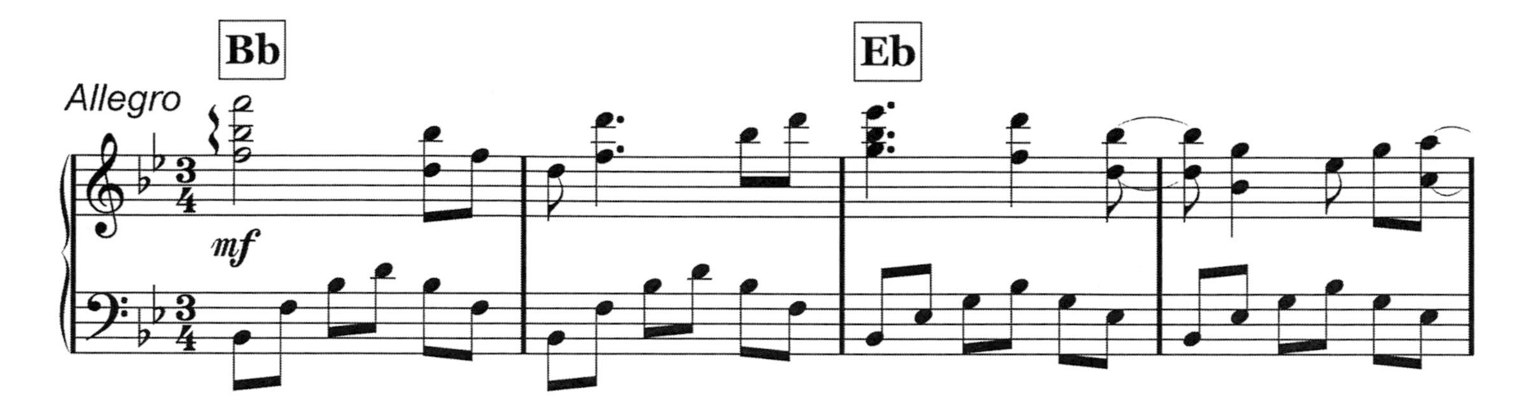

Bb
Eb
mp

F
Bb
Dm

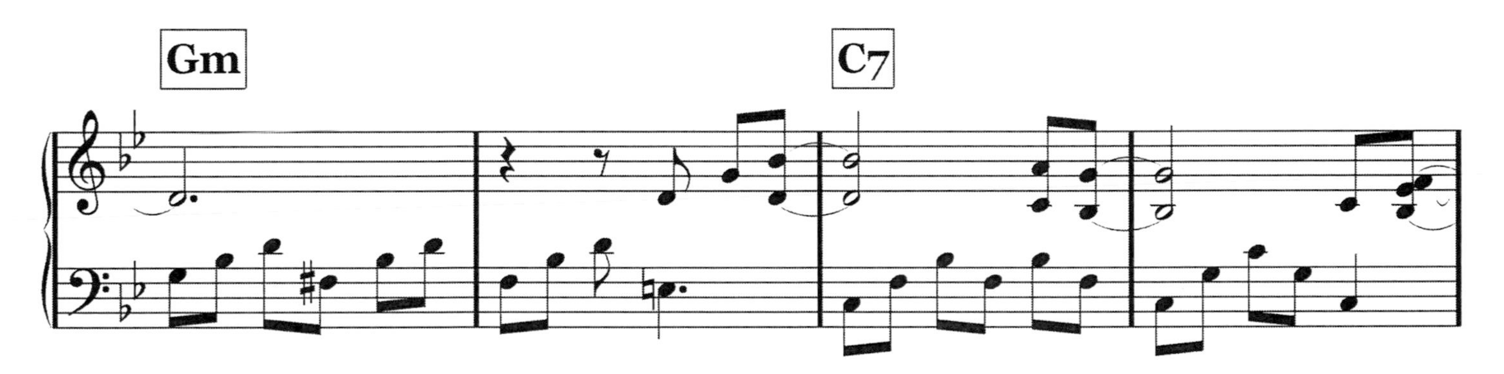
Gm
C7

F7

Bb
Bb7
Eb

Cm
Cm7
F

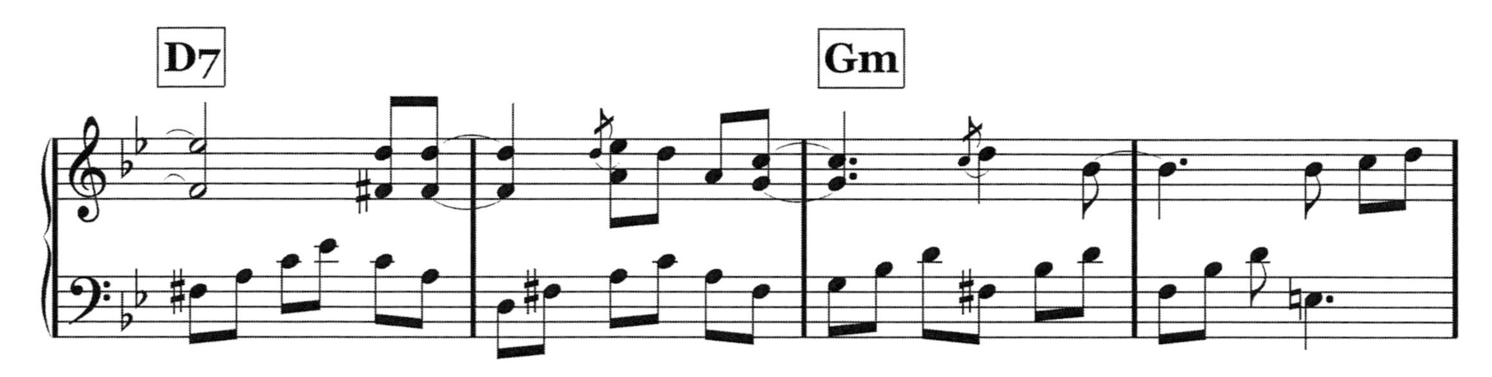
D7
Gm

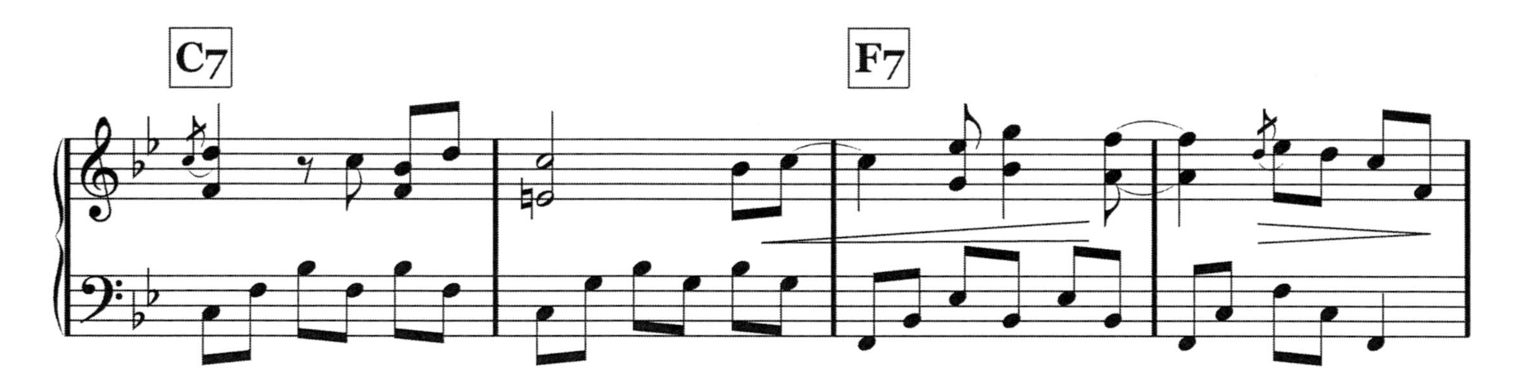
C7
F7

Bb
Eb
mf

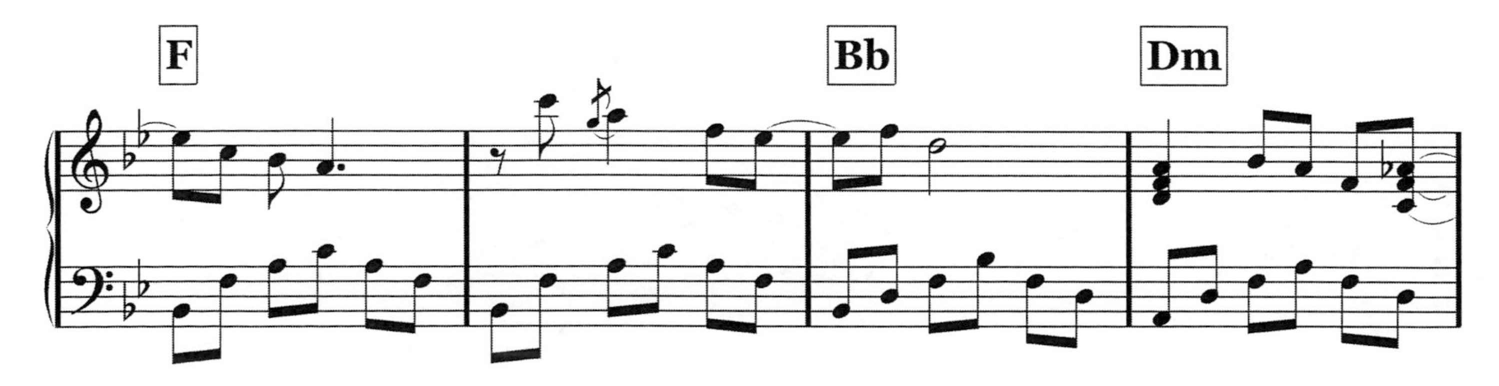
F
Bb
Dm

Fm
G7

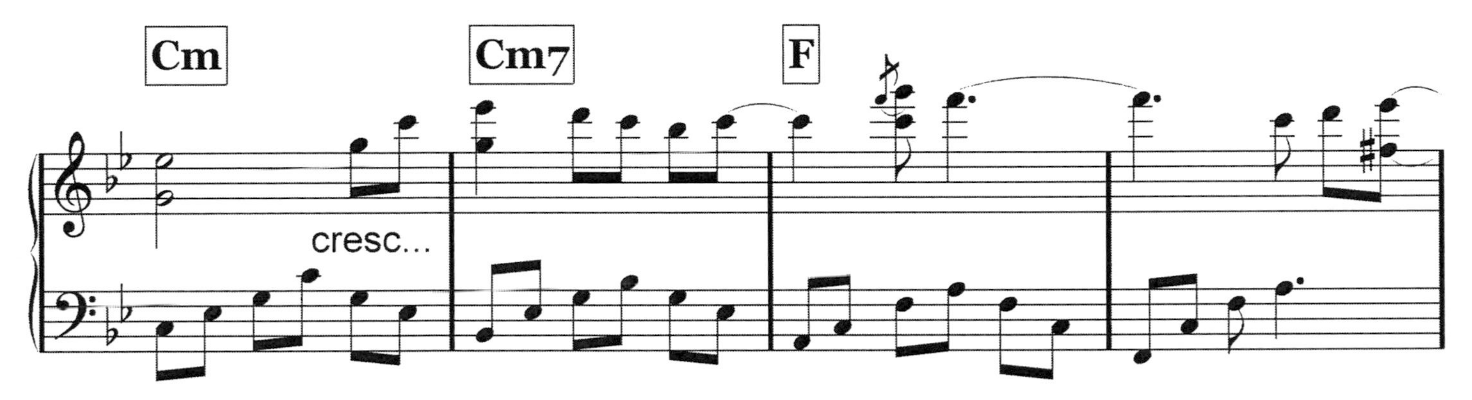
Cm
Cm7
F
cresc...

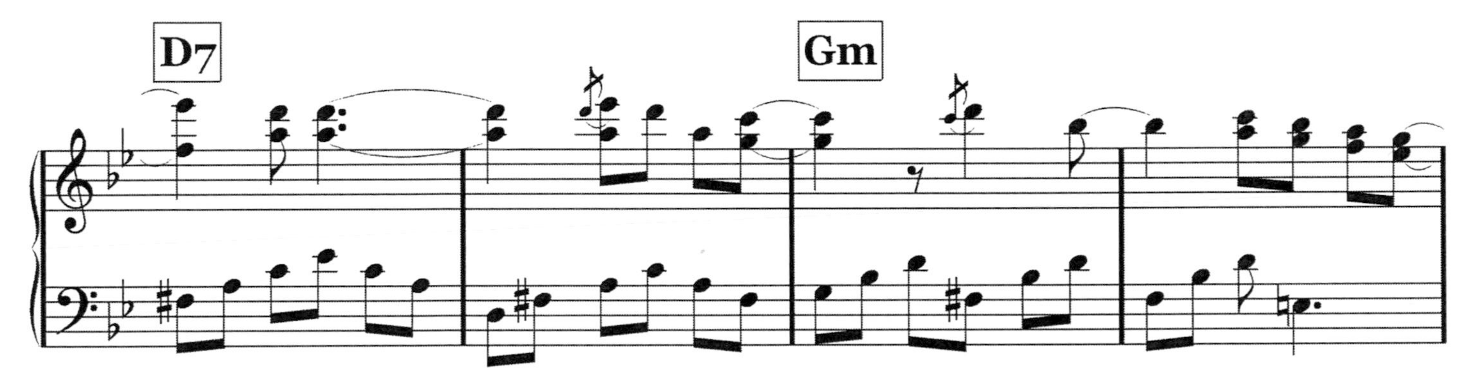
D7
Gm

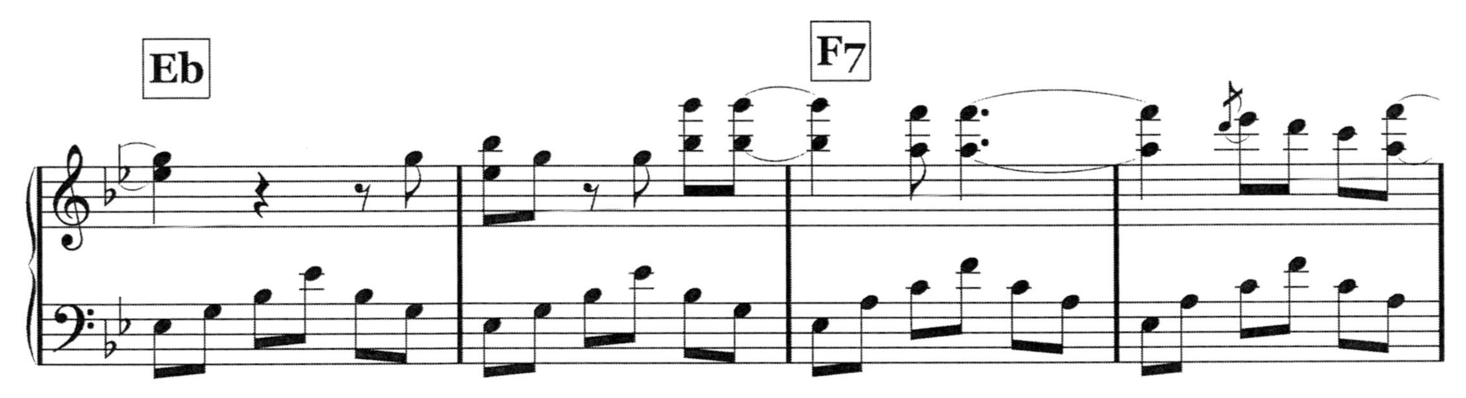
Eb
F7

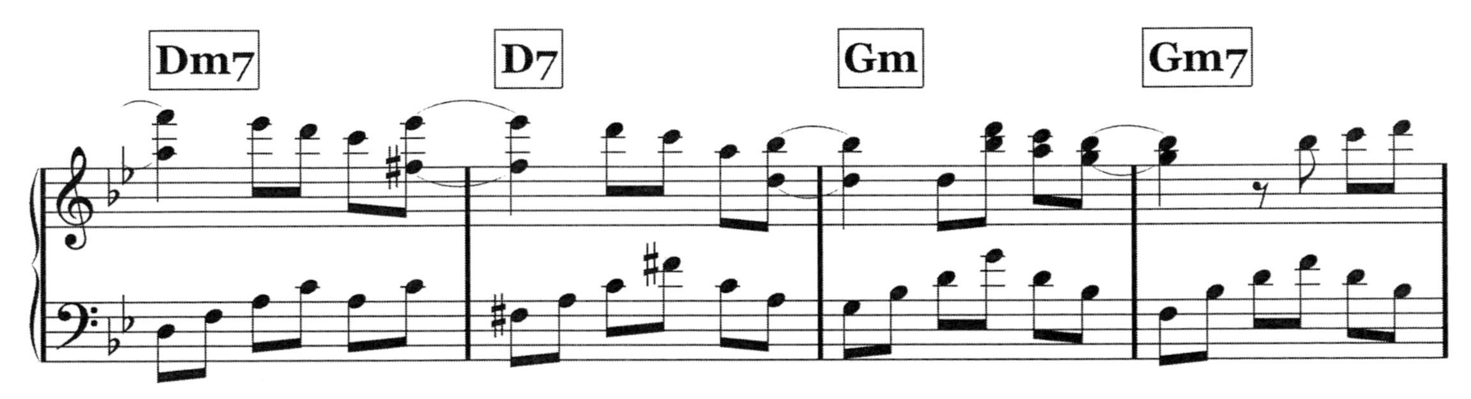
Dm7
D7
Gm
Gm7

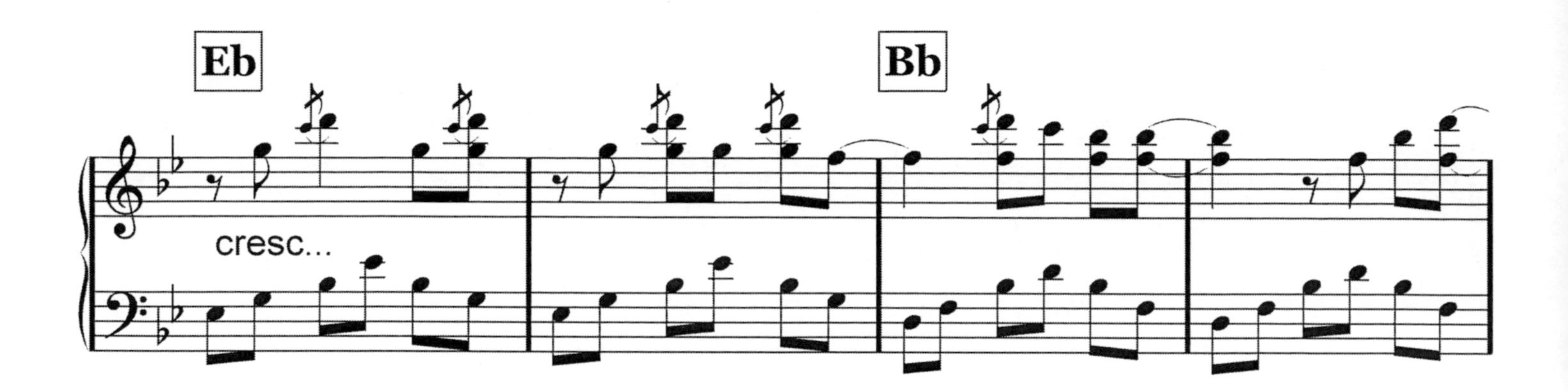
Eb
Bb
cresc...

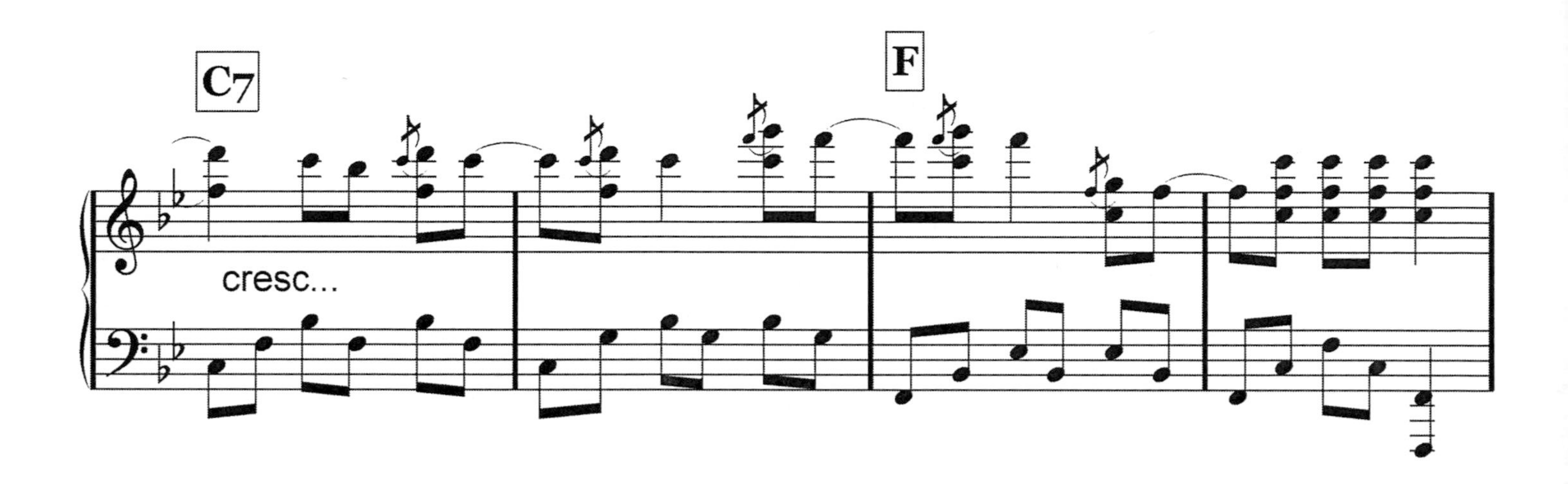
C7
F
cresc...

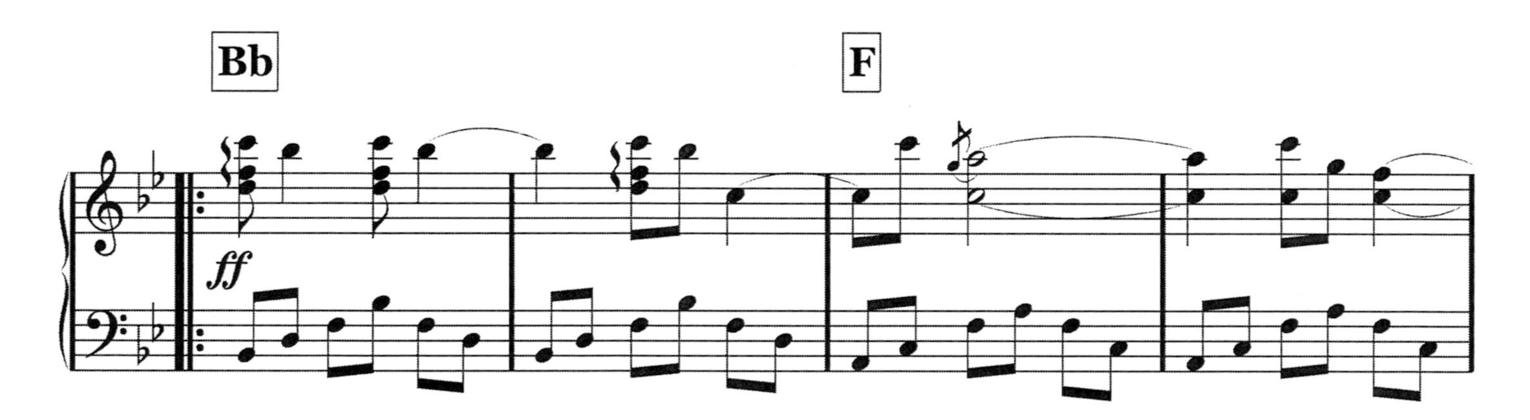
Bb
F
ff

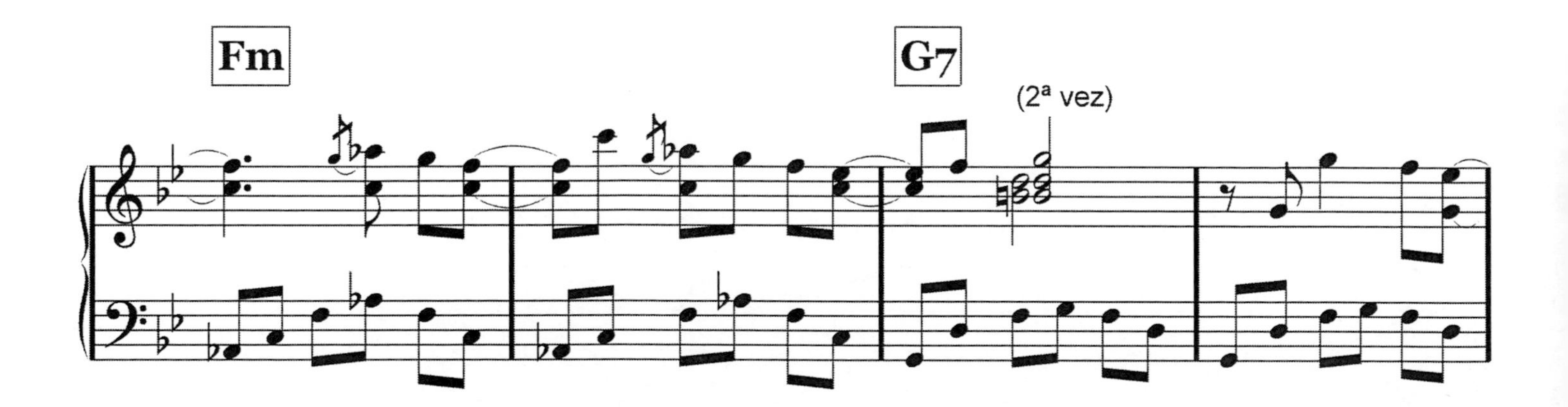
Fm
G7
(2ª vez)

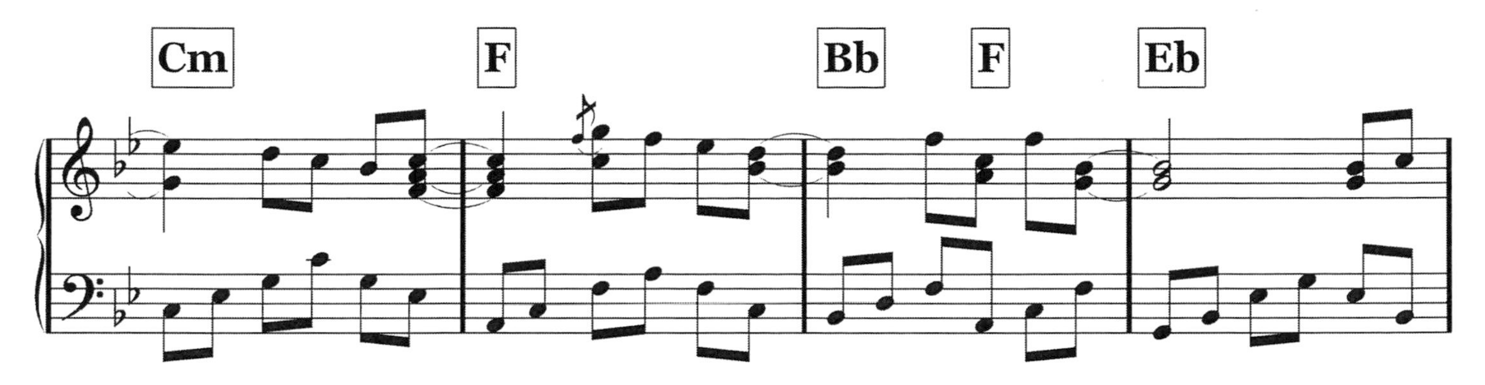

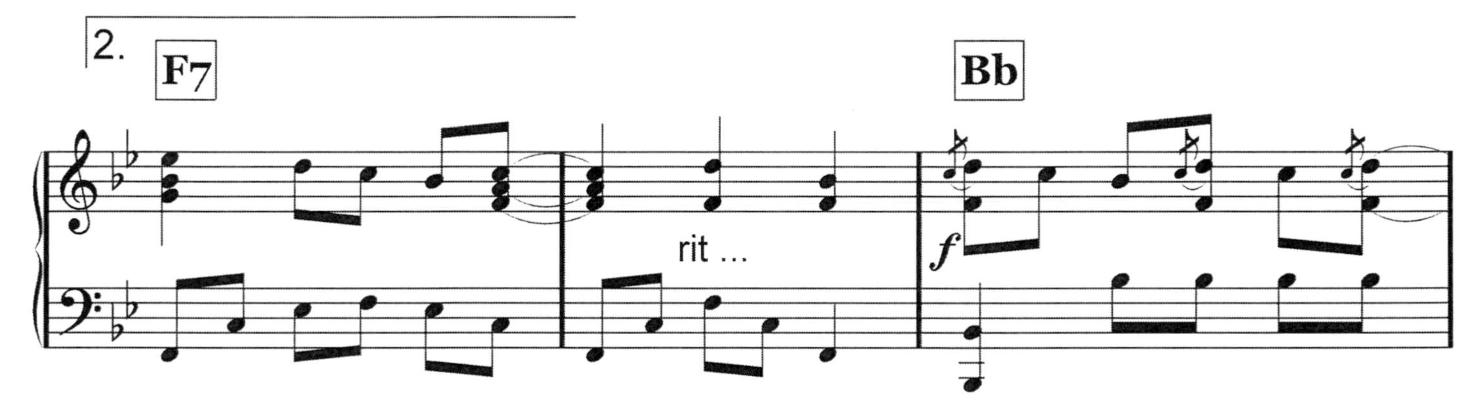

Eb

Erin Shore

The Corrs

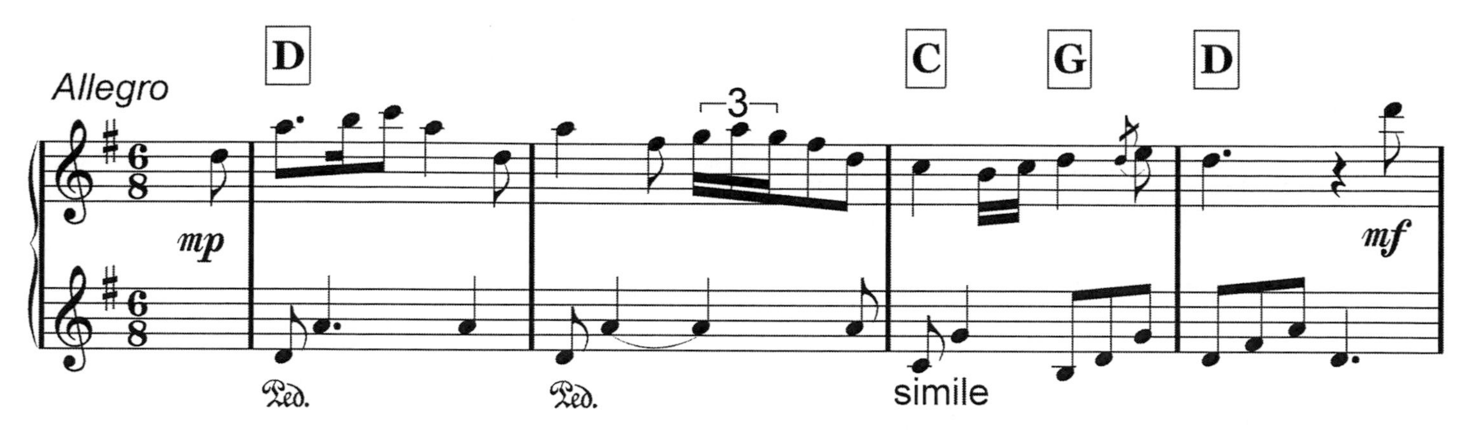

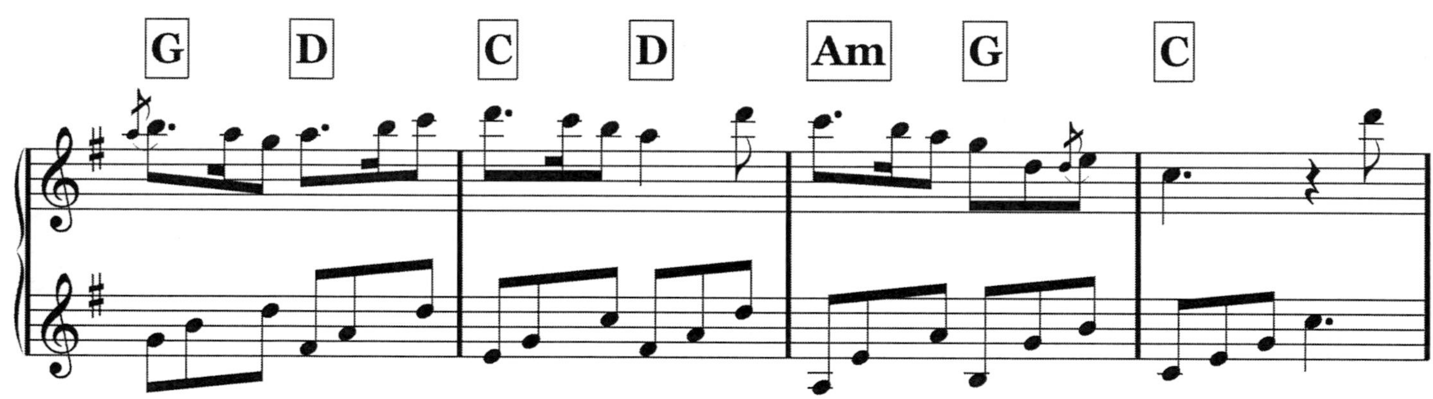

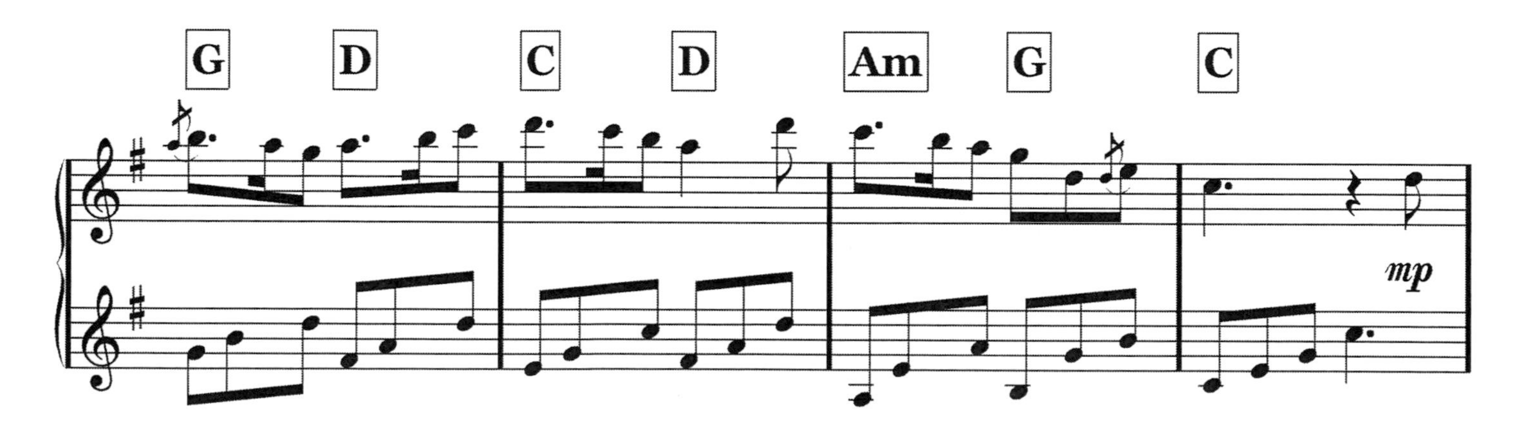

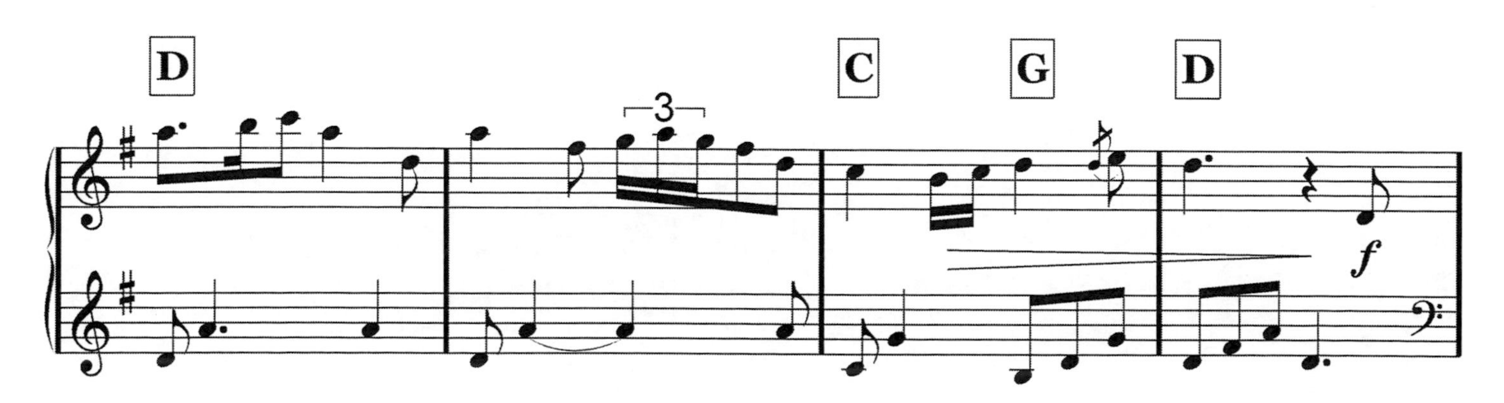

D
C
G
3

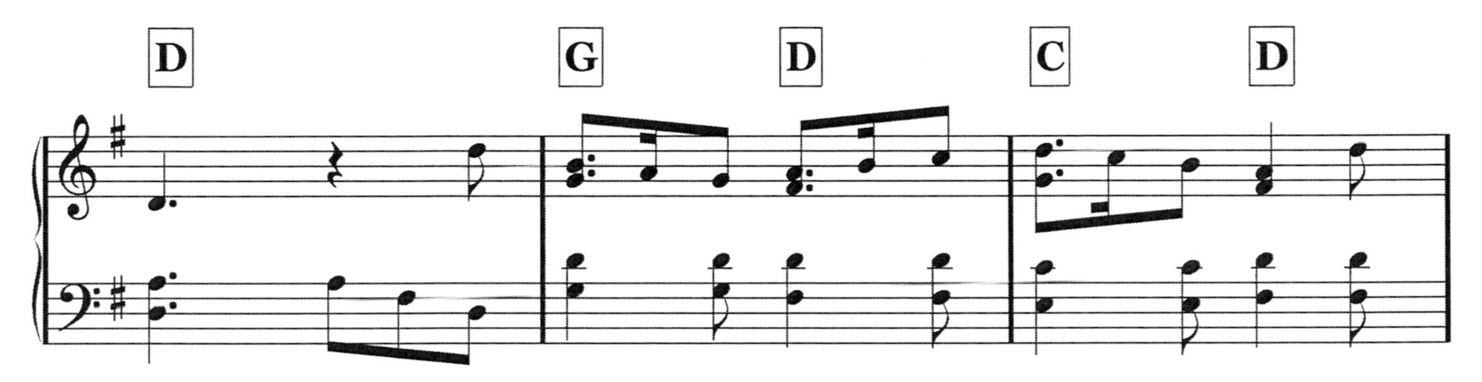
D
G
D
C
D

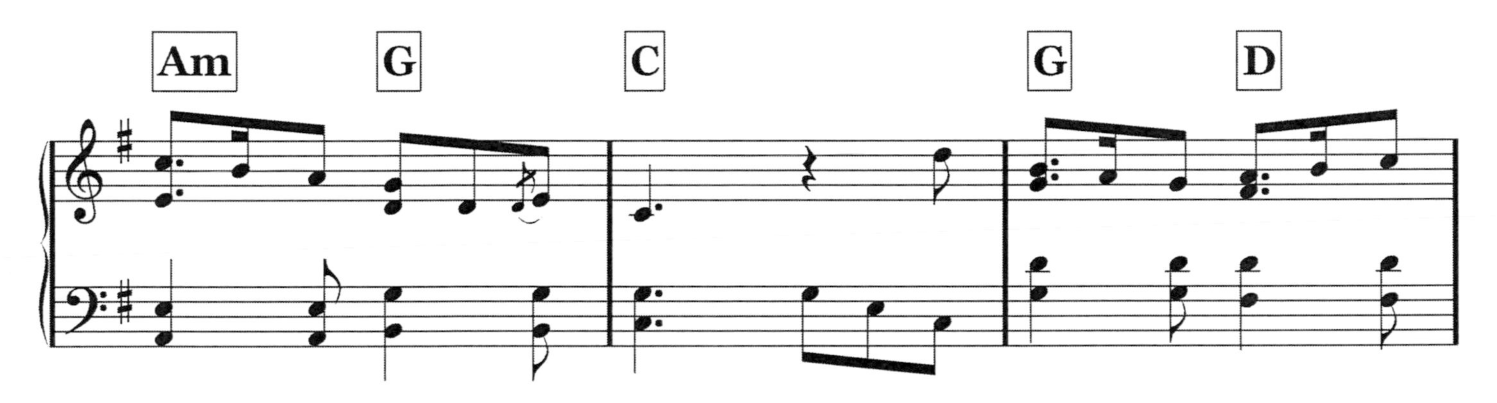
Am
G
C
G
D

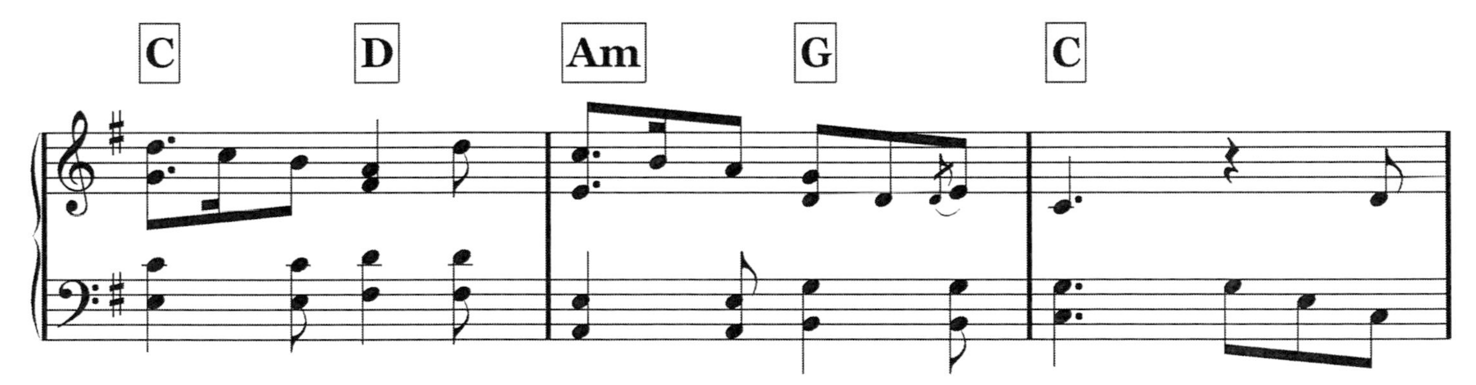
C
D
Am
G
C

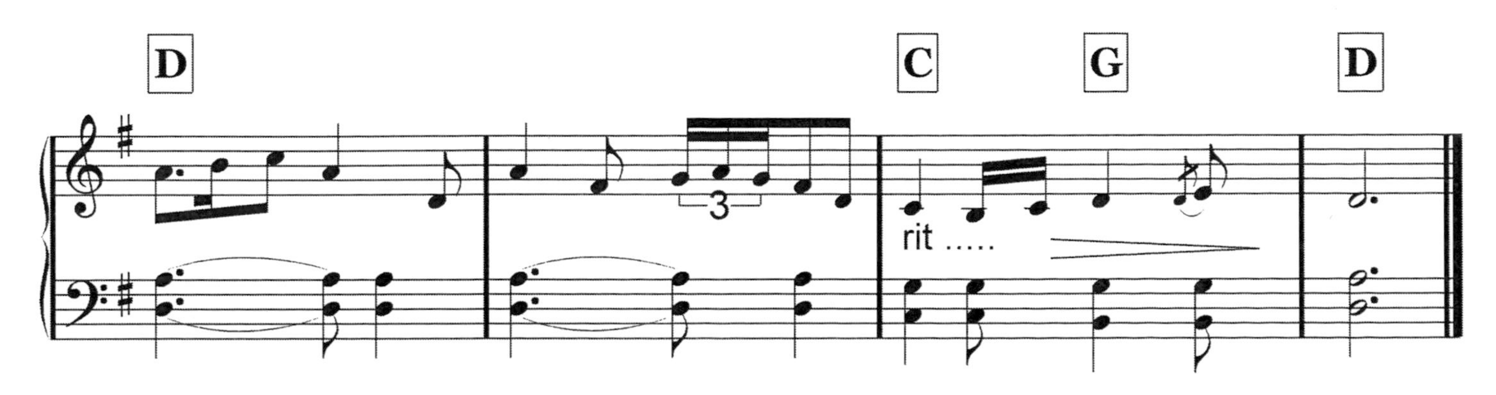
D
C
G
D
3
rit .....

Could Be a Theme

Gary Paul Bryant

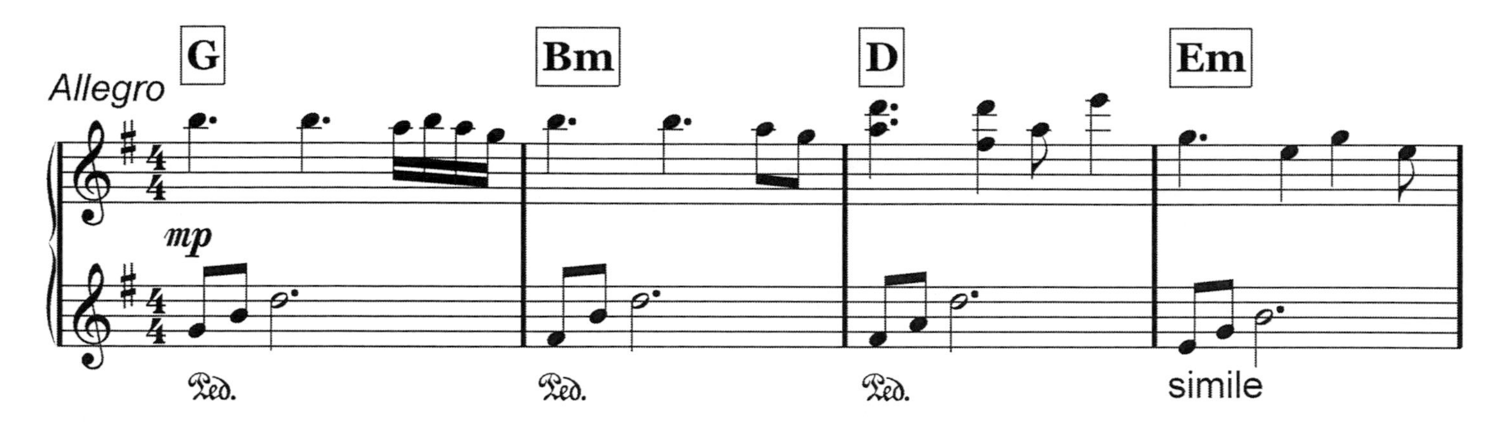

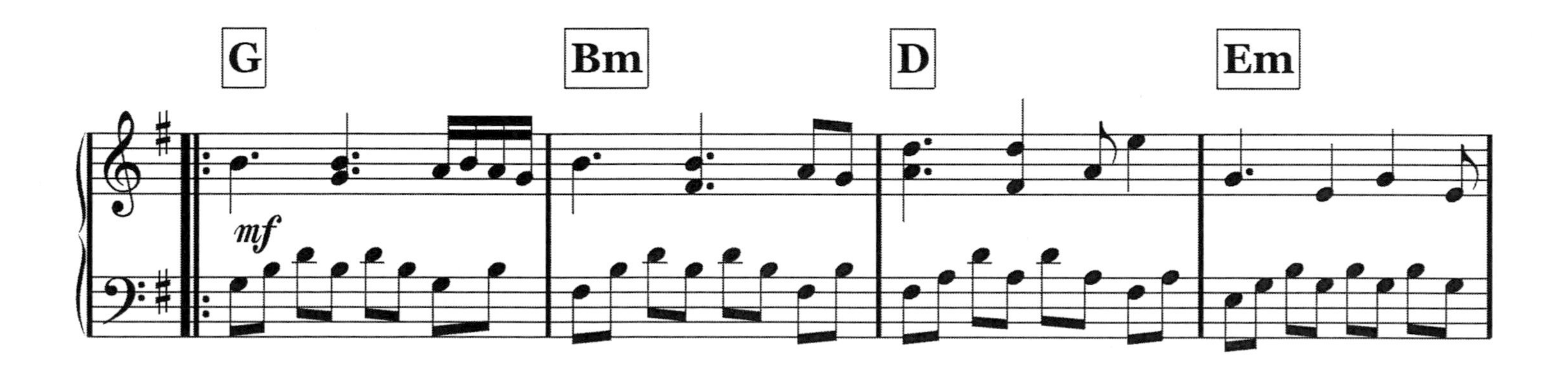

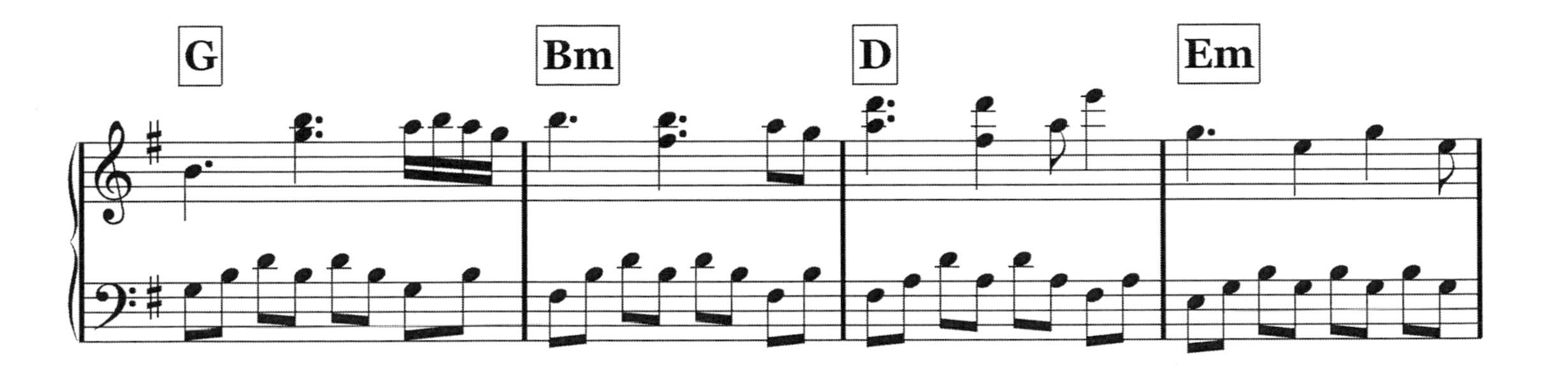
G
Bm
D
Em

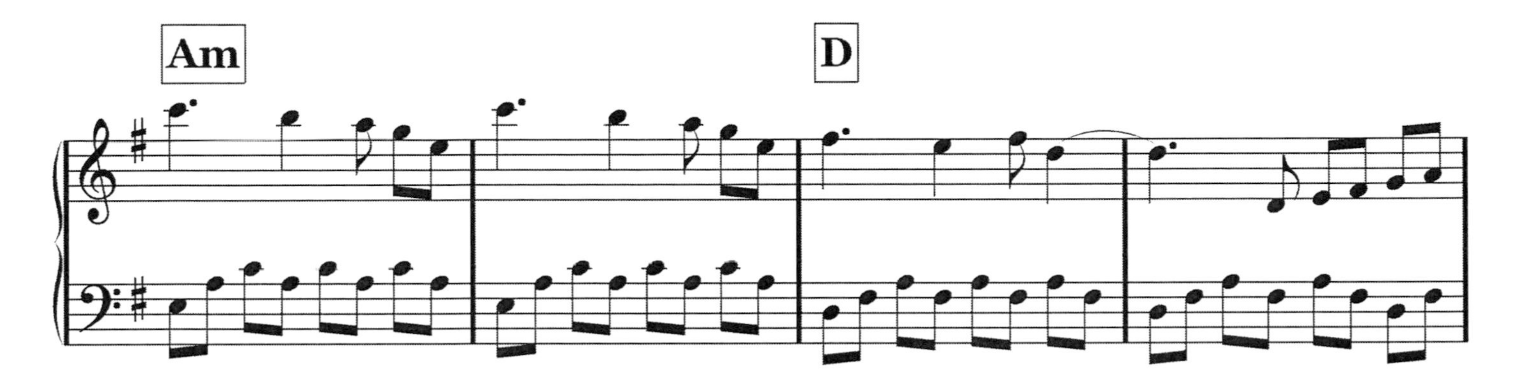
Am
D

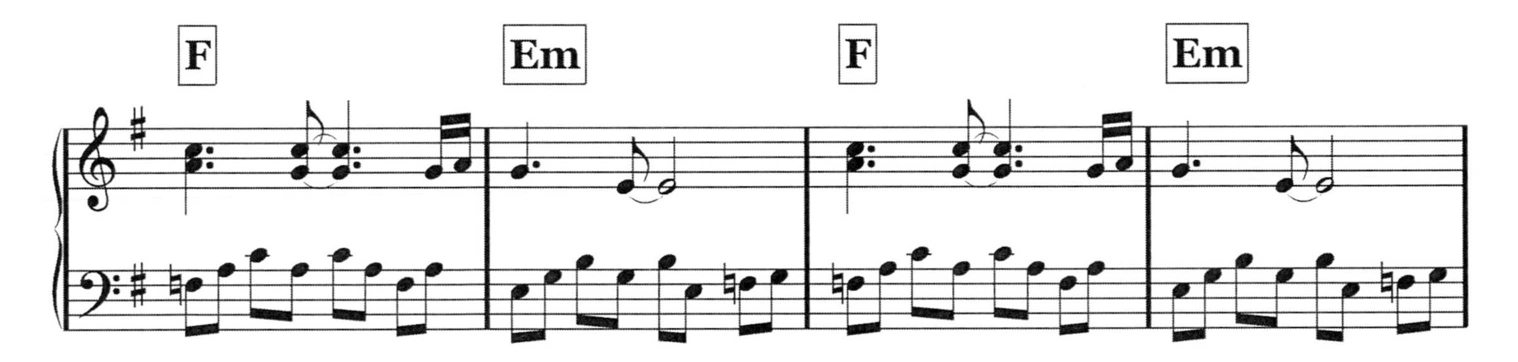
F
Em
F
Em

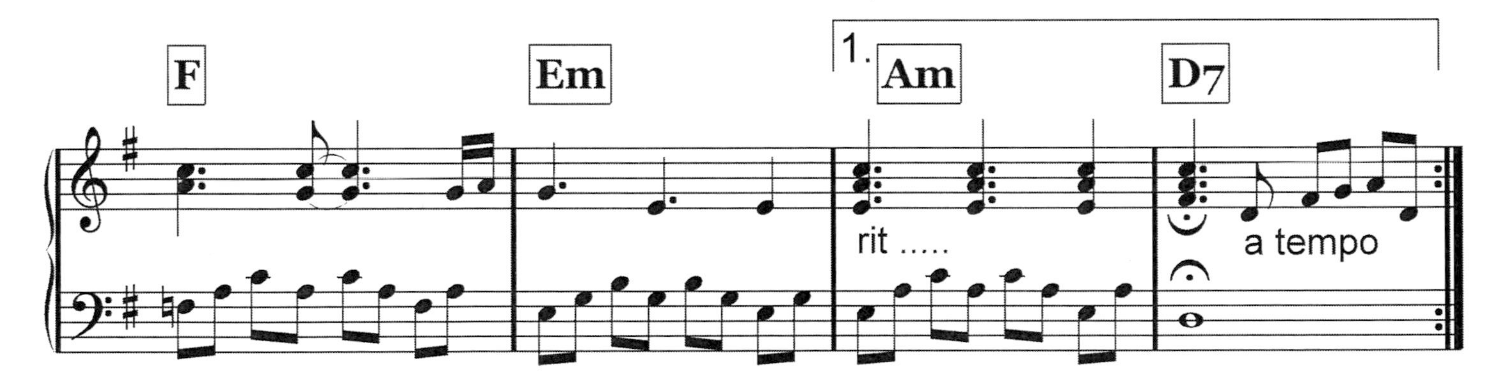
F
Em
1.
Am
D7
rit .....
a tempo

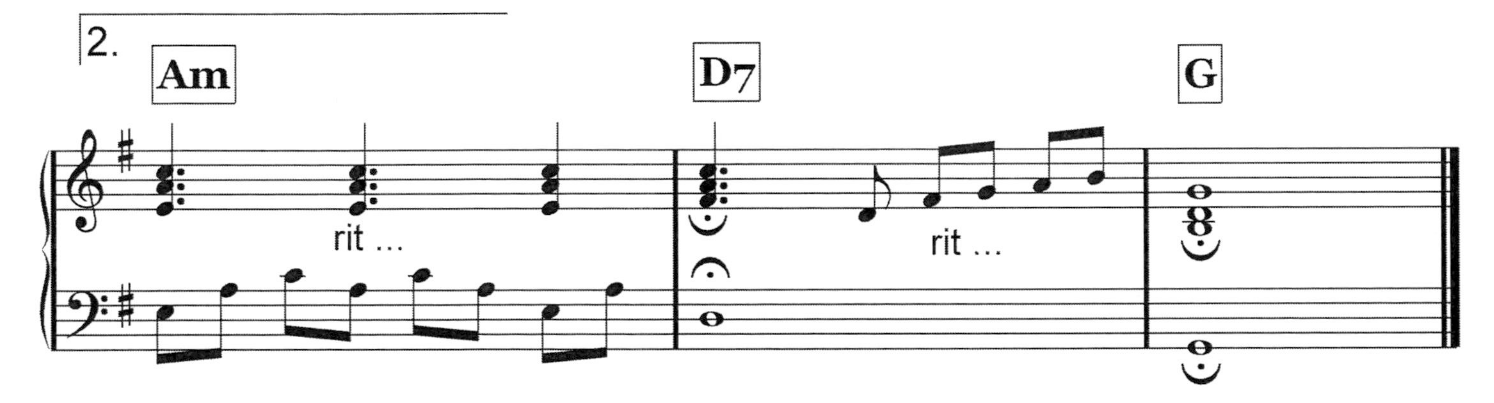
2.
Am
D7
G
rit ...
rit ...

Letter from Home

Pat Metheny

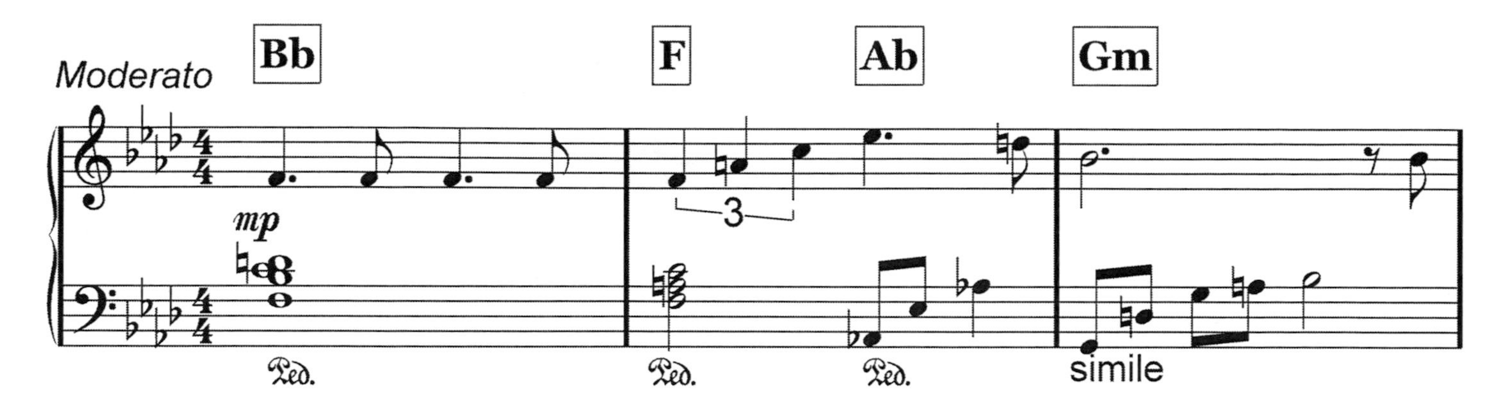

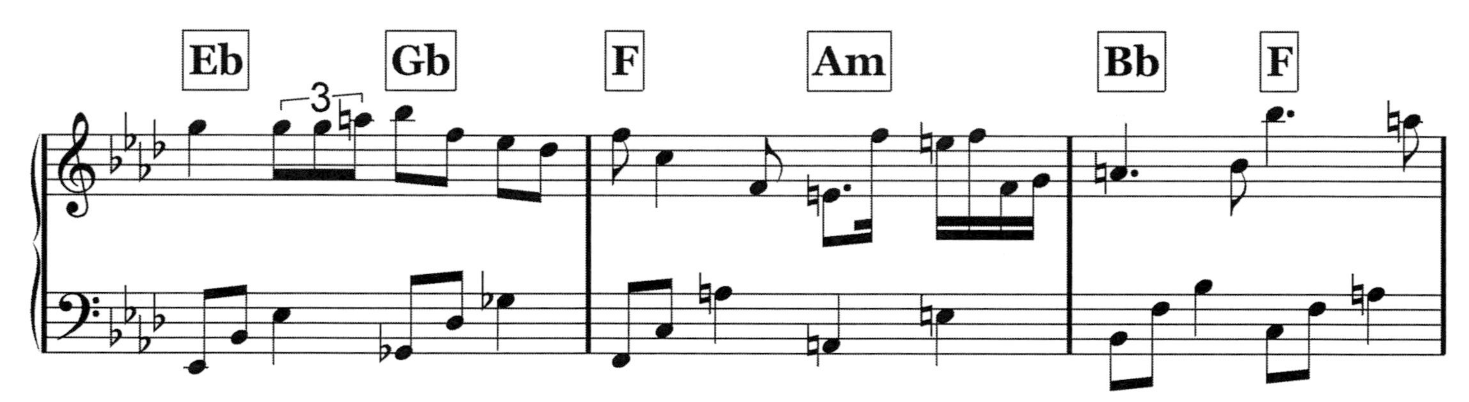

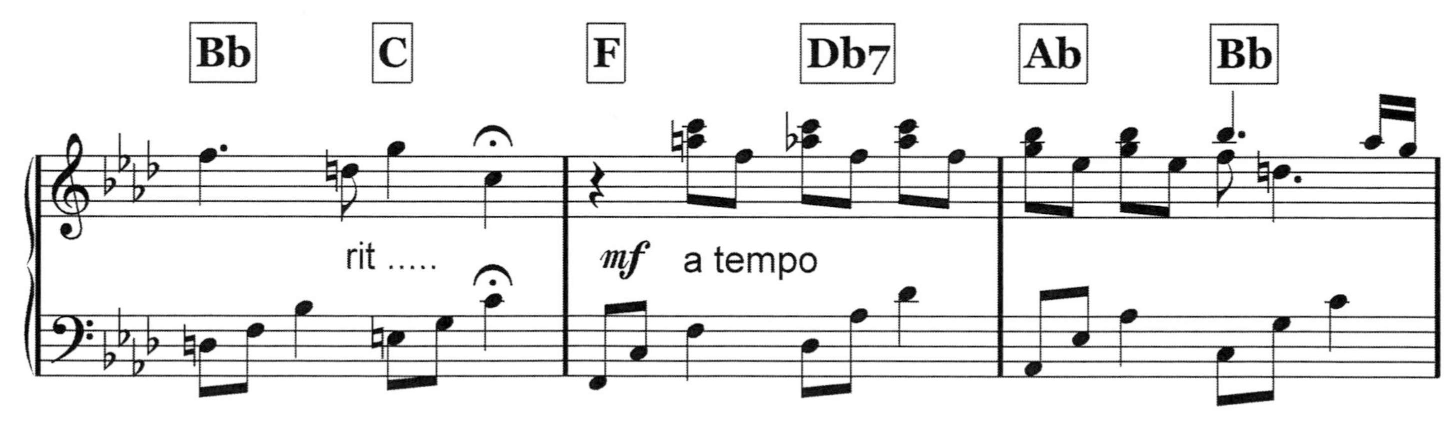

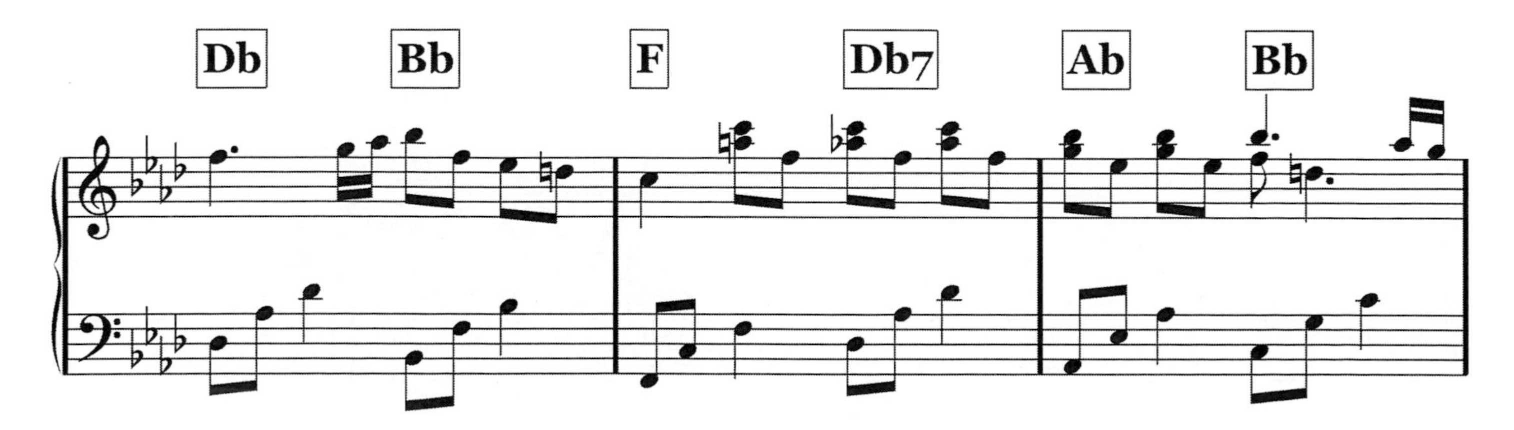

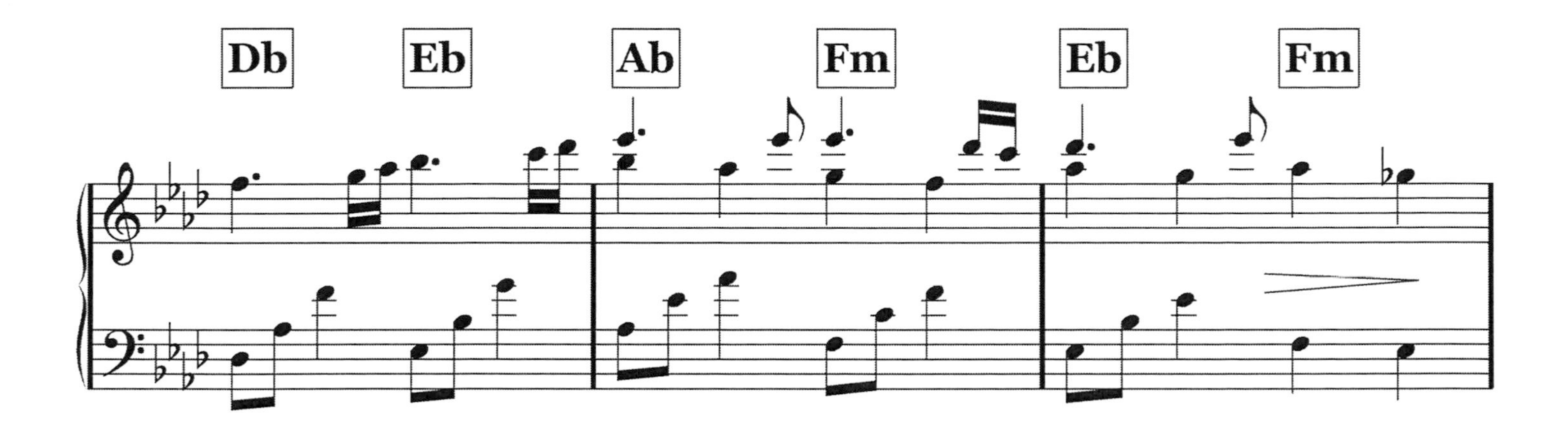
Db
Eb
Ab
Fm
Eb
Fm

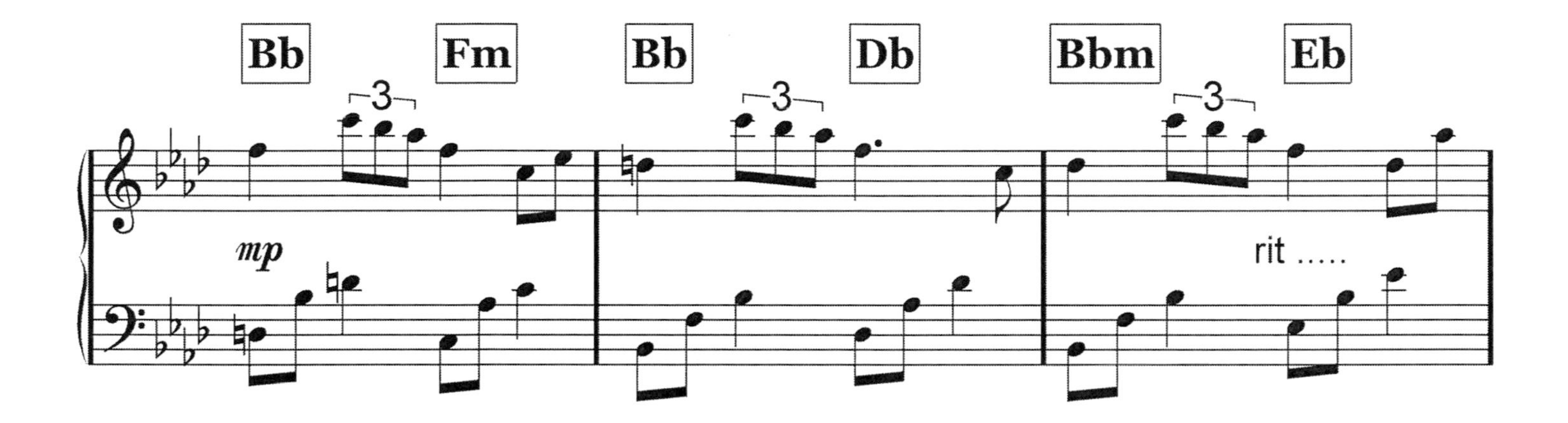
Bb
Fm
Bb
Db
Bbm
Eb
3
3
3
mp
rit .....

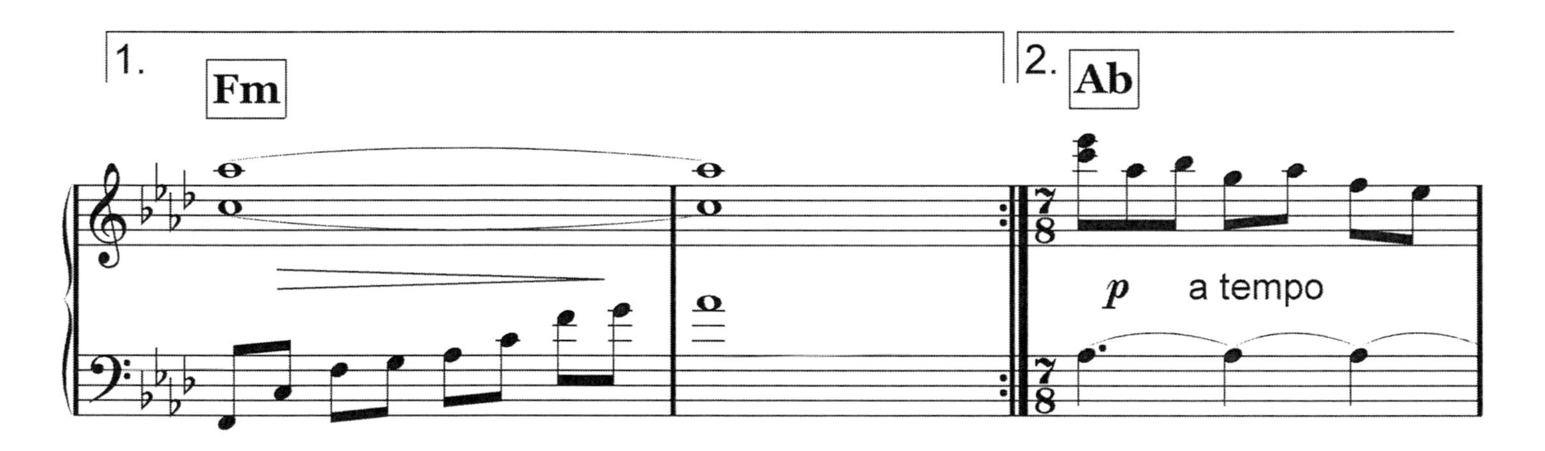
1.
Fm
2.
Ab
p
a tempo

rit ....
pp

Libertango

Ástor Piazzolla

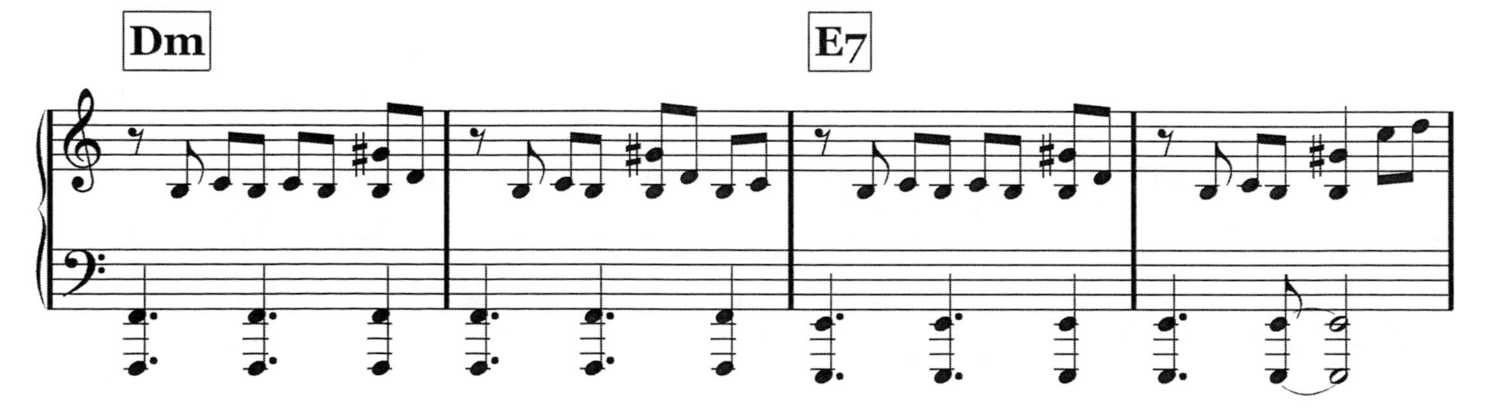

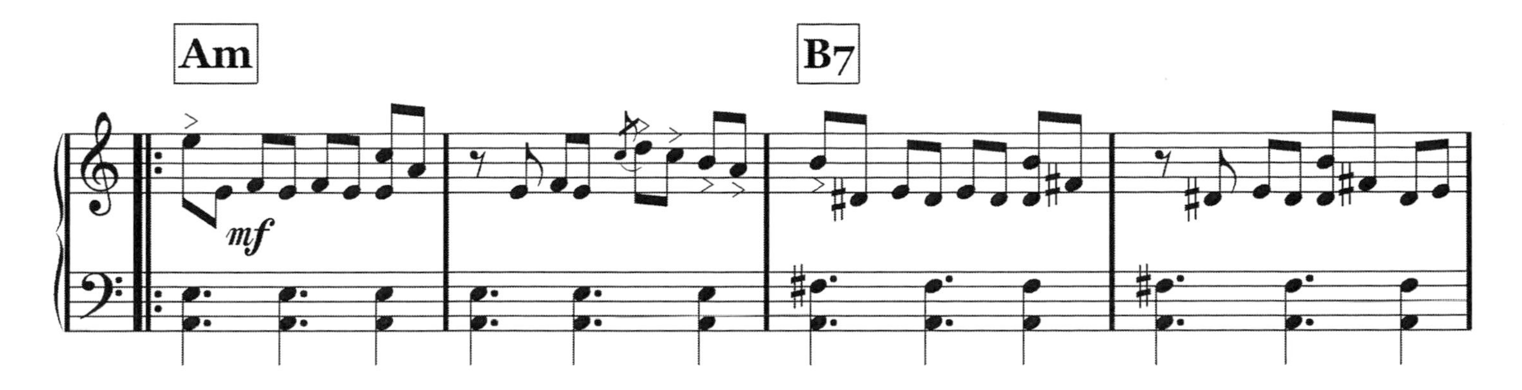
Am
B7
mf

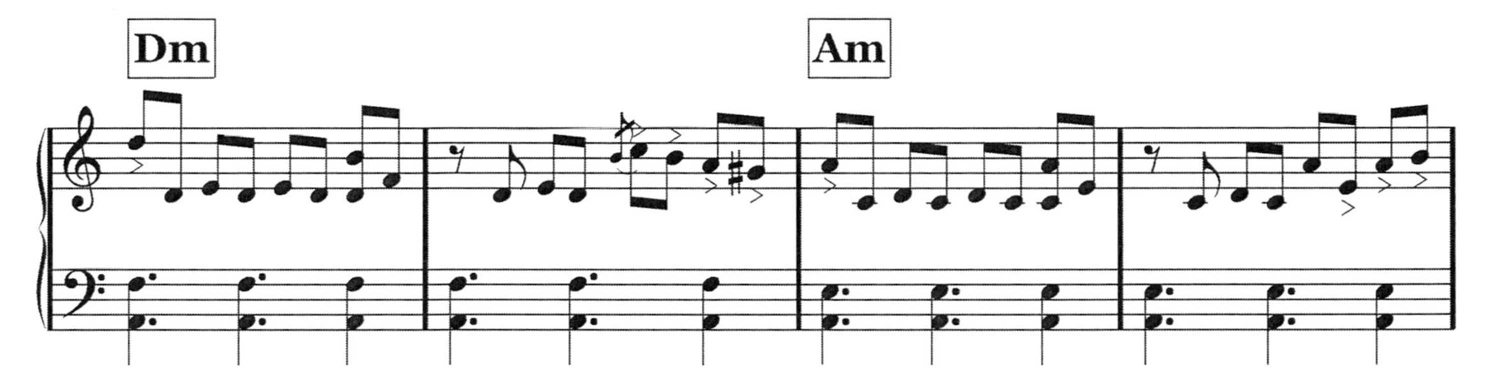
Dm
Am

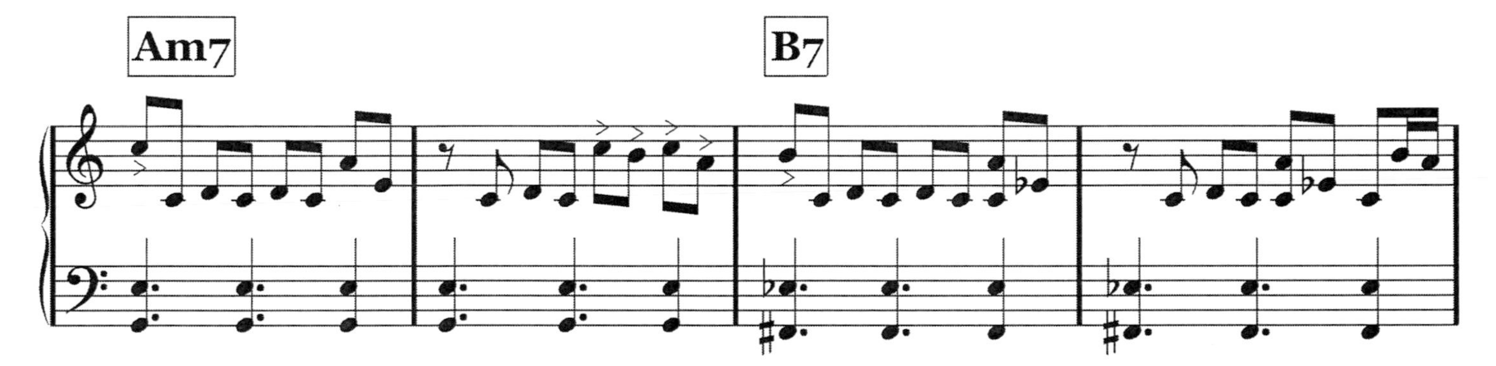
Am7
B7

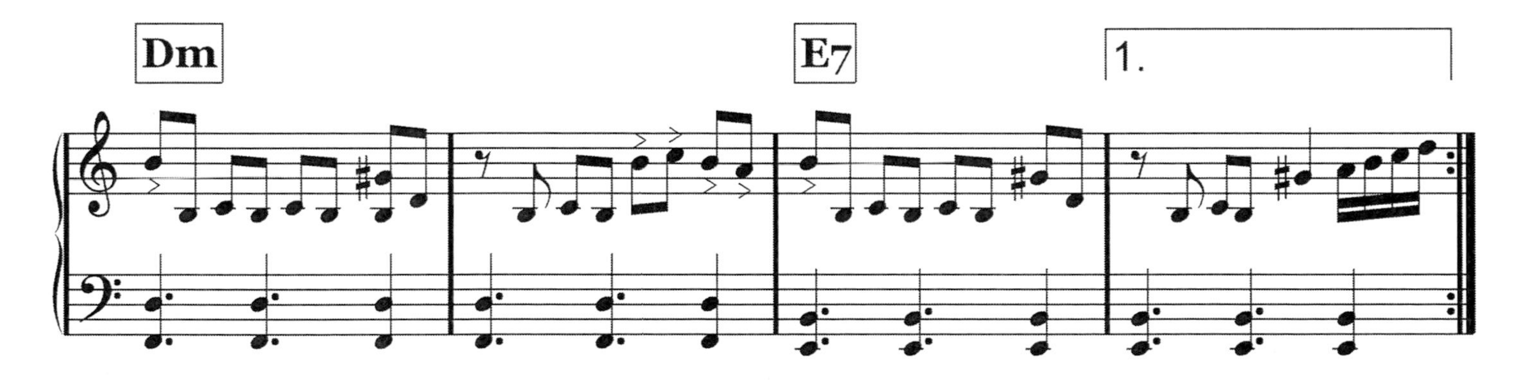
Dm
E7
1.

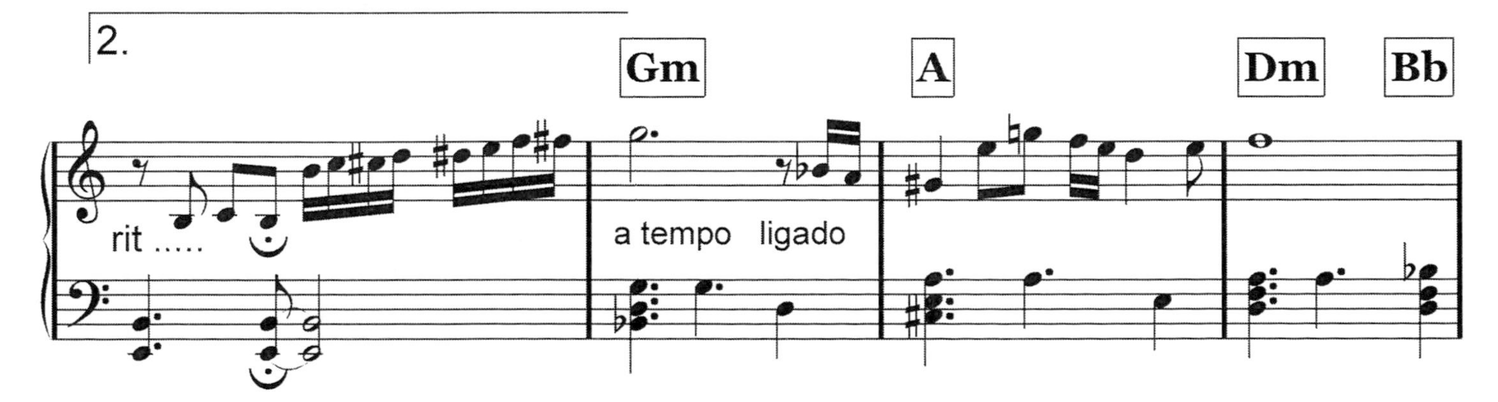
2.
Gm
A
Dm
Bb
rit .....
a tempo ligado

Dm

Am
1.
2.

Cm
D7

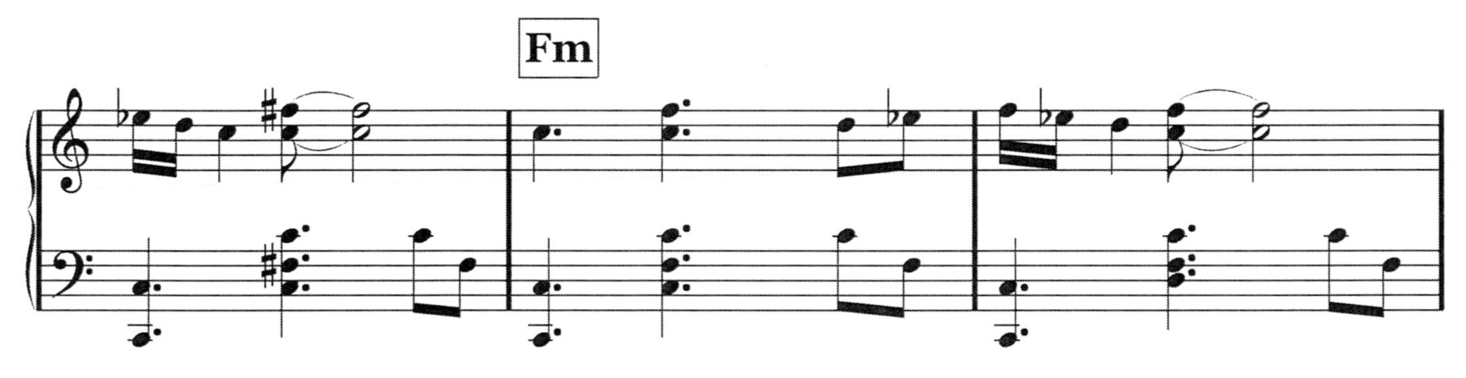
Fm

1. 2.
Ab
G

3.
Cm

Highland

Bill Douglas

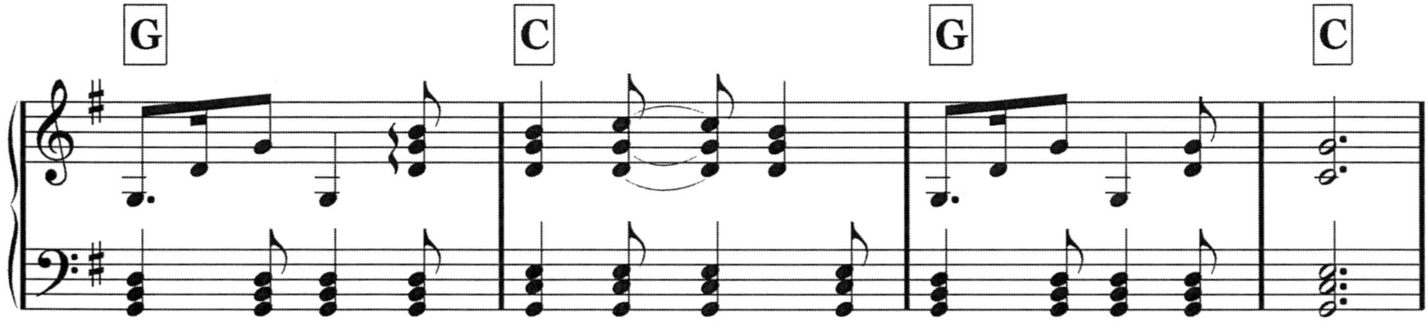

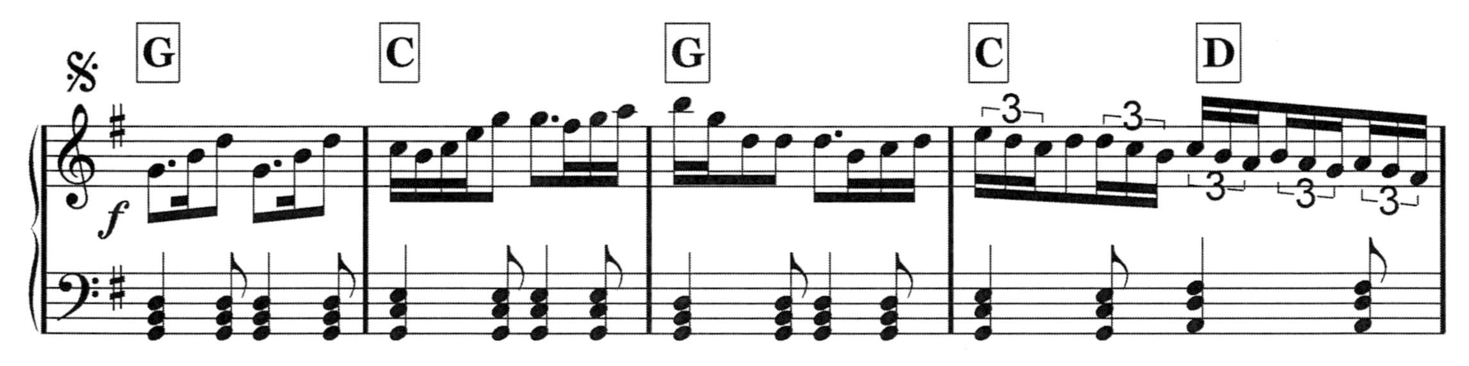

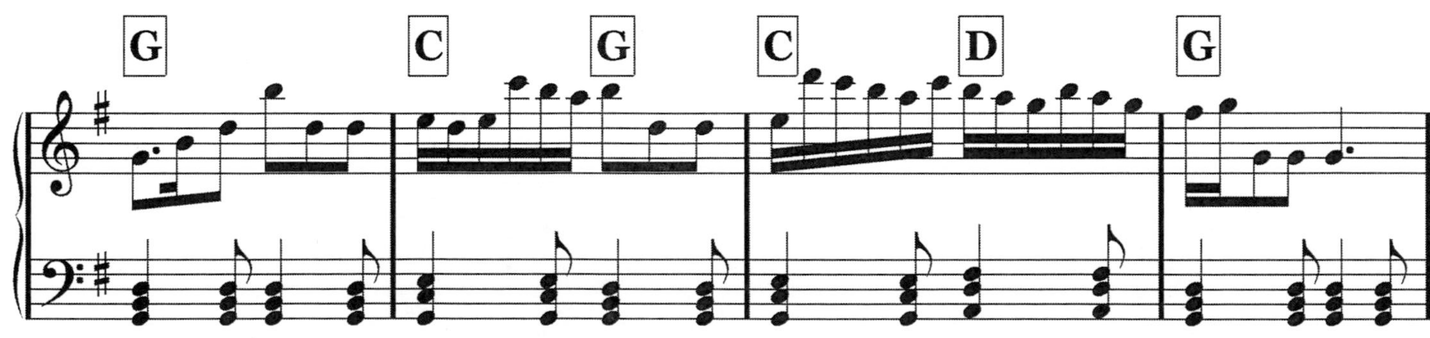

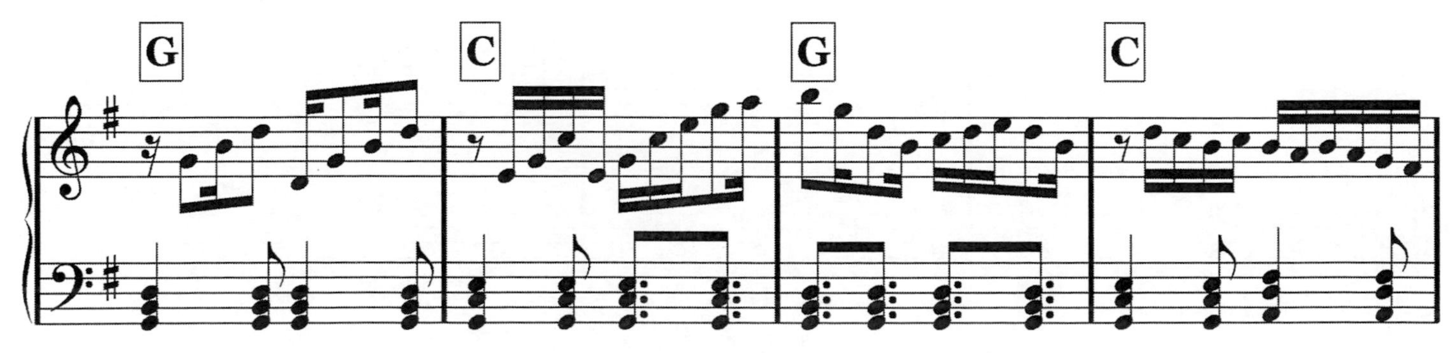

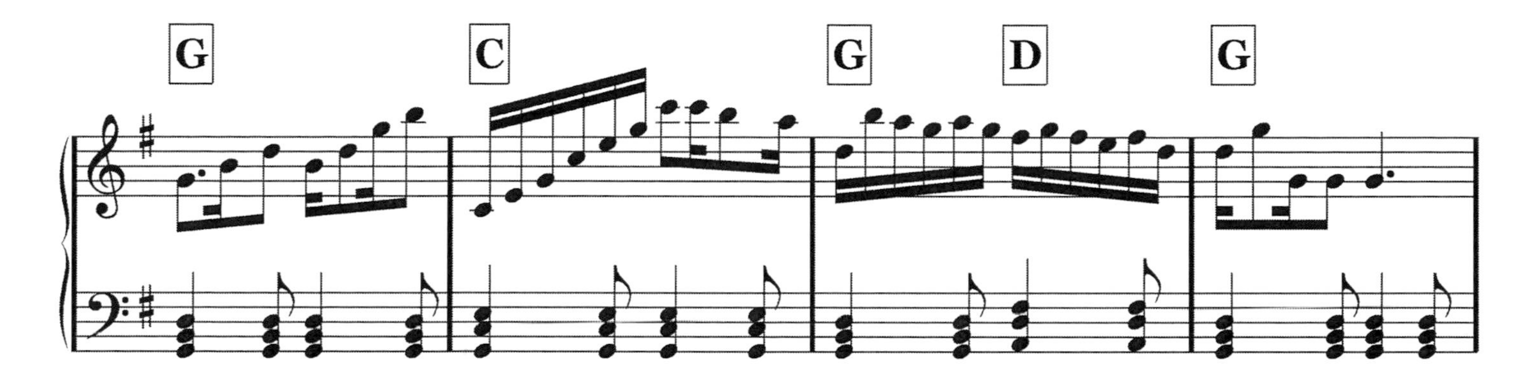
G
C
G
D
G

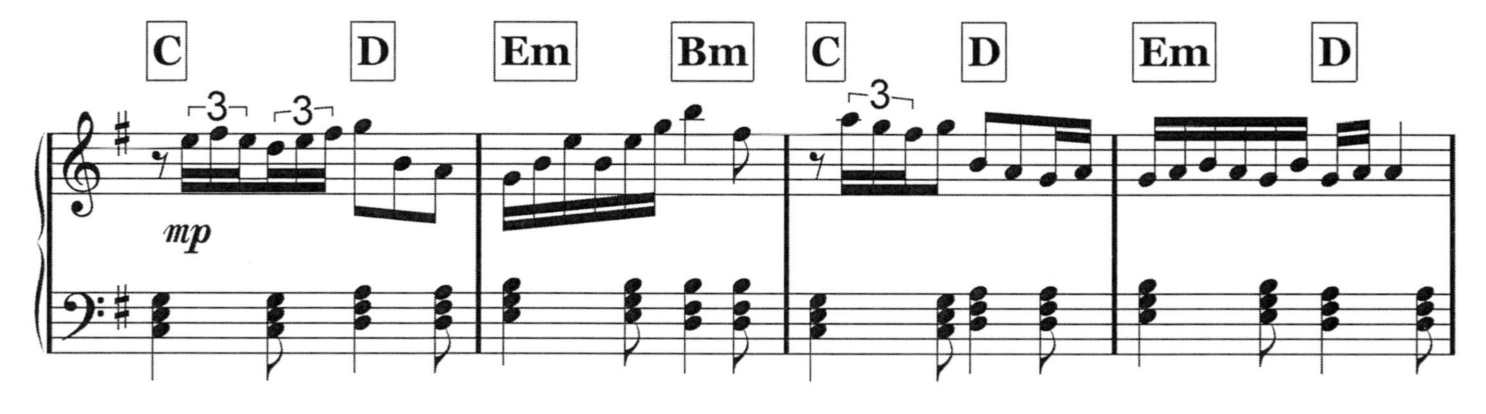
C
D
Em
Bm
C
D
Em
D
mp

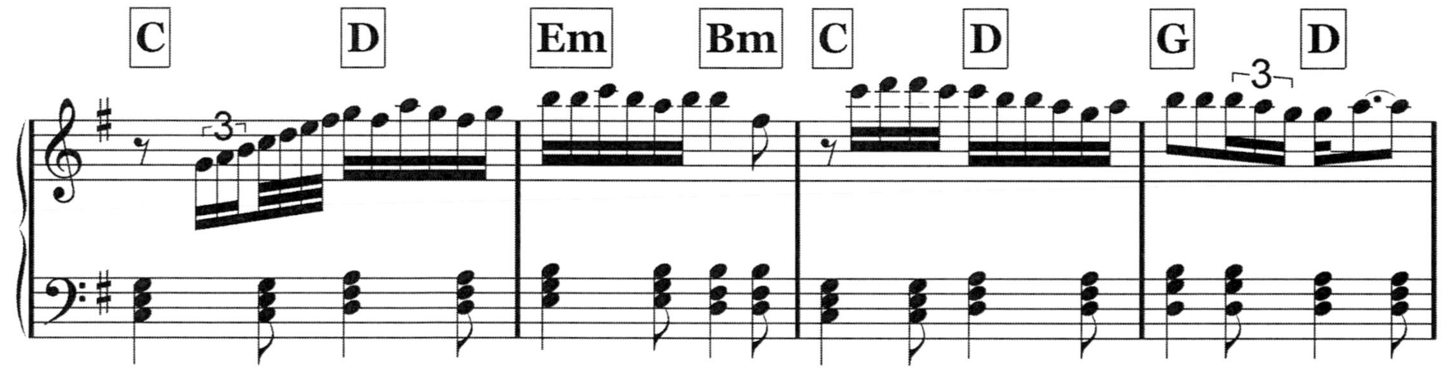
C
D
Em
Bm
C
D
G
D

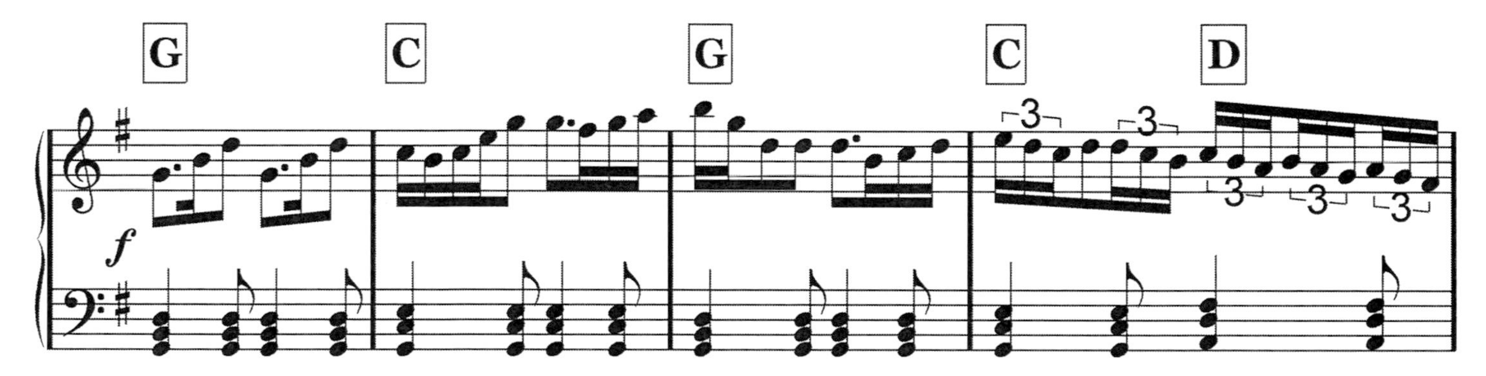
G
C
G
C
D
f

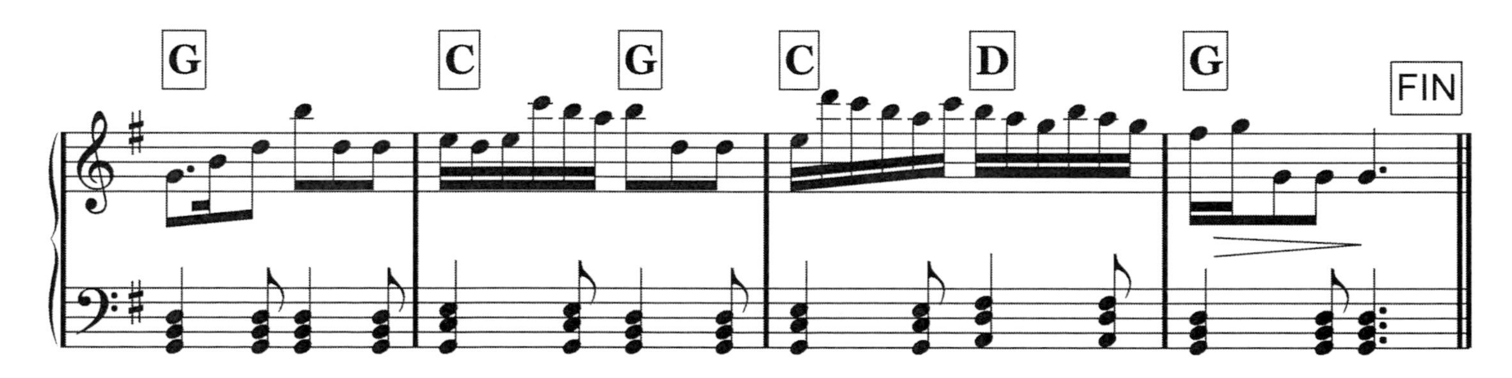
G
C
G
C
D
G
FIN

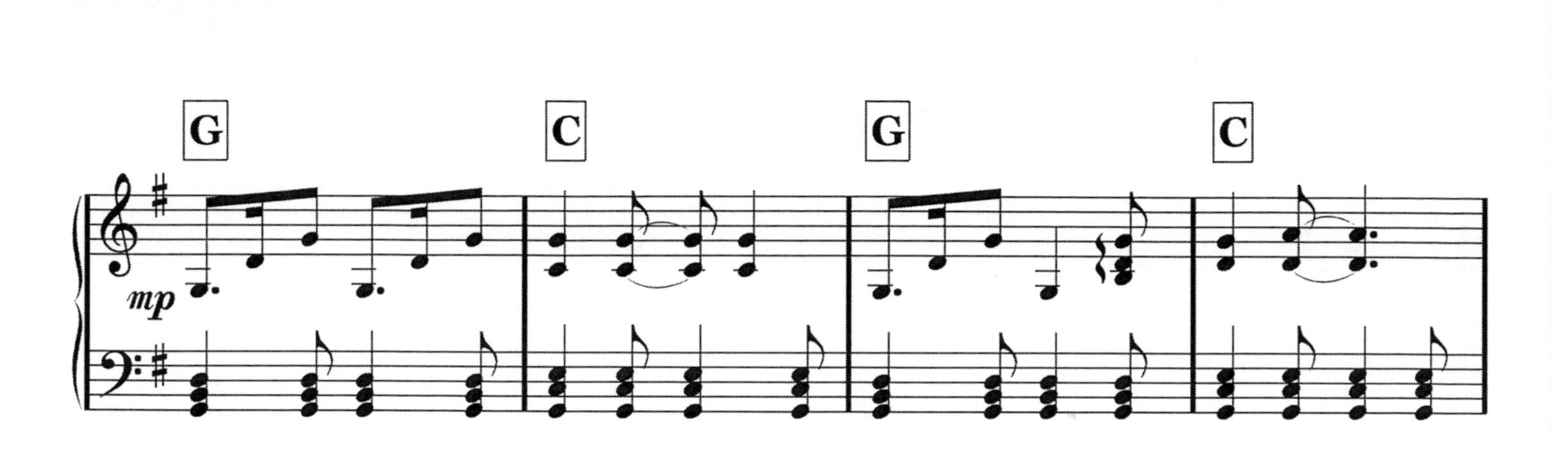
G
C
G
C
mp

G
C
G
C
mf

G
C
G
D
3

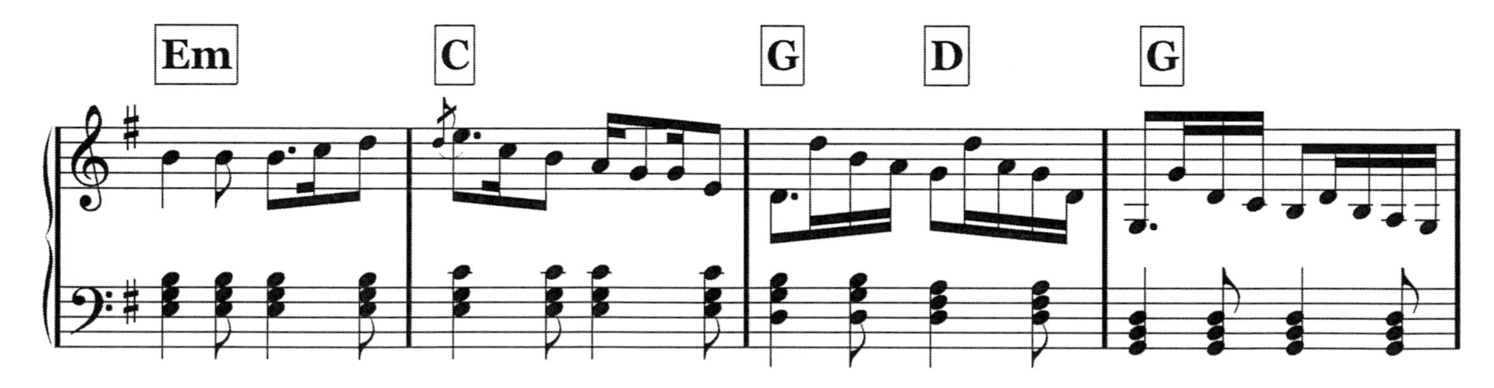
Em
C
G
D
G

C
3
G
D

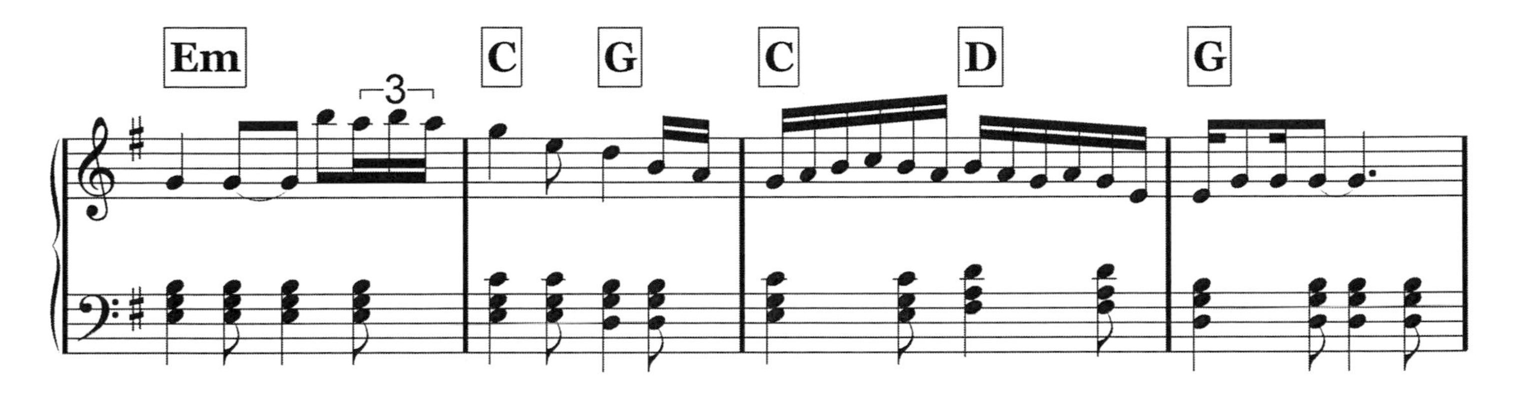
Em
3
C
G
C
D
G

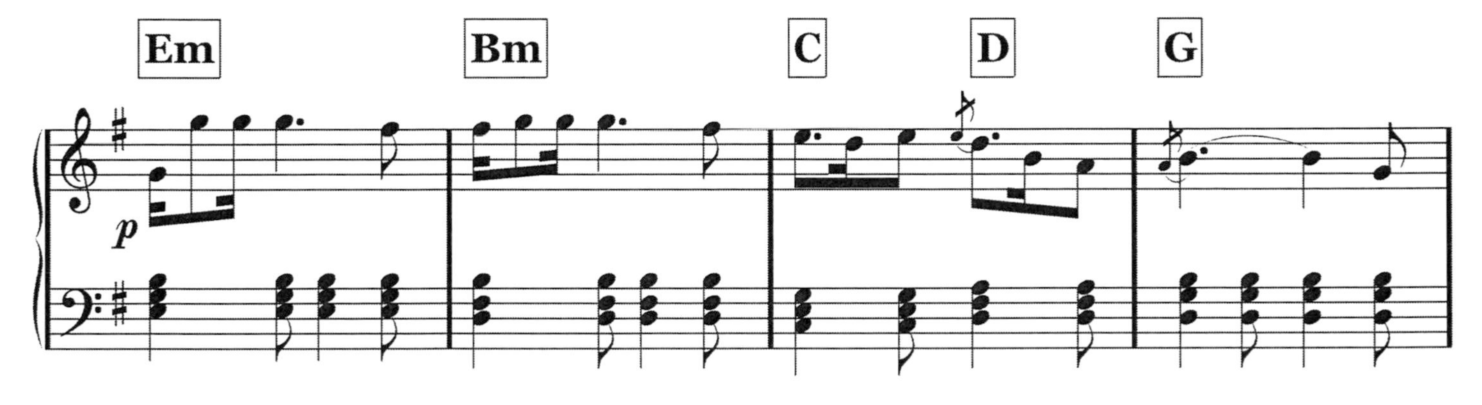
Em
p
Bm
C
D
G

Em
Bm
G
D
G
D

G
C
G
D
f

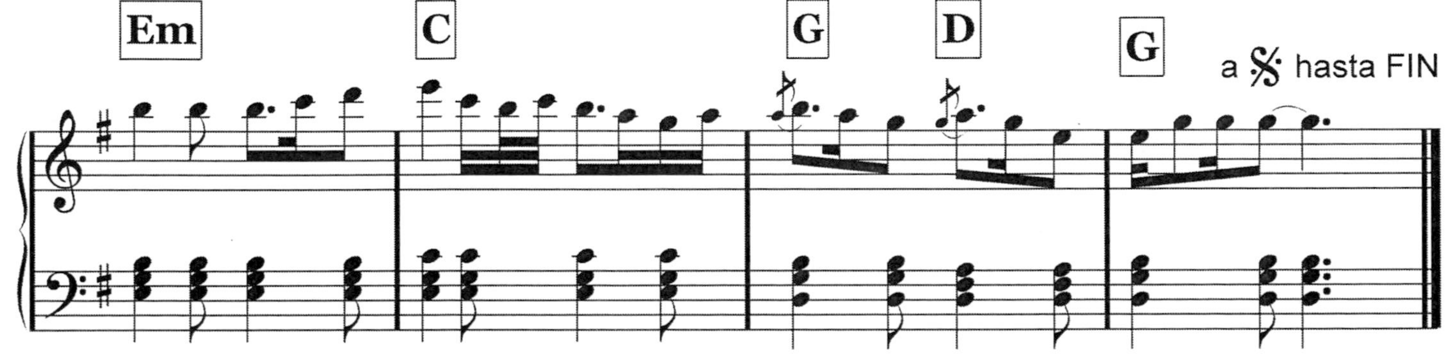
Em
C
G
D
G
a 𝄋 hasta FIN

Hugh

Nightnoise

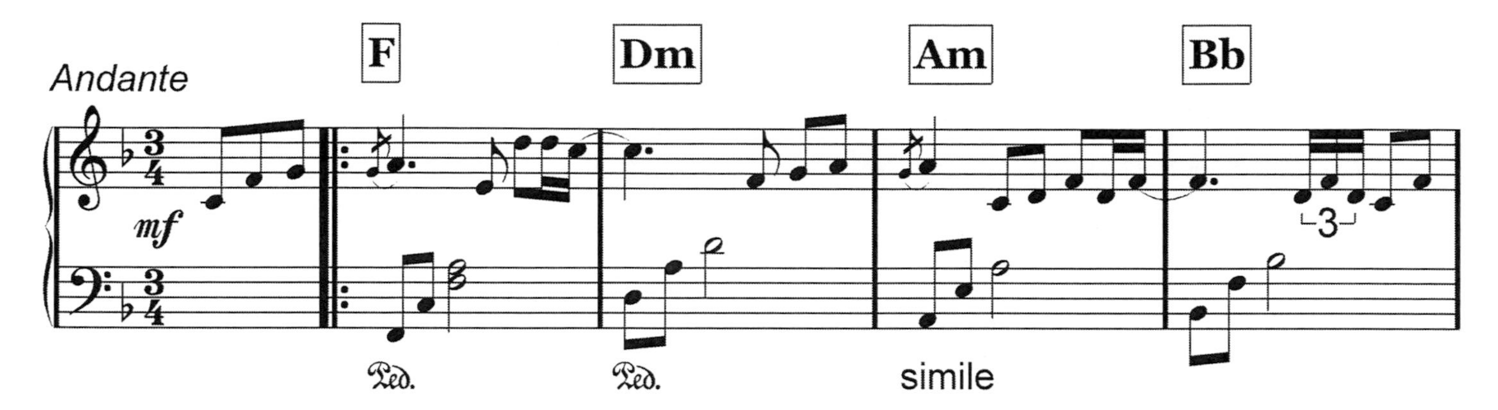

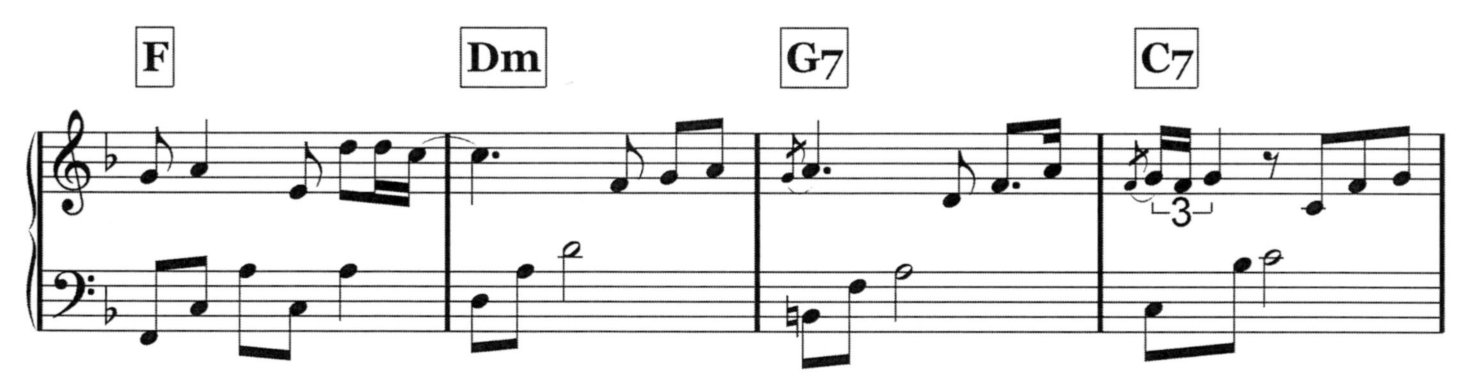

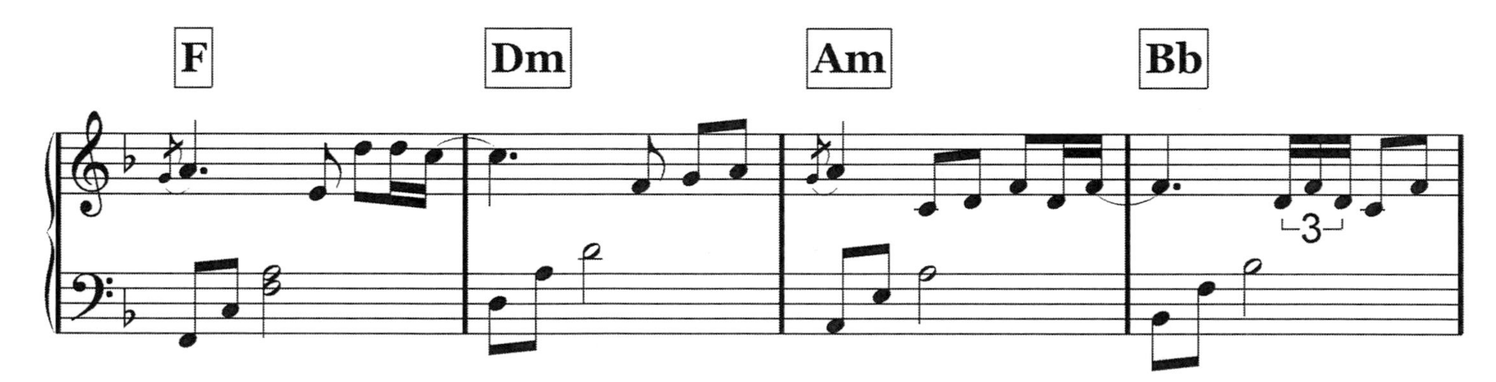

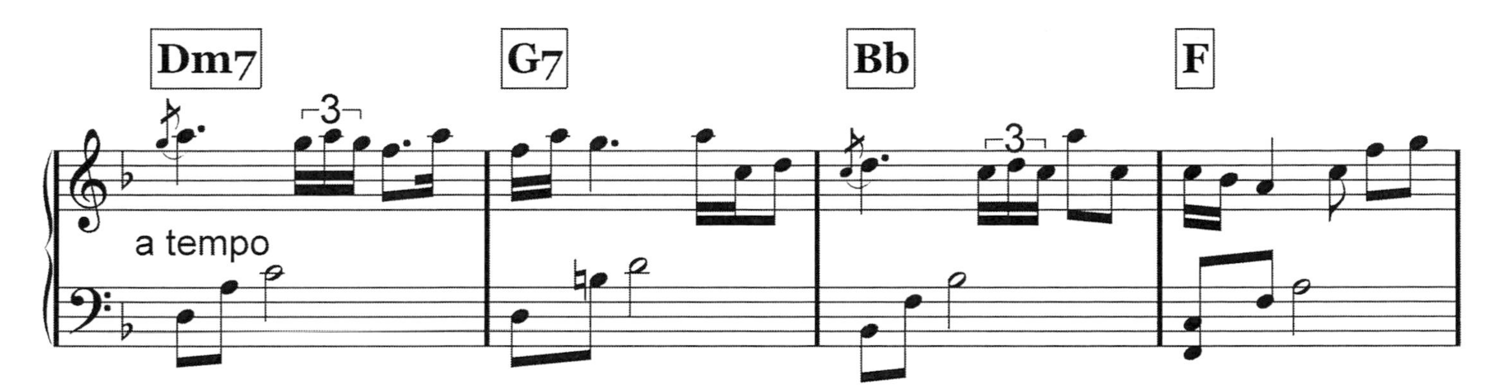
Dm7
G7
Bb
F
3
3
a tempo

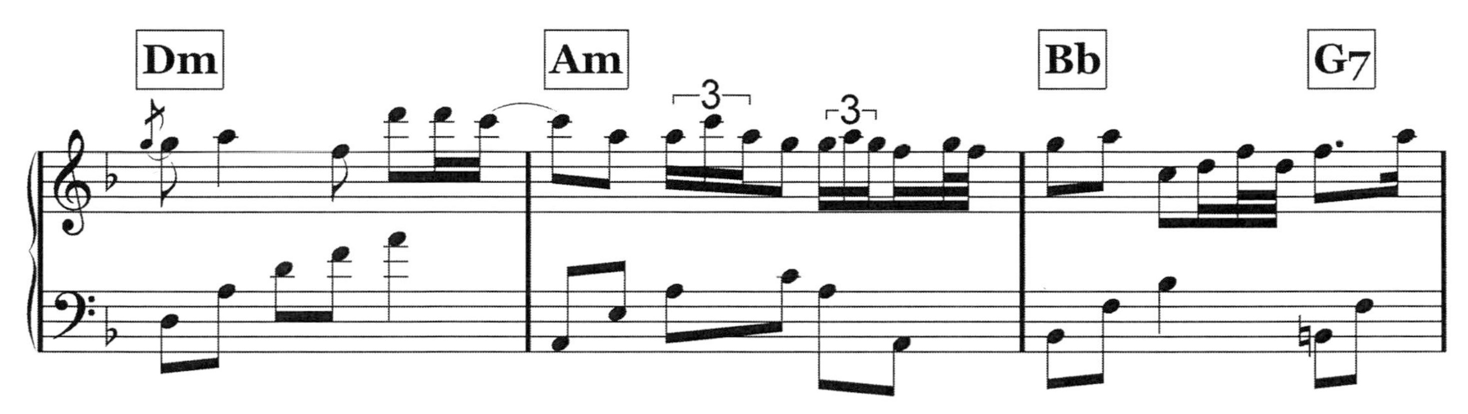
Dm
Am
Bb
G7
3
3

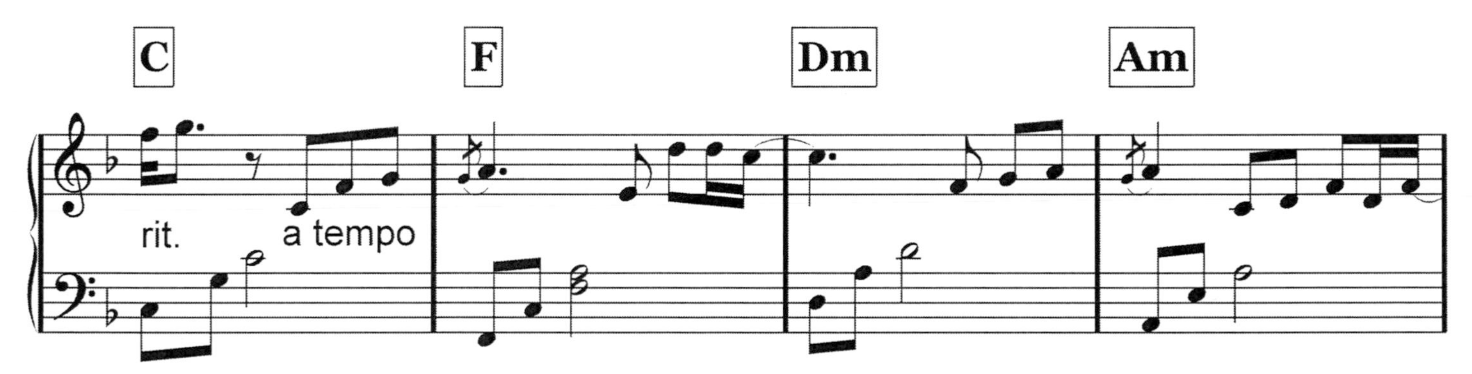
C
F
Dm
Am
rit.
a tempo

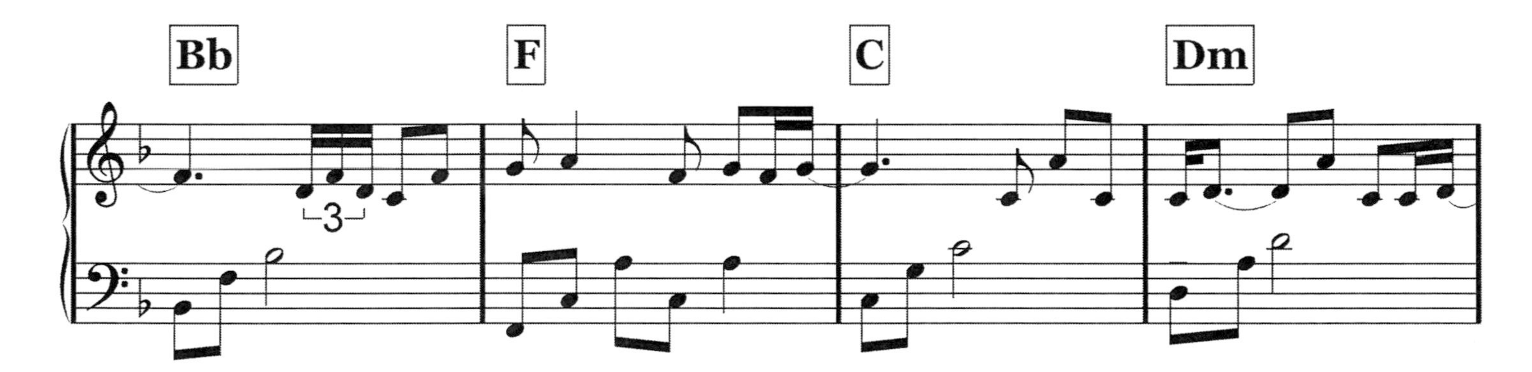
Bb
F
C
Dm
3

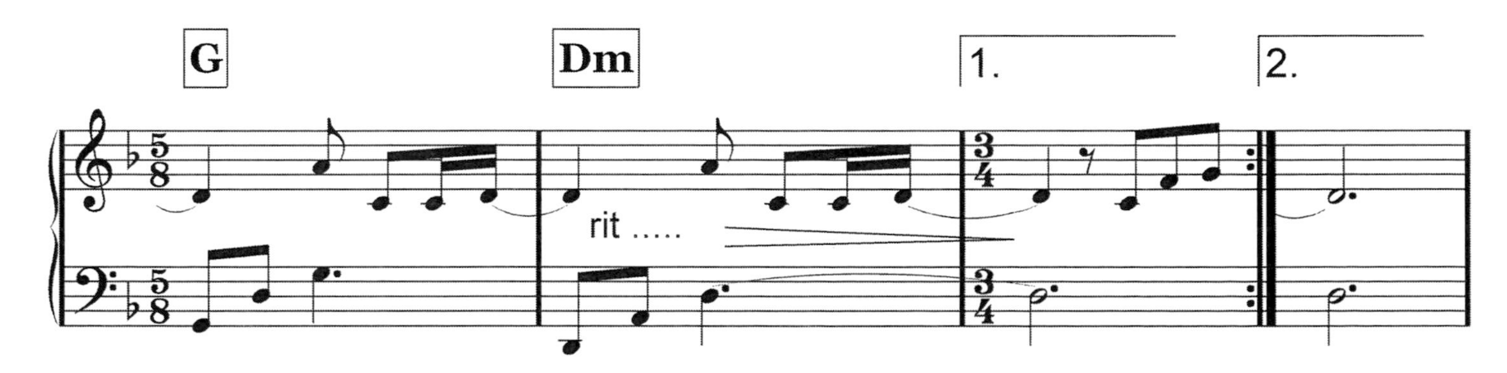
G
Dm
1.
2.
rit .....

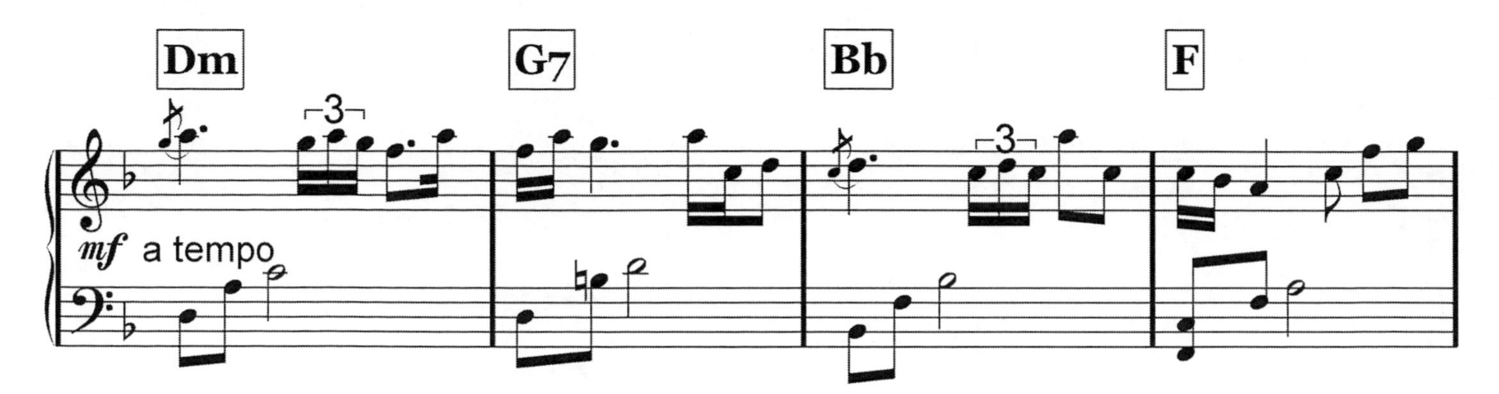
Dm
G7
Bb
F
mf a tempo

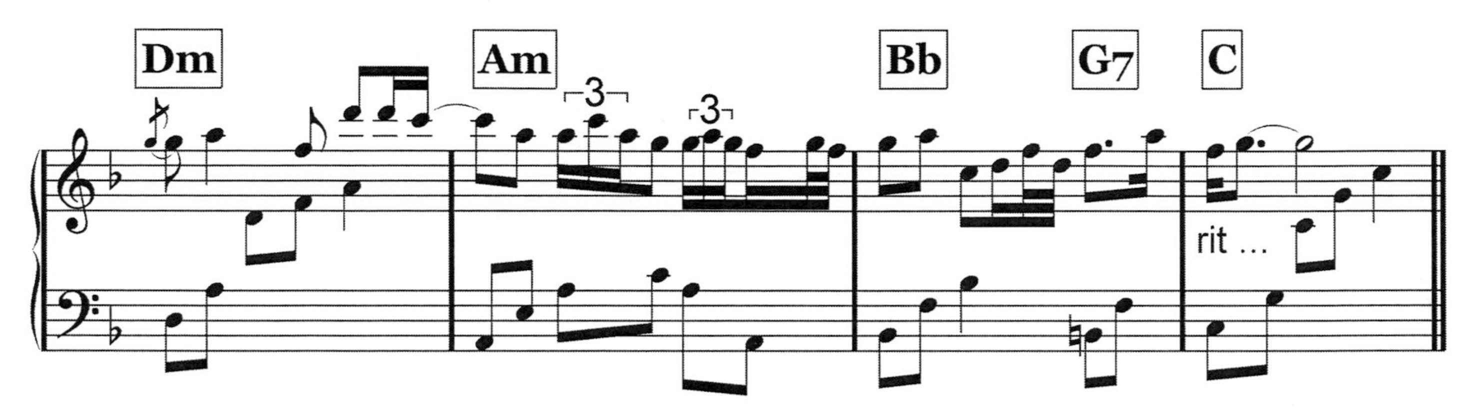
Dm
Am
Bb
G7
C
rit ...

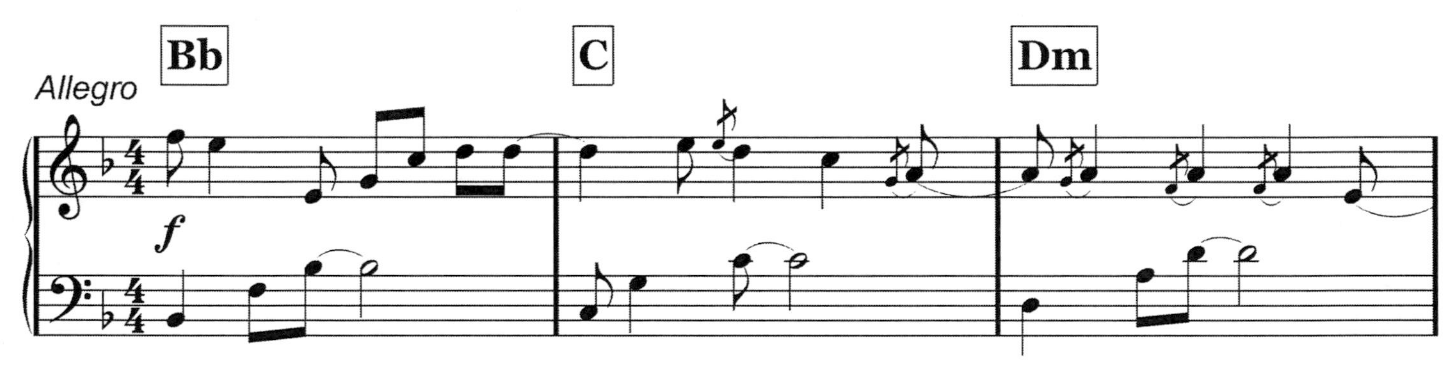
Allegro
Bb
C
Dm
f

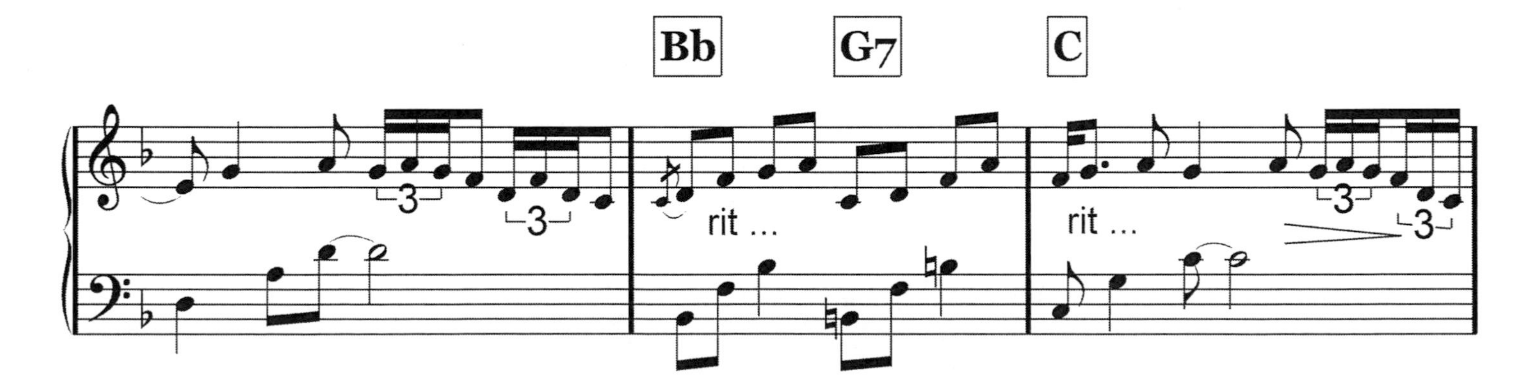
Bb
G7
C
rit ...
rit ...

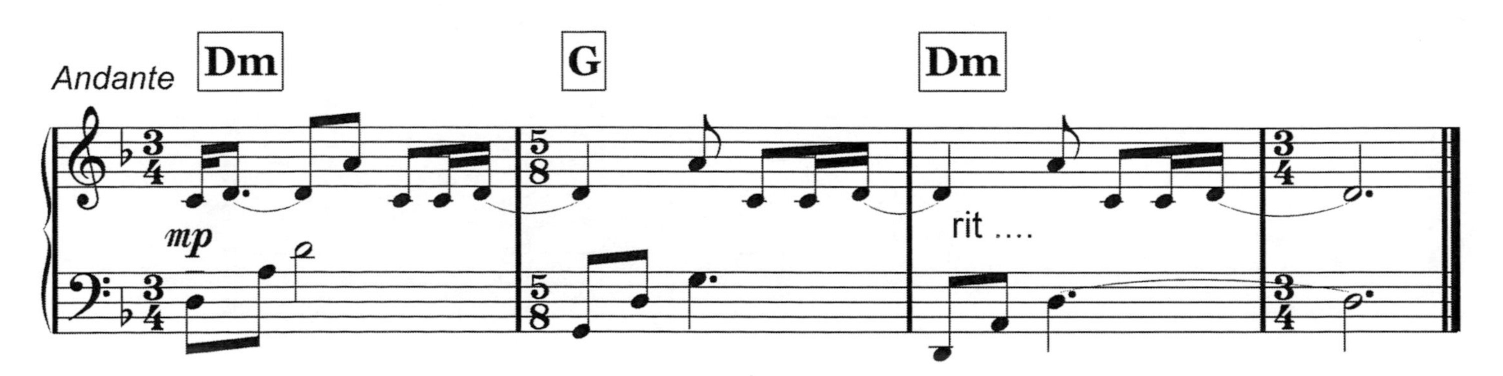
Andante
Dm
G
Dm
mp
rit ....

País Petit

Lluís Llach

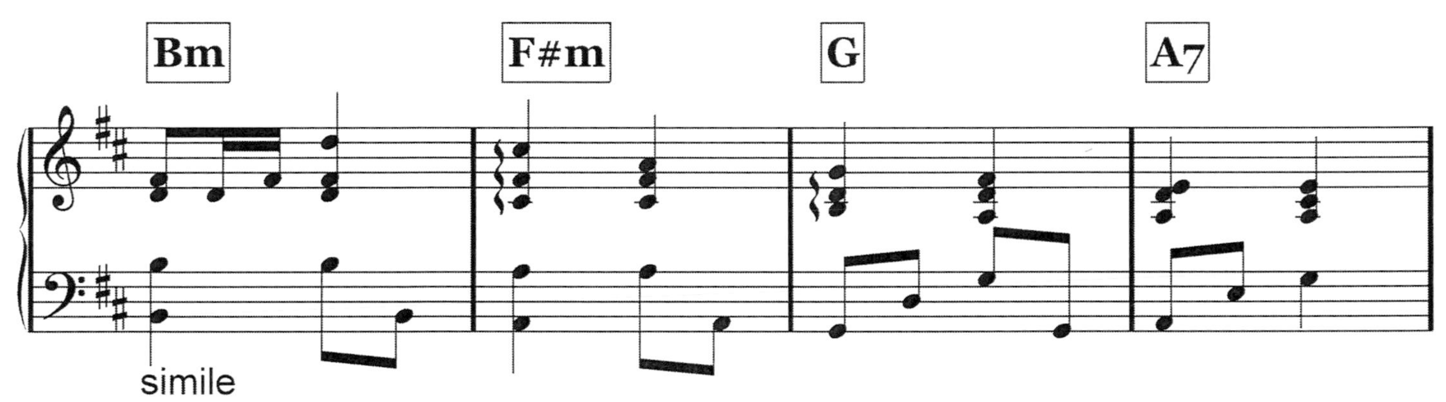

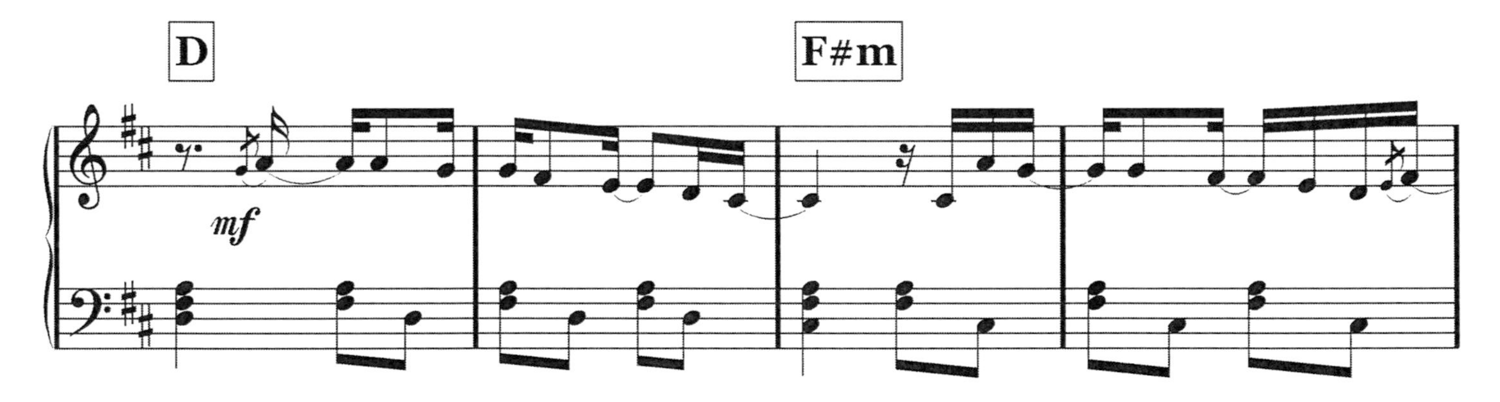

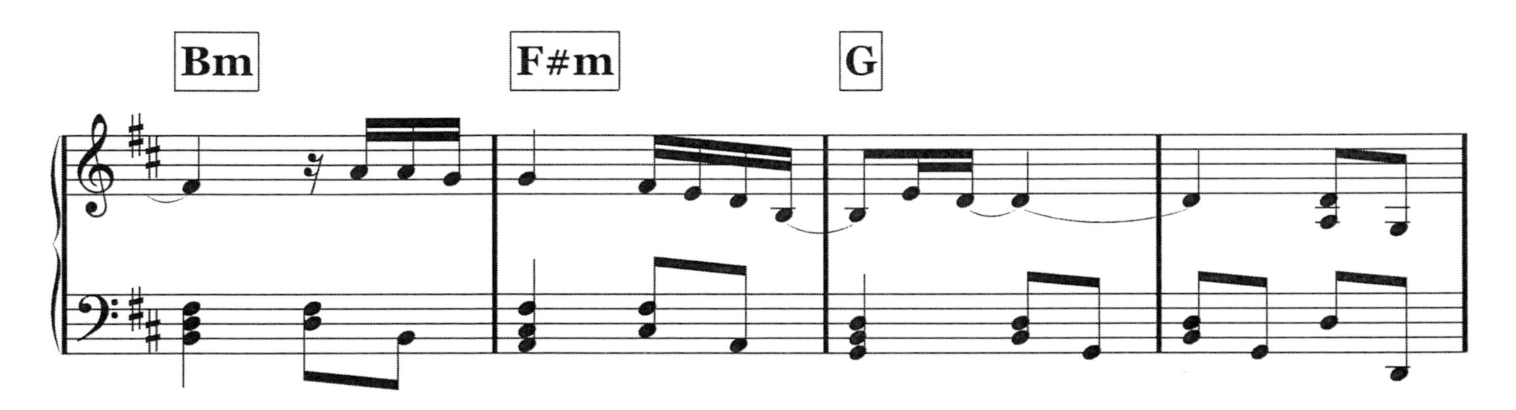

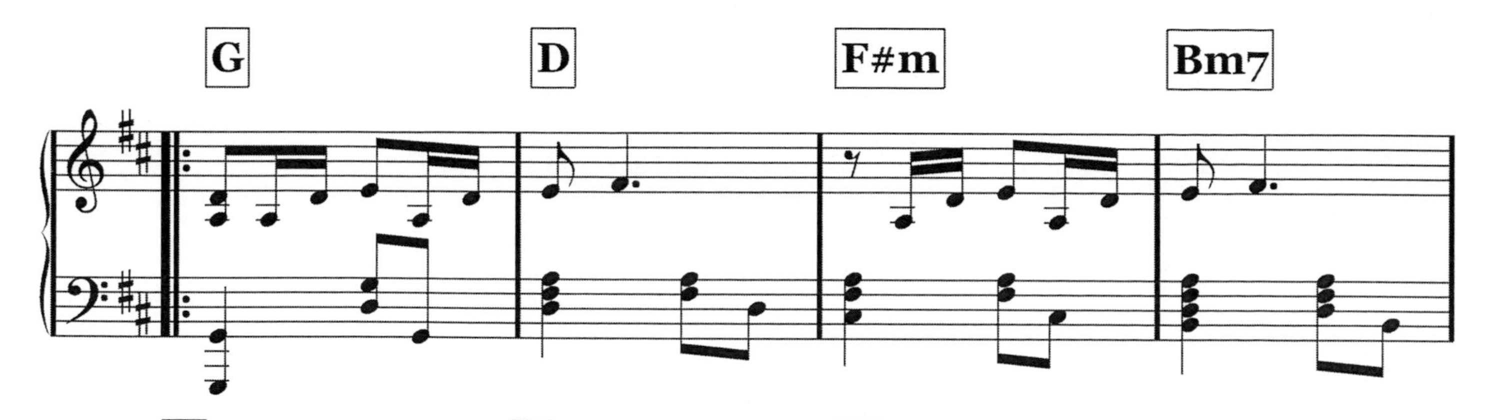
G
D
F#m
Bm7

D
G
A7
D
f

F#m
G
A7

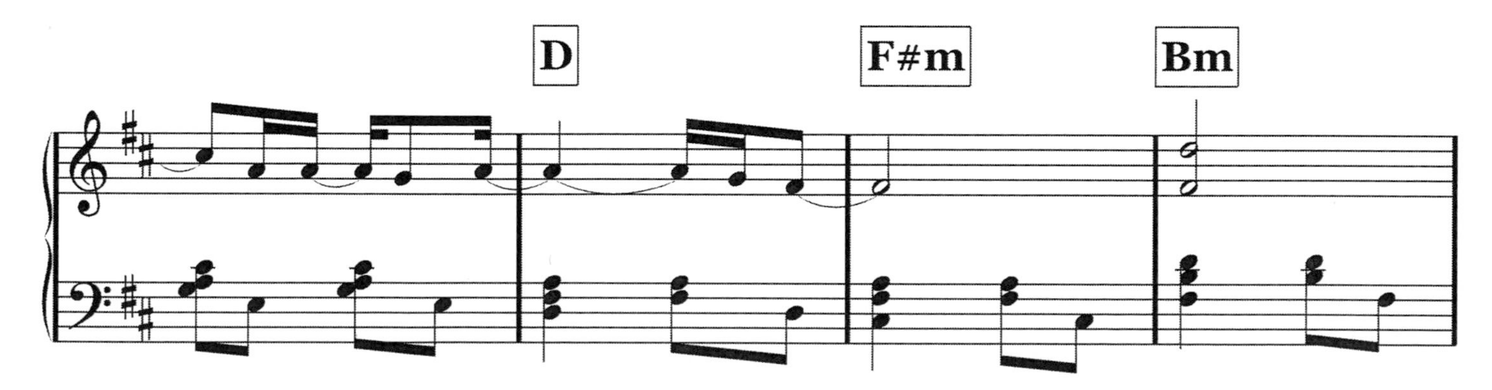
D
F#m
Bm

F#m
Em7
A7

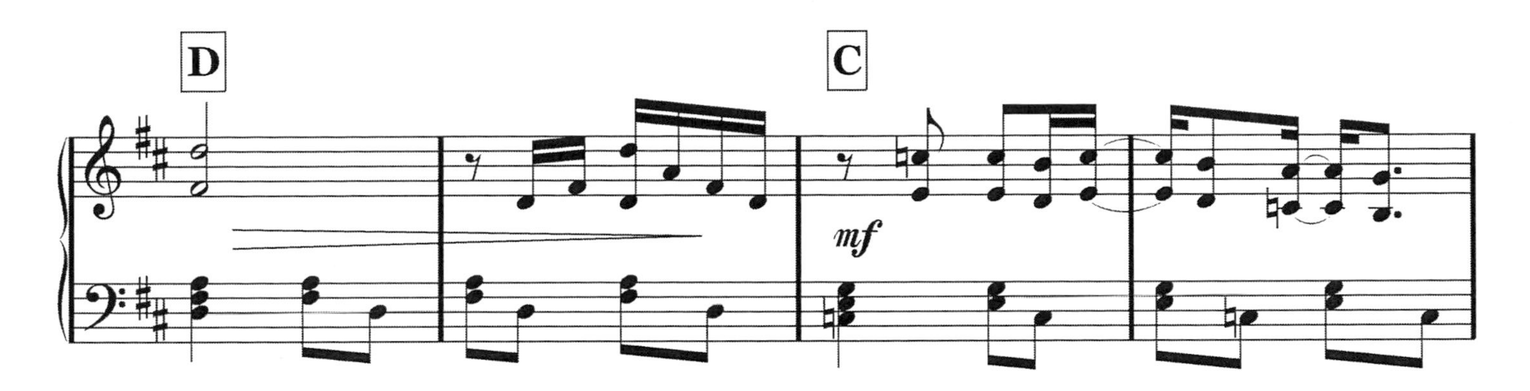
D
C
mf

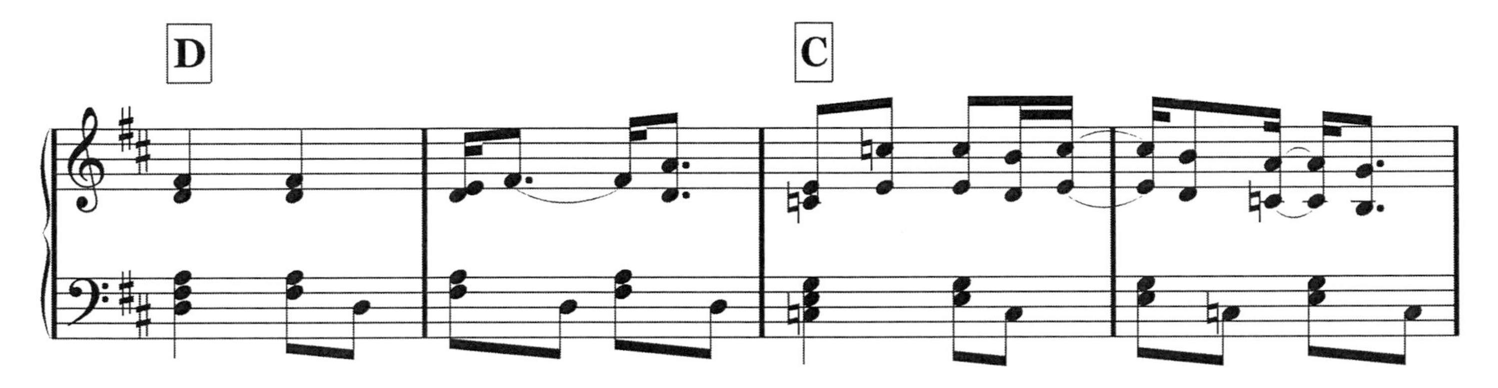
D
C

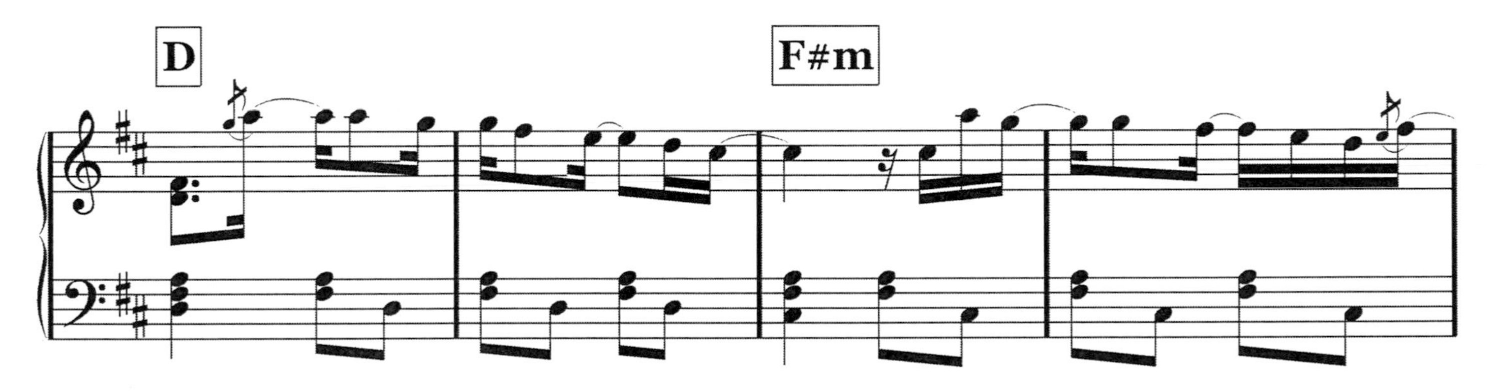
D
F#m

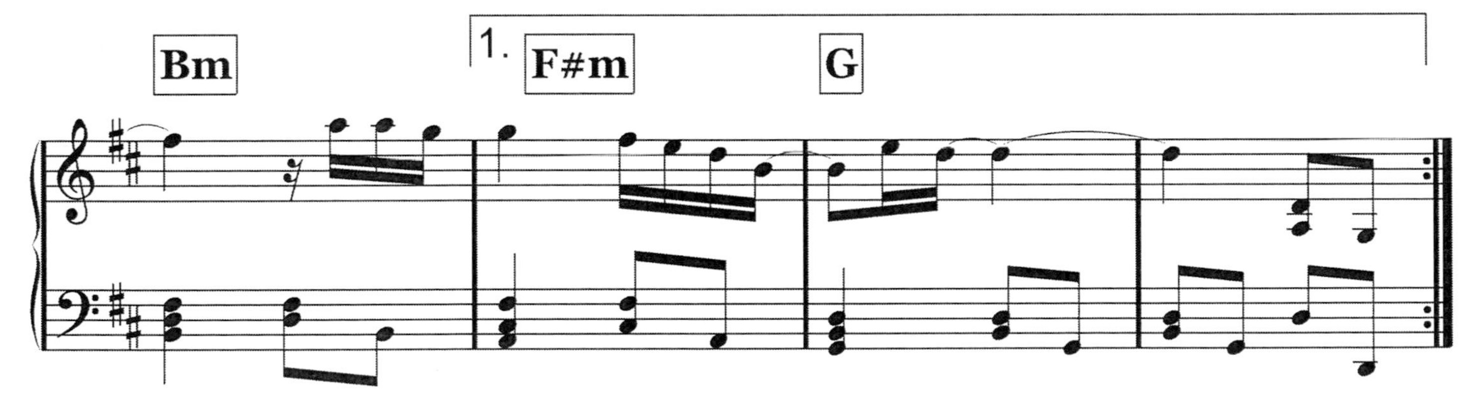
Bm
1.
F#m
G

2.
F#m
3
G
A7
D
rit ...
mp

Bok-espok

Kepa Junkera

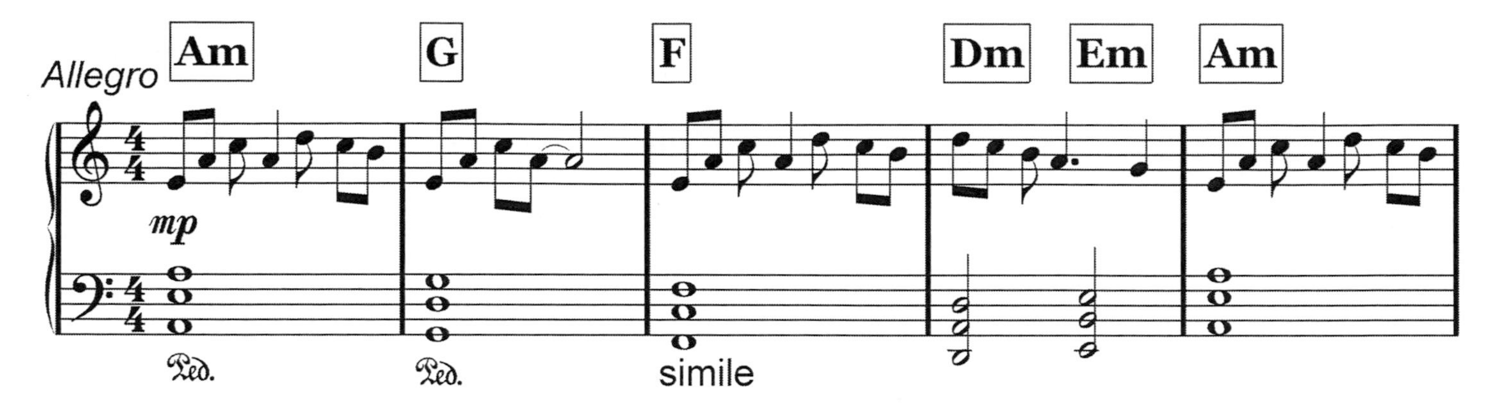

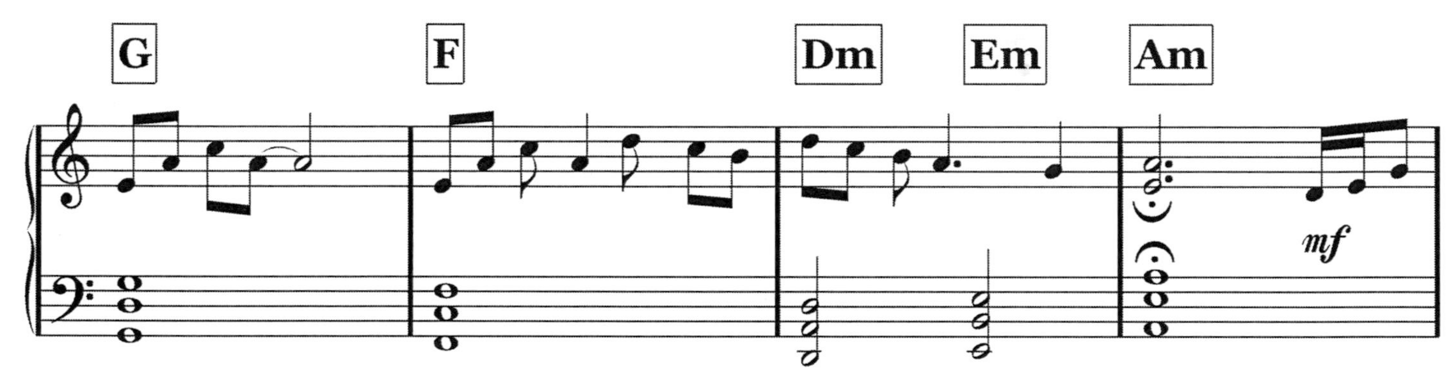

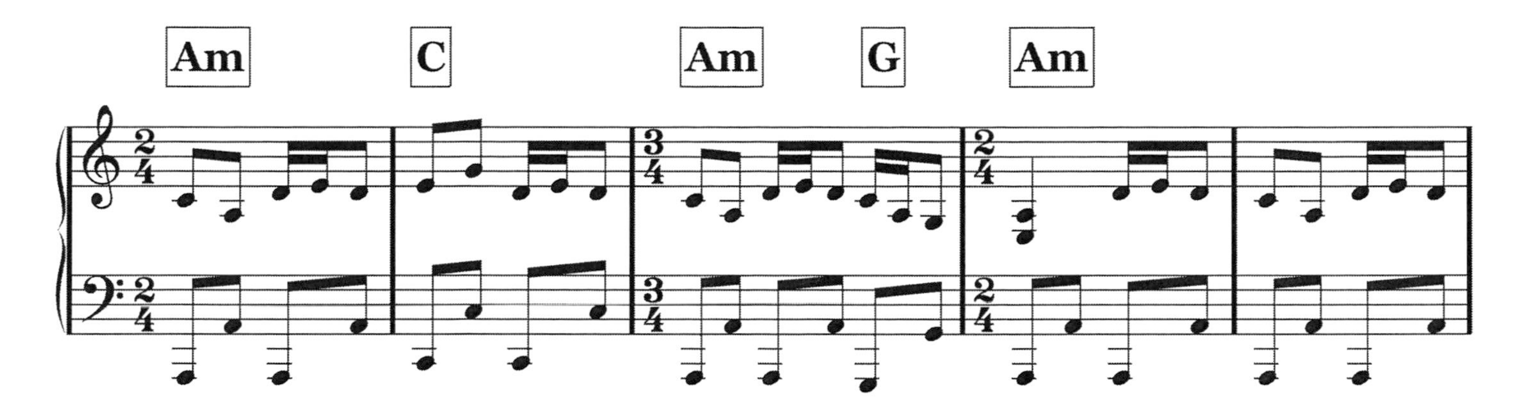
Am
C
Am
G
Am

C
Am
G
Am

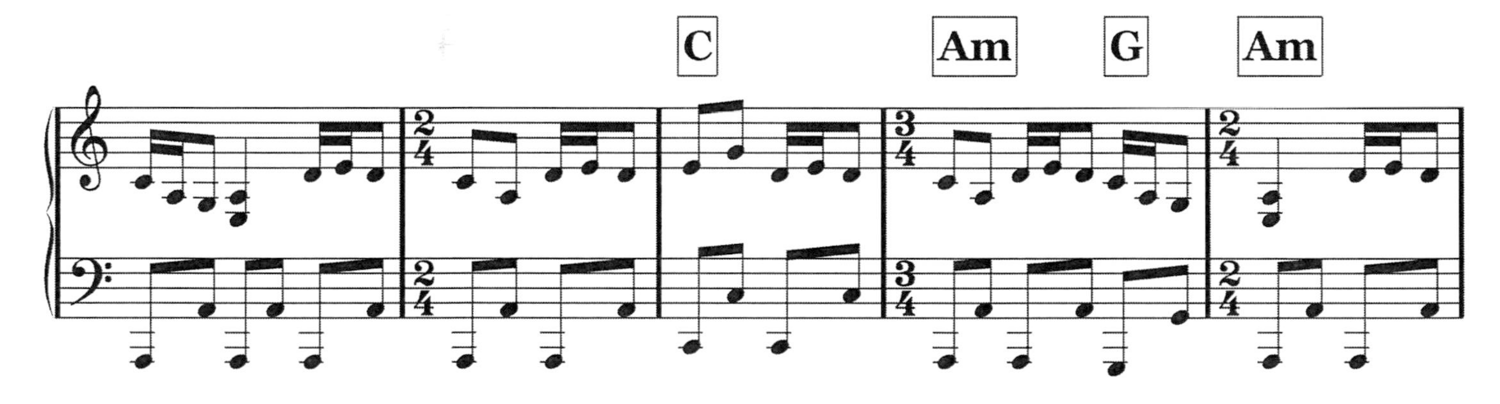
C
Am
G
Am

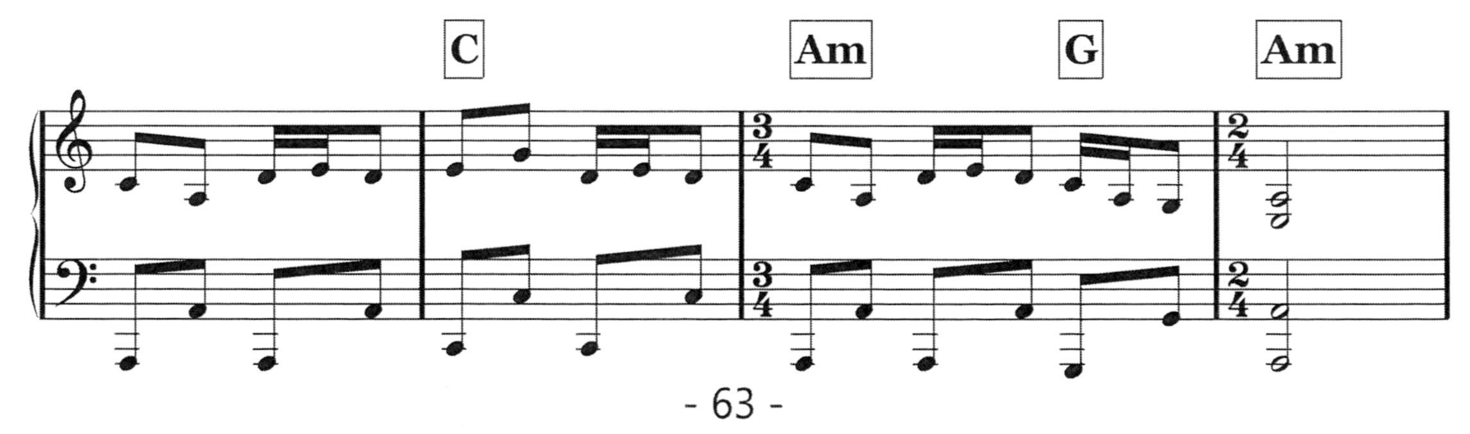
C
Am
G
Am

Am
D
Am
f

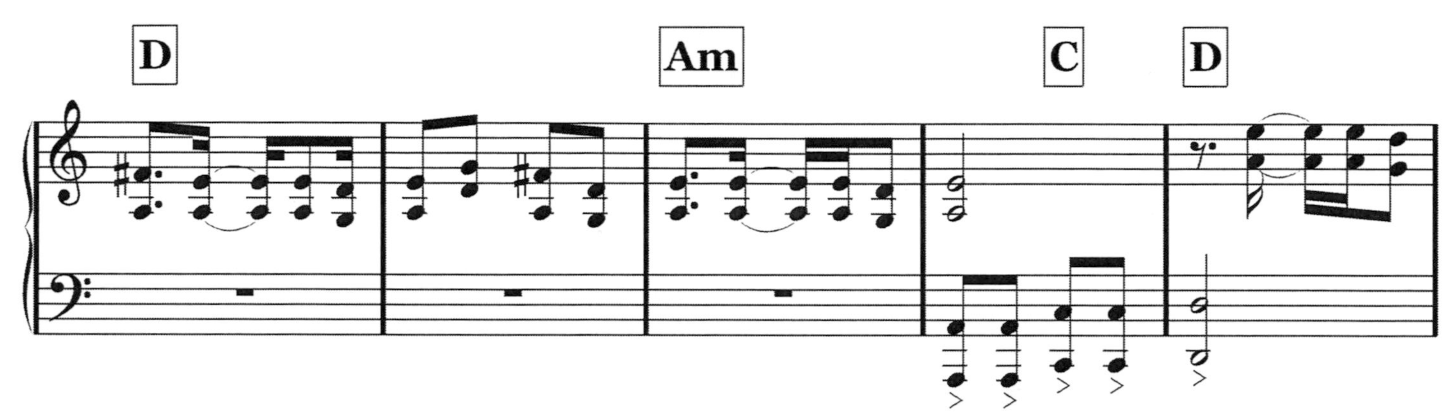
D
Am
C
D

Am
C
D
Am
C

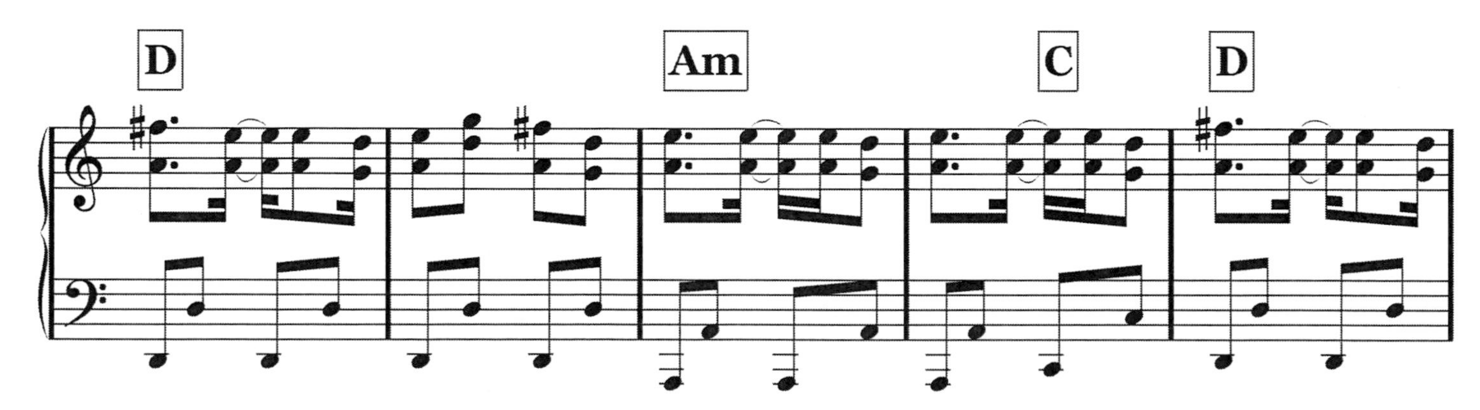
D
Am
C
D

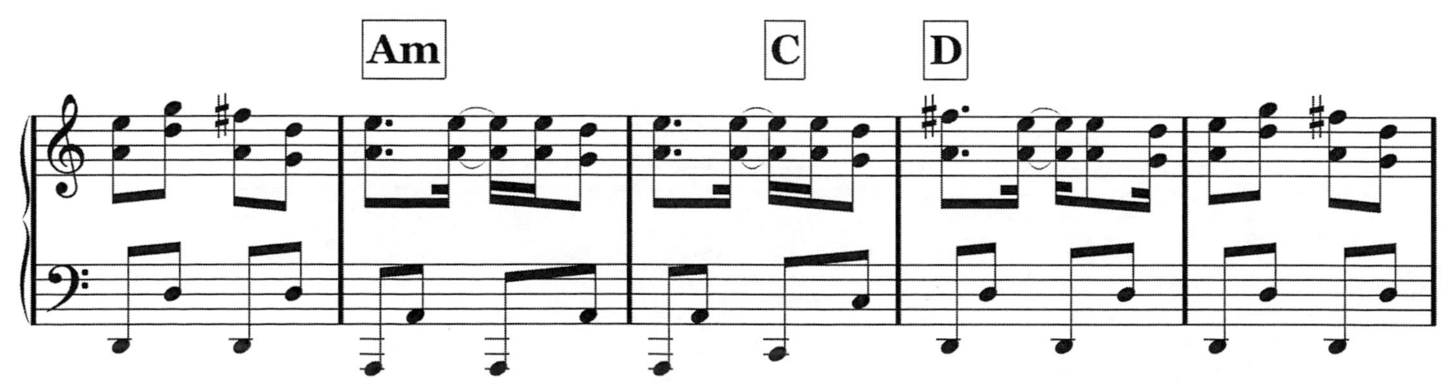
Am
C
D

Am
C
D

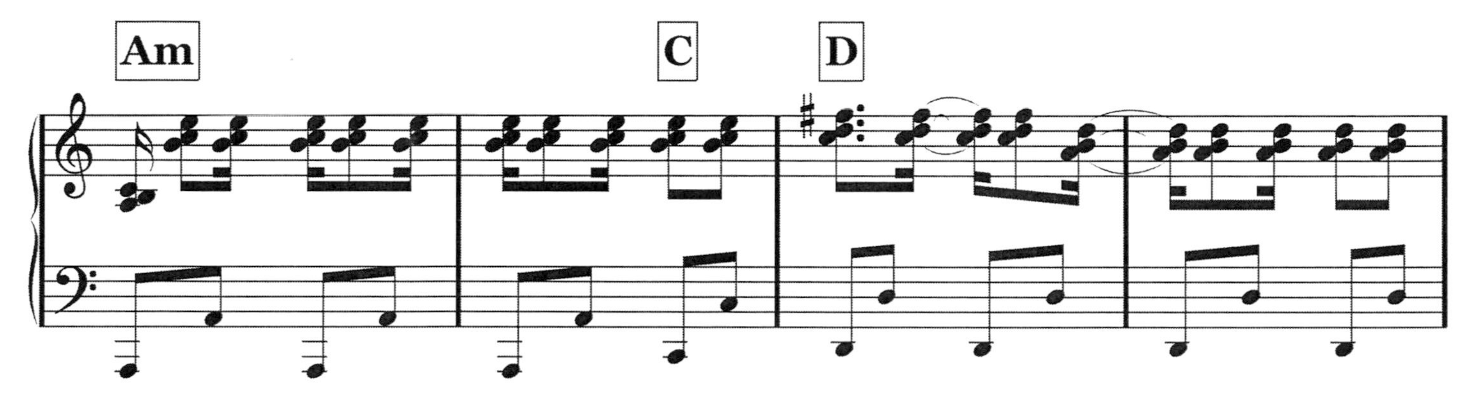
Am
C
D

Am
C
D

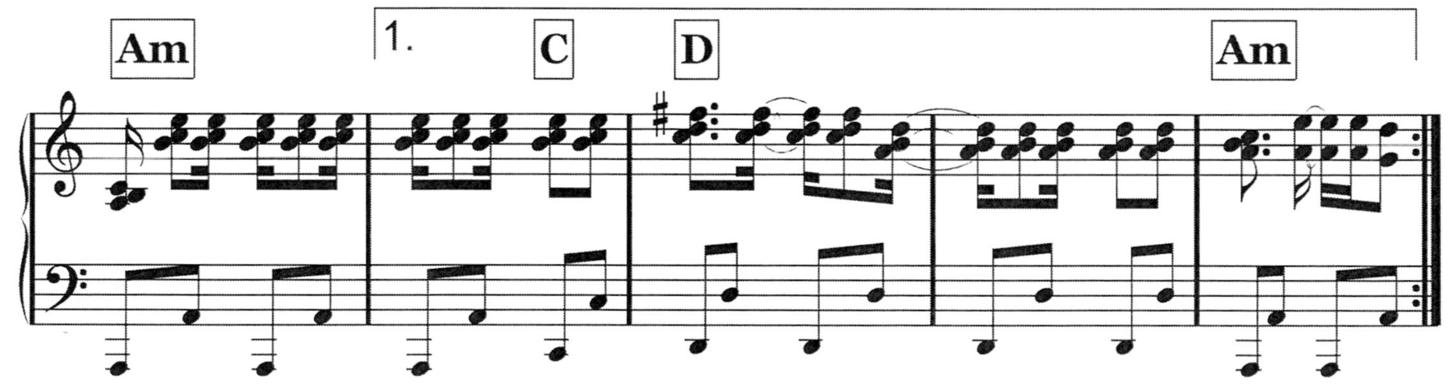
Am
1.
C
D
Am

2.
C
D
Am

Amanecer

Carlos Núñez

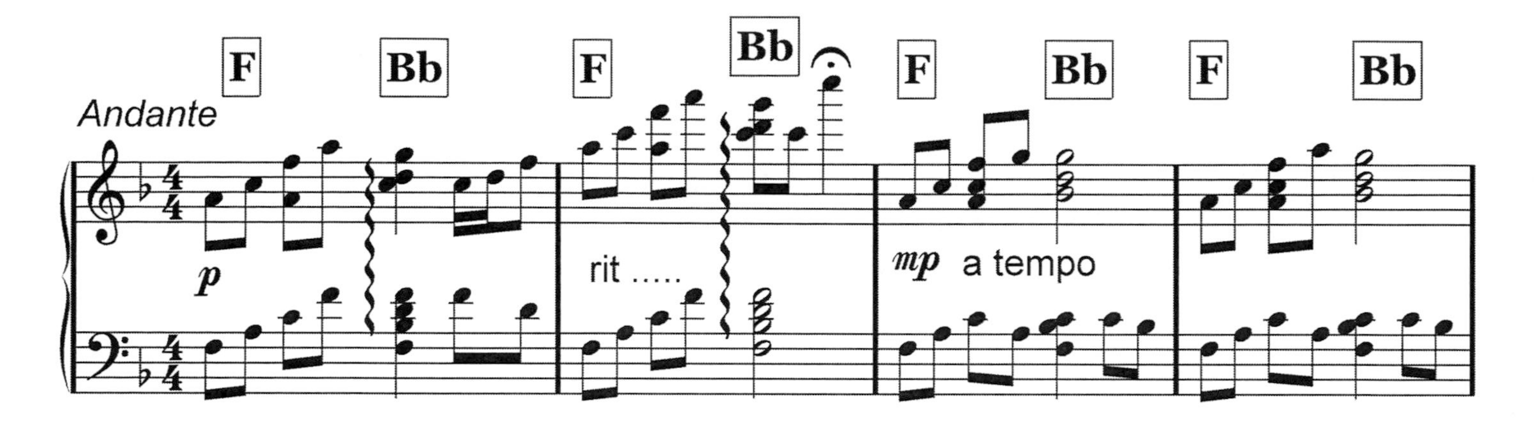

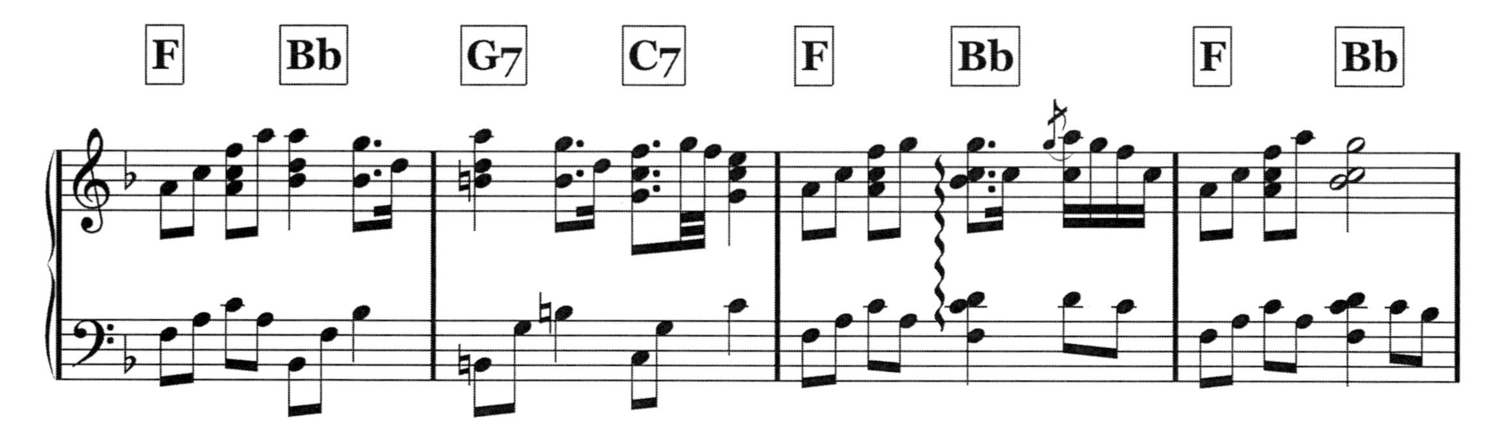

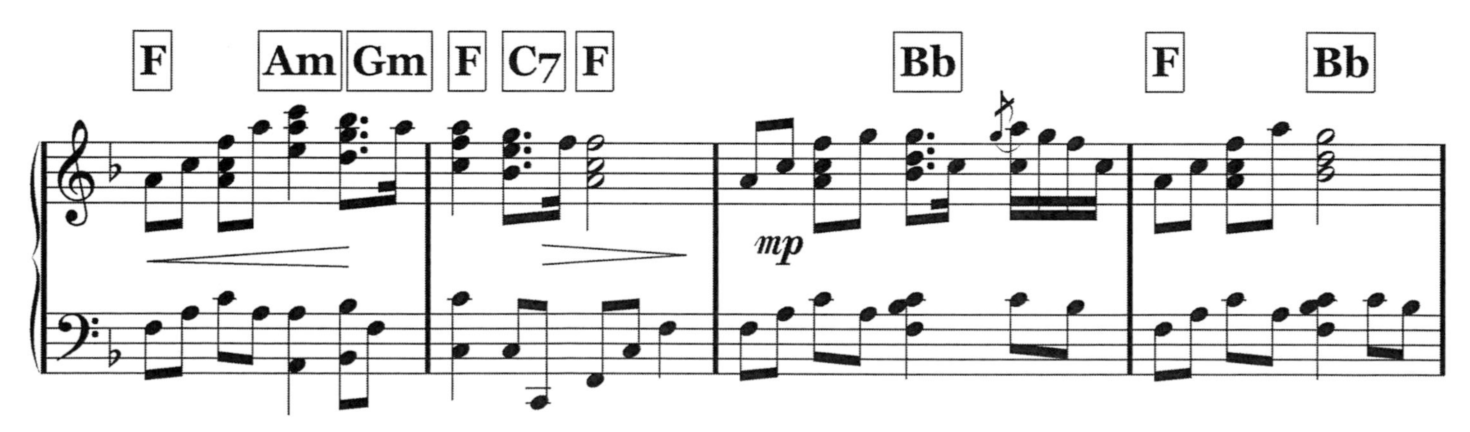

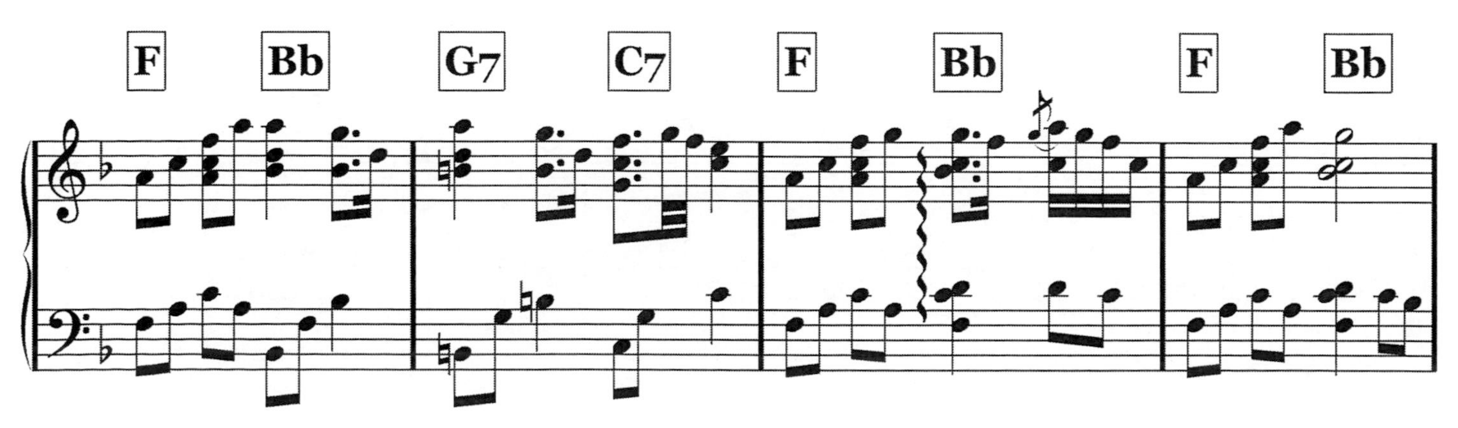

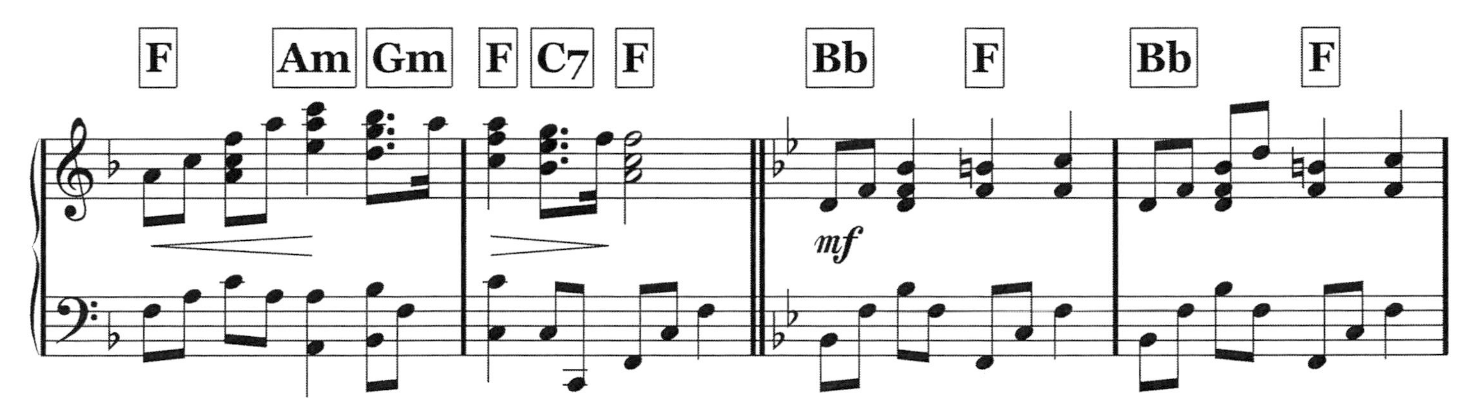
F
Am
Gm
F
C7
F
Bb
F
Bb
F
mf

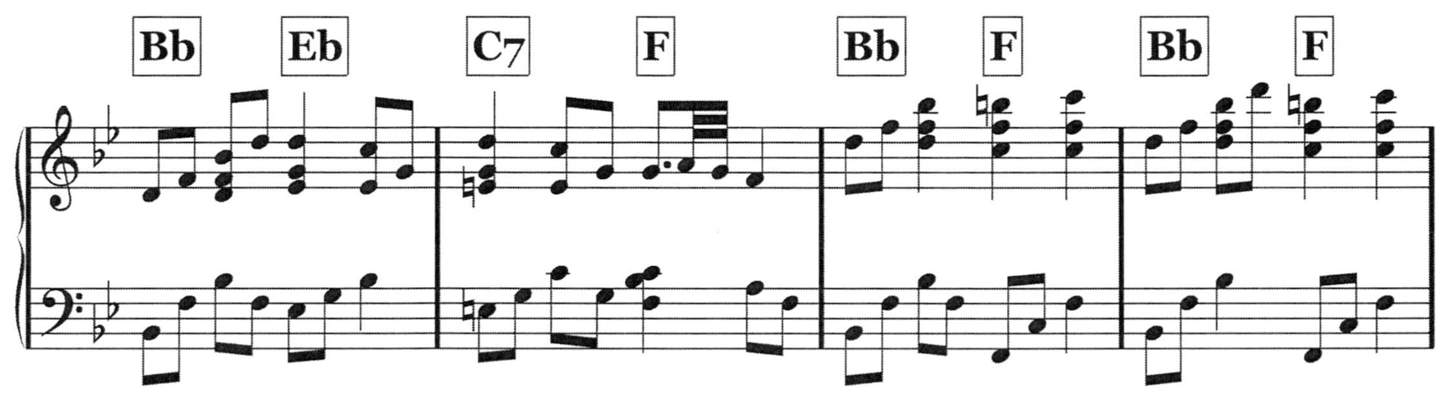
Bb
Eb
C7
F
Bb
F
Bb
F

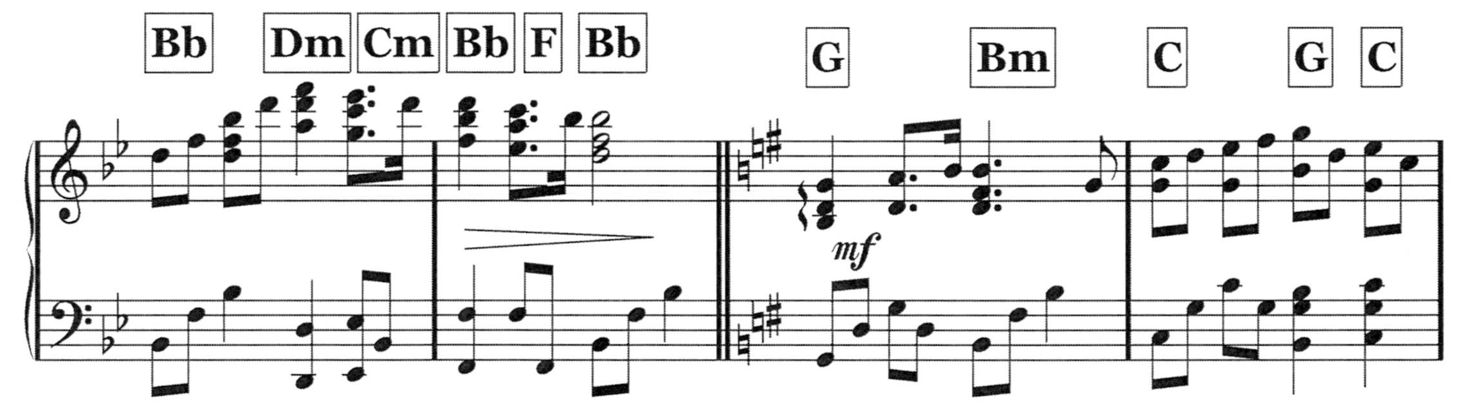
Bb
Dm
Cm
Bb
F
Bb
G
Bm
C
G
C
mf

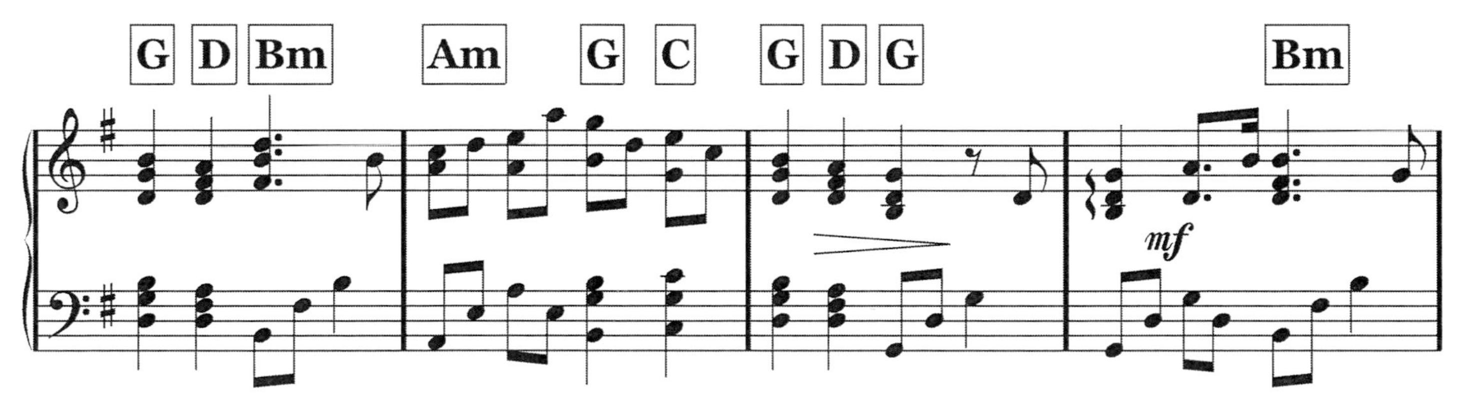
G
D
Bm
Am
G
C
G
D
G
Bm
mf

C
G
C
G
D
Bm
Am
G
C
G
D
G

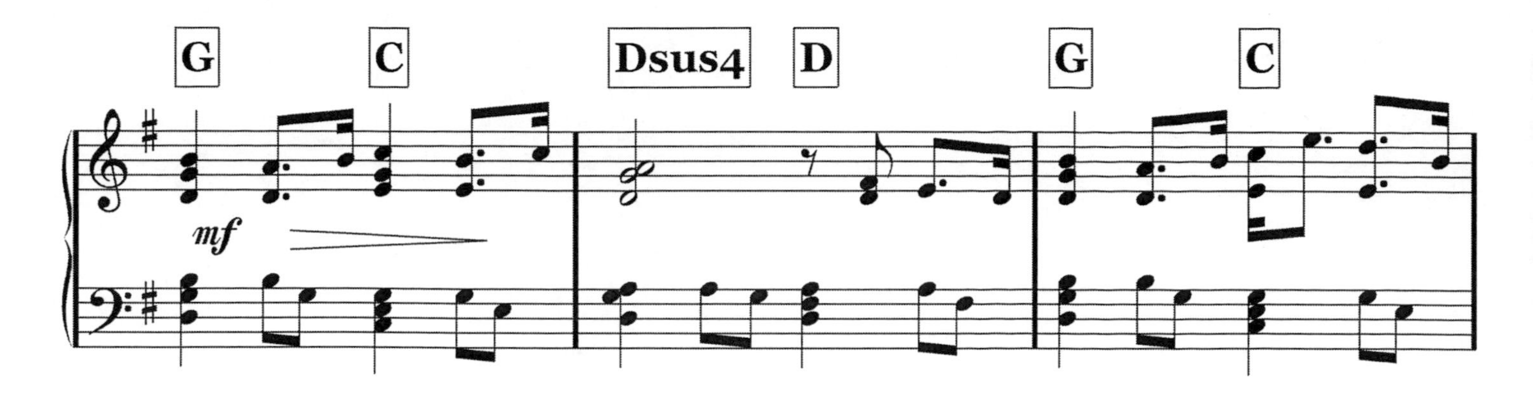
G
C
Dsus4
D
G
C
mf

Dsus4
D
C
G
C
G
f

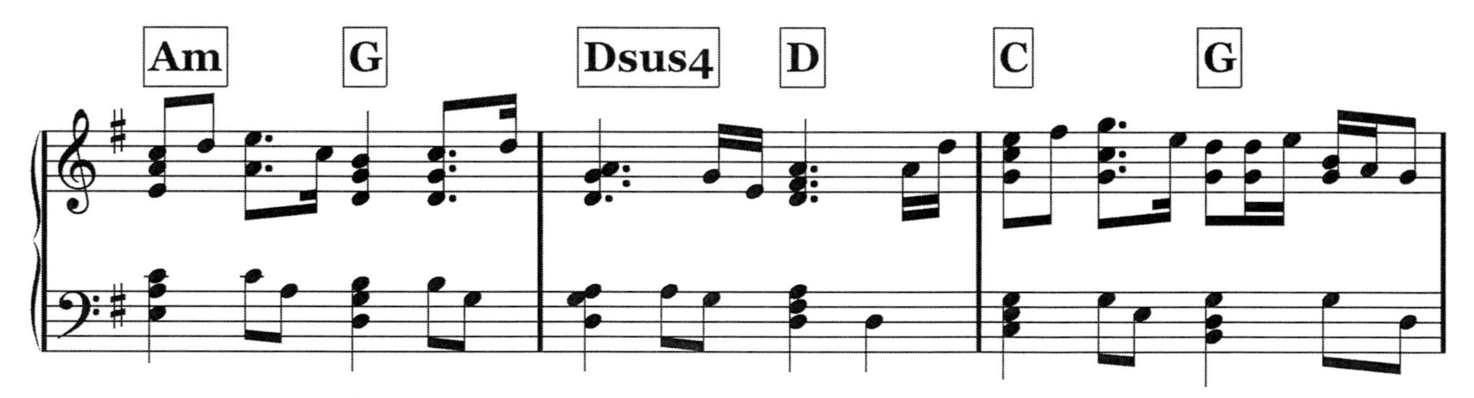
Am
G
Dsus4
D
C
G

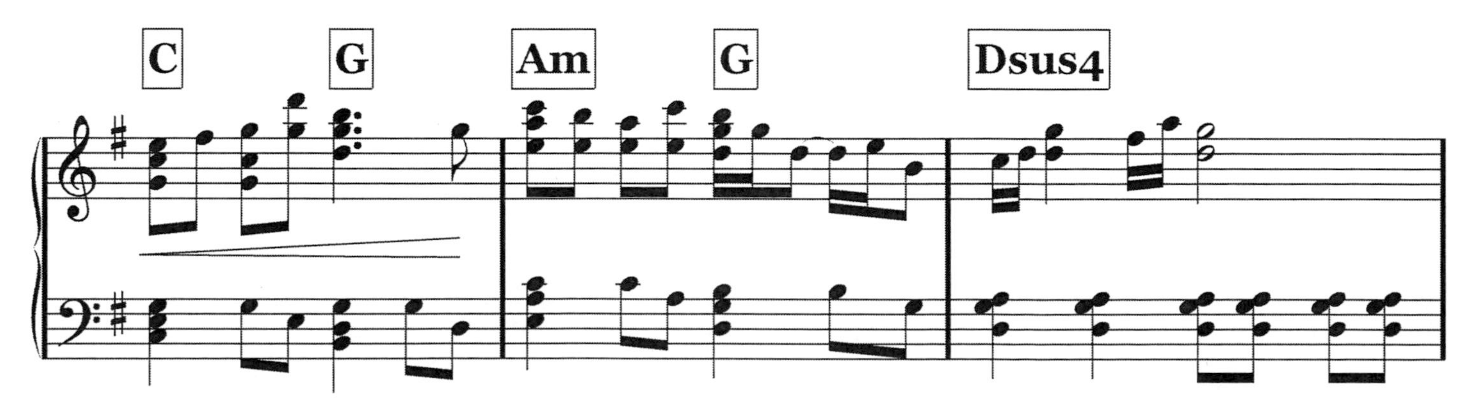
C
G
Am
G
Dsus4

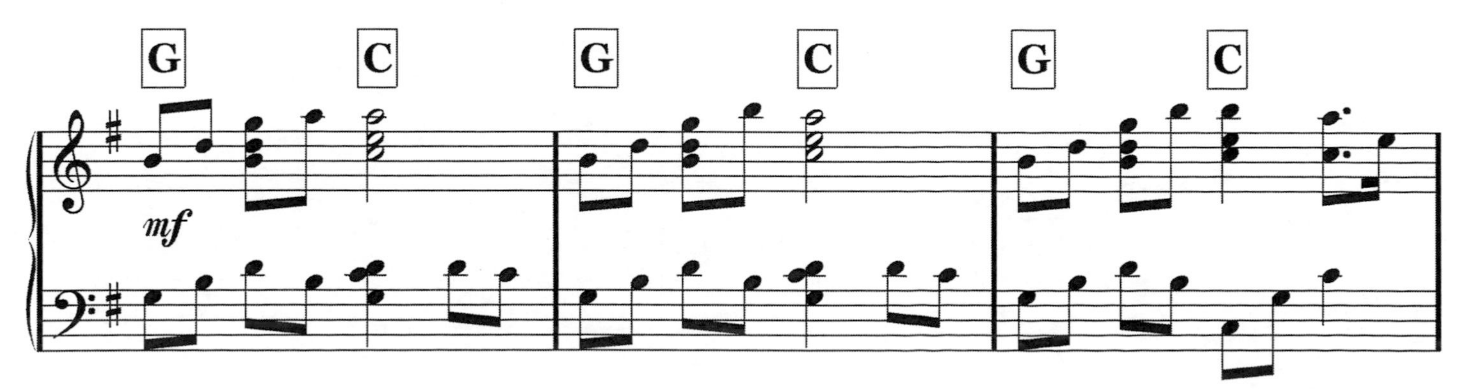
G
C
G
C
G
C
mf

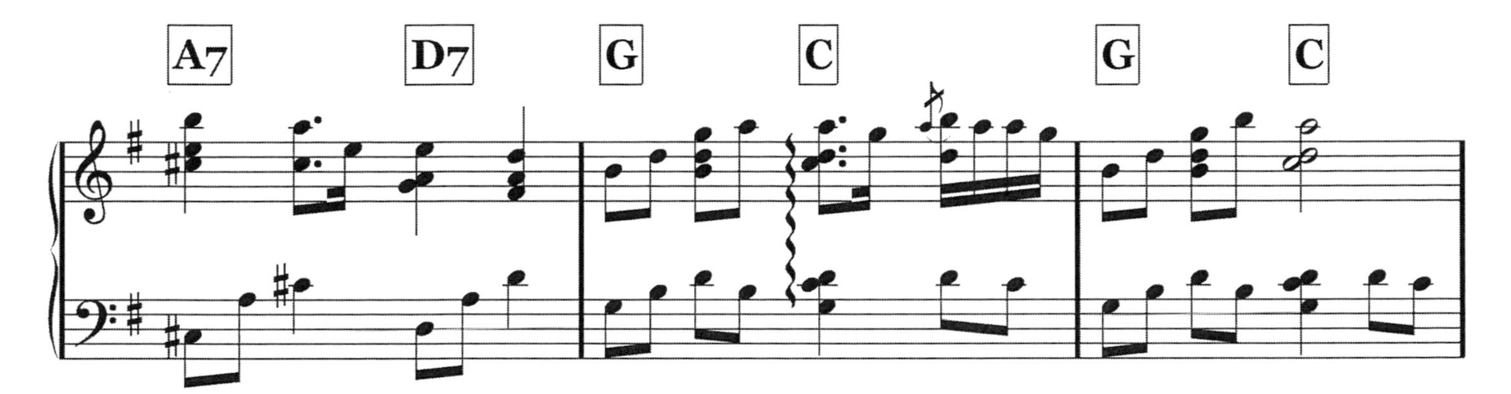
A7
D7
G
C
G
C

G
Bm
Am
G
D7
G
C

G
C
G
C
A7
D7

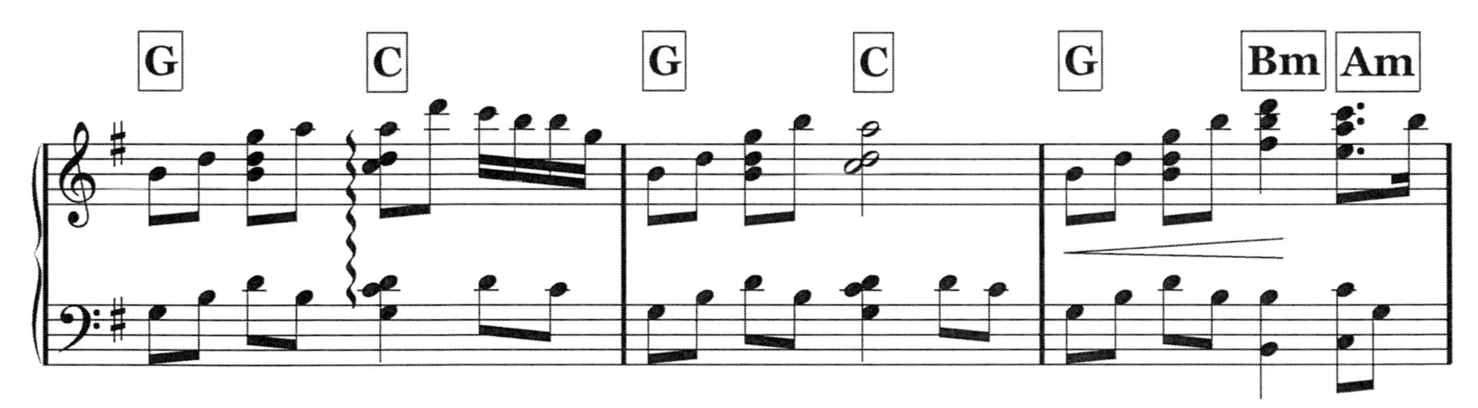
G
C
G
C
G
Bm
Am

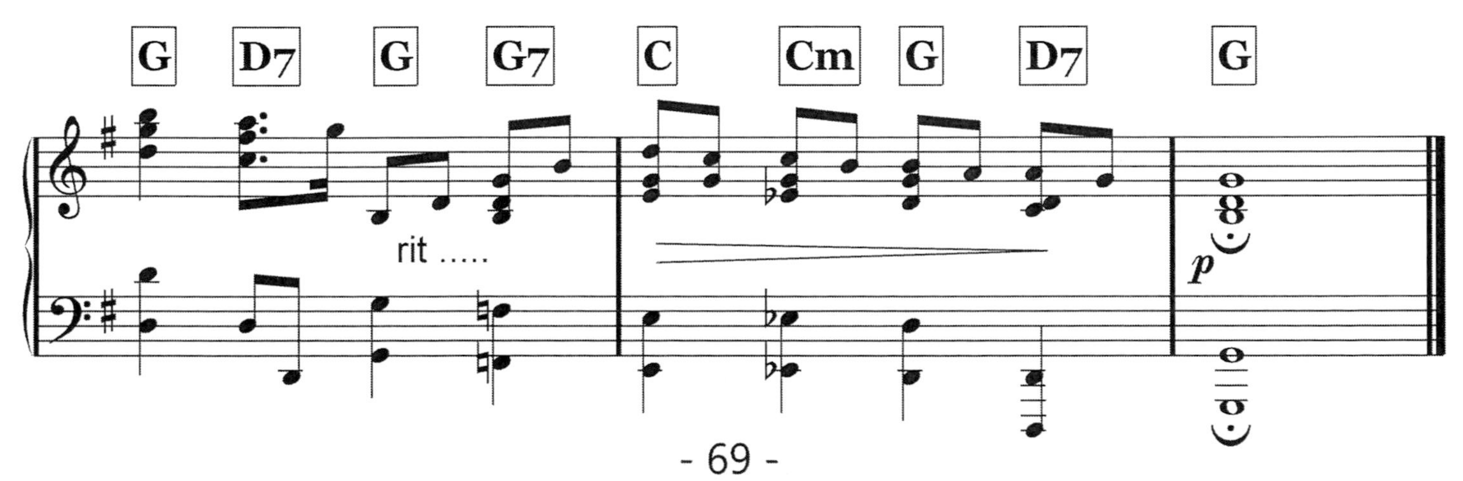
G
D7
G
G7
C
Cm
G
D7
G
rit .....
p

Nere herriko neskatxa maite

Benito Lertxundi

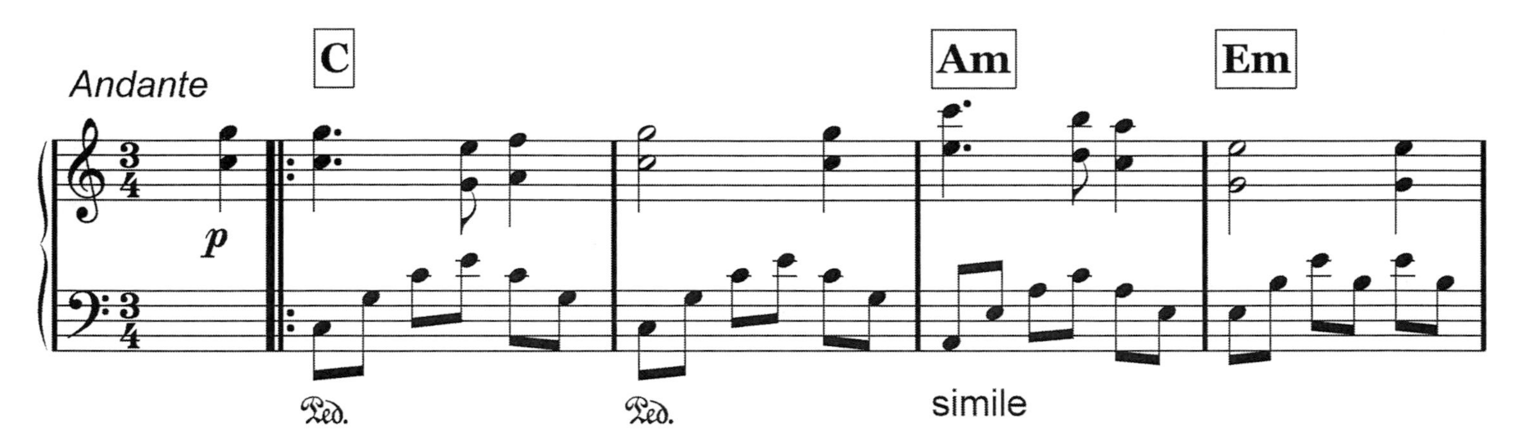

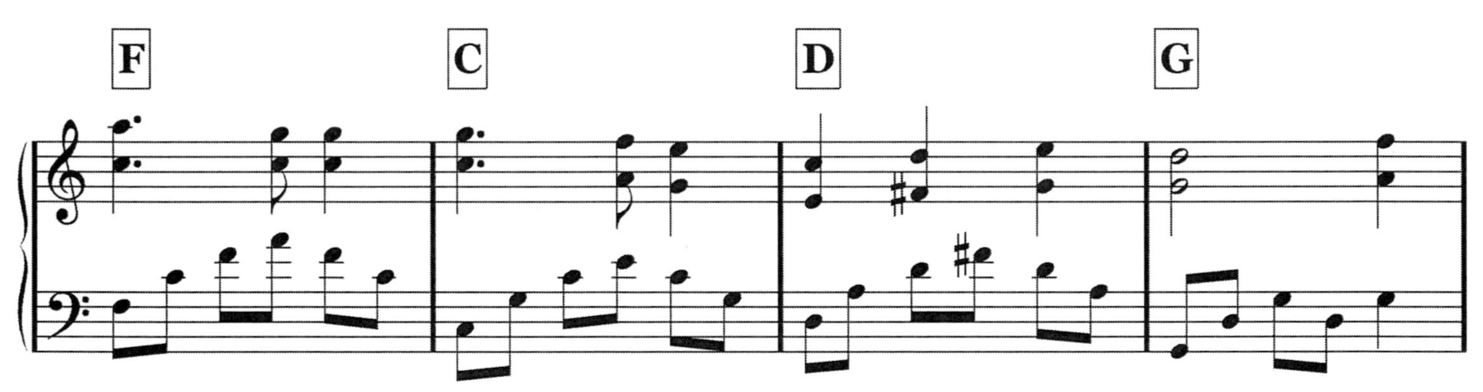

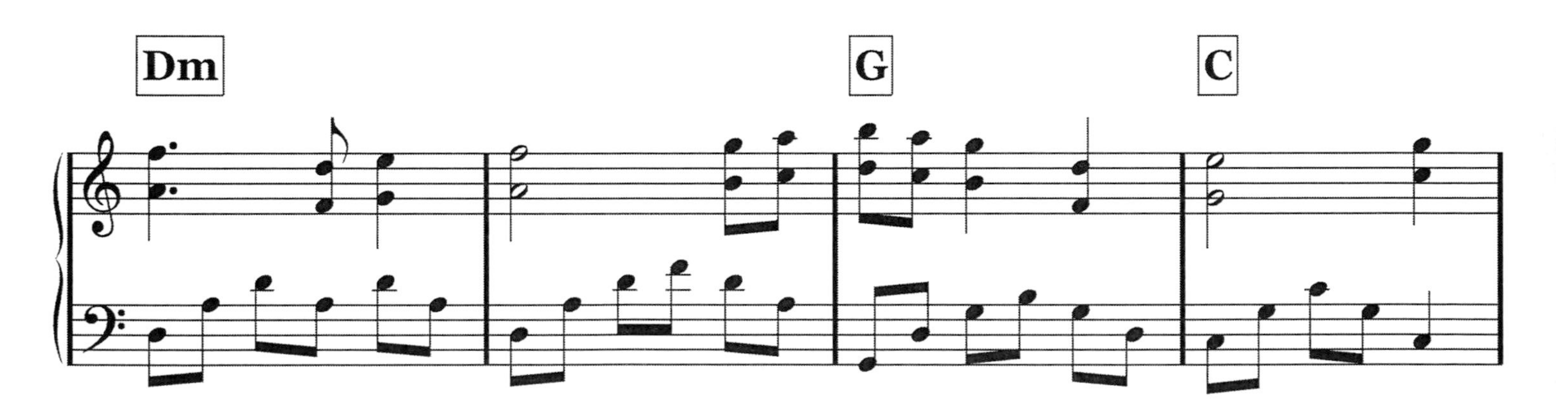

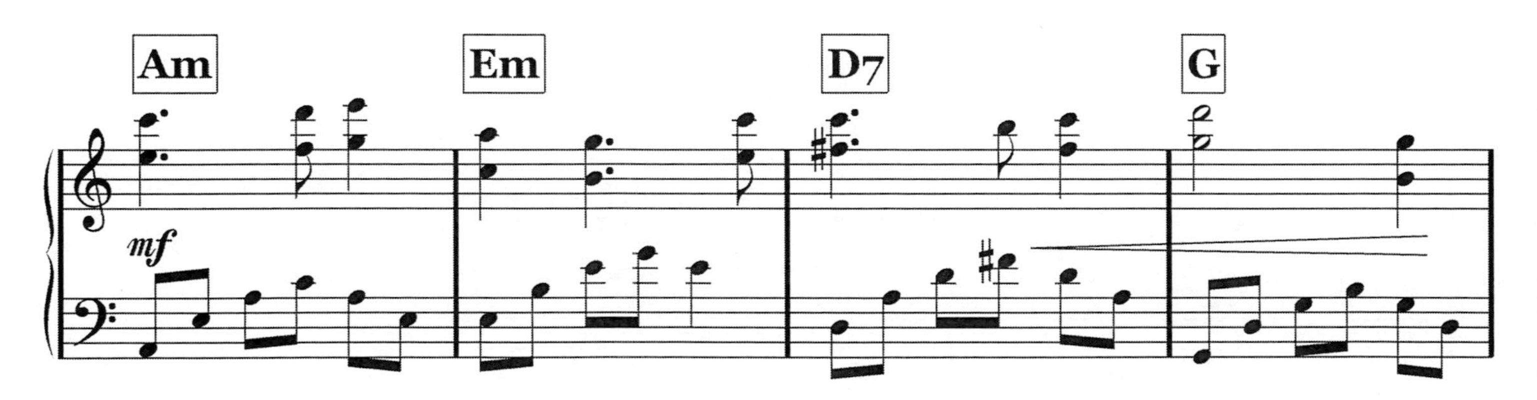

C
Am
C7
F
f

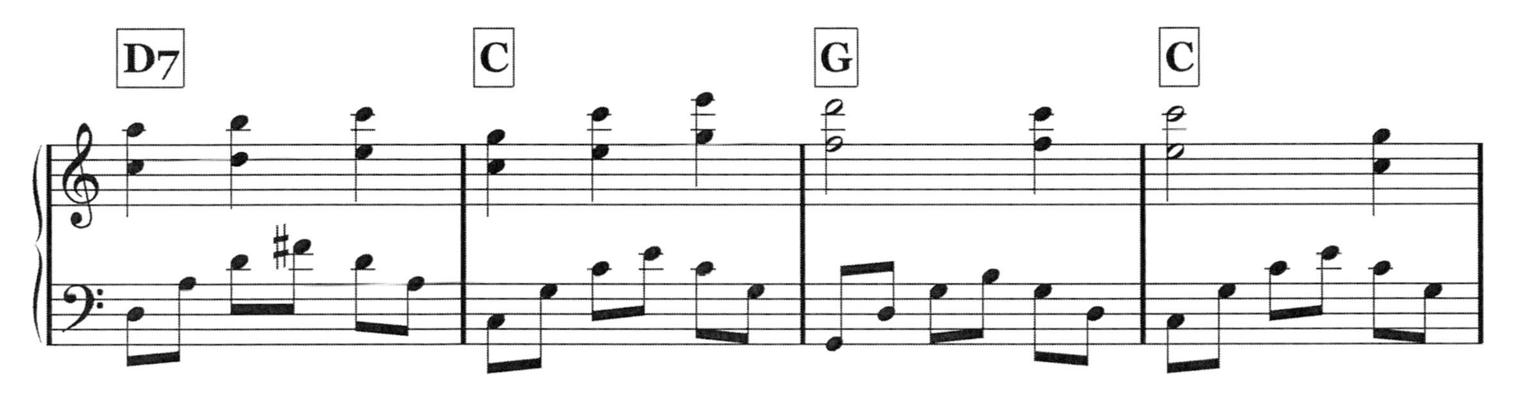
D7
C
G
C

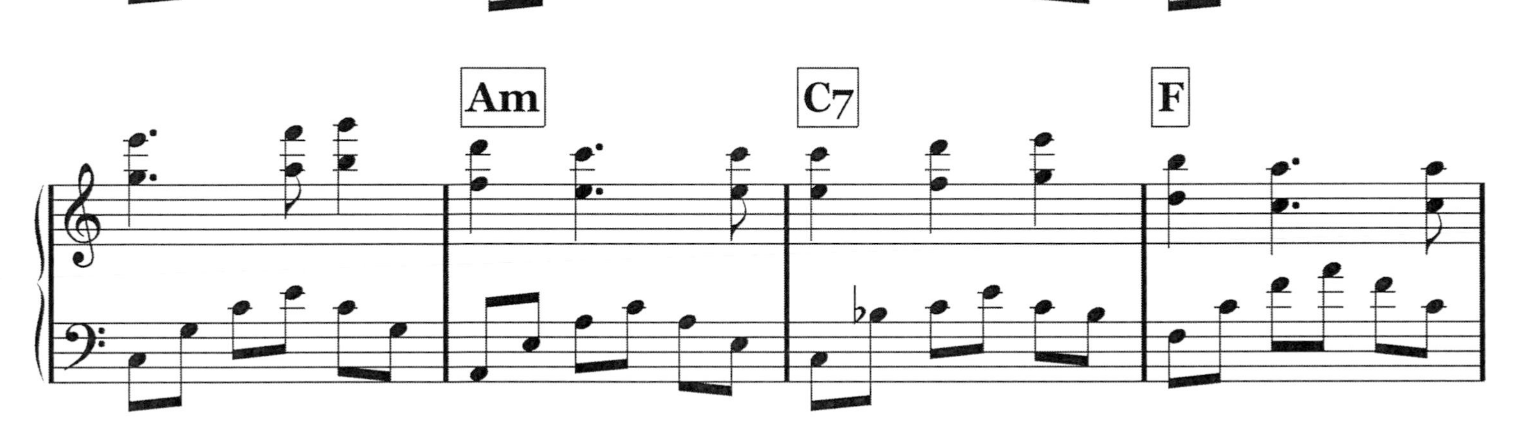
Am
C7
F

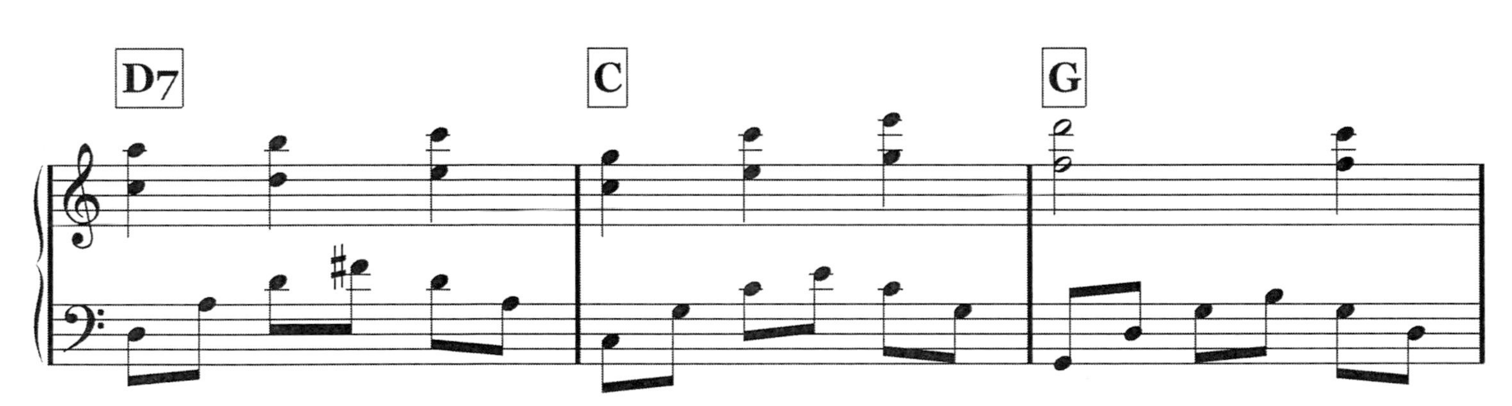
D7
C
G

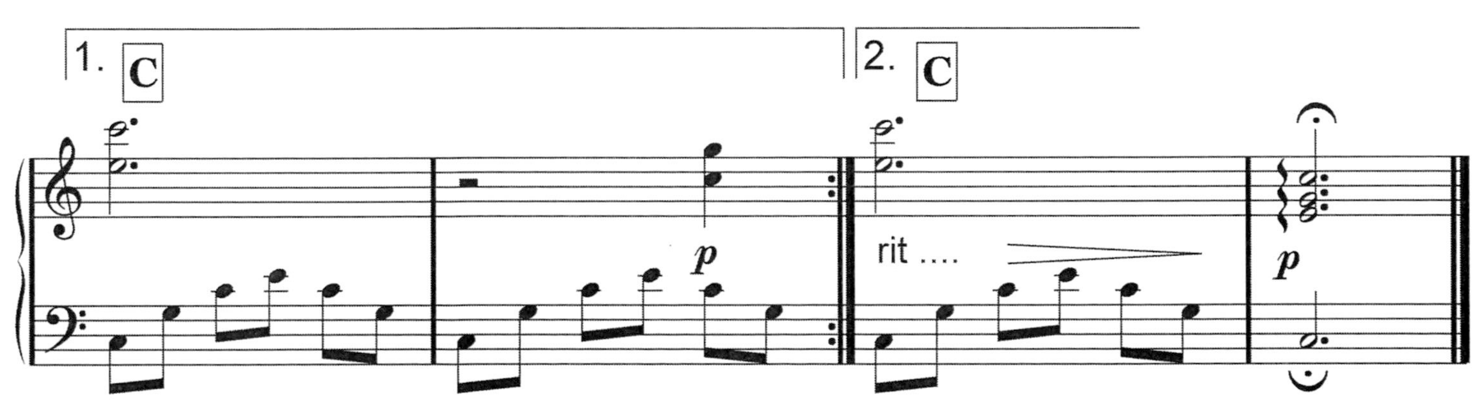
1.
C
p
2.
C
rit ....
p

O Son do Ar

Luar na Lubre

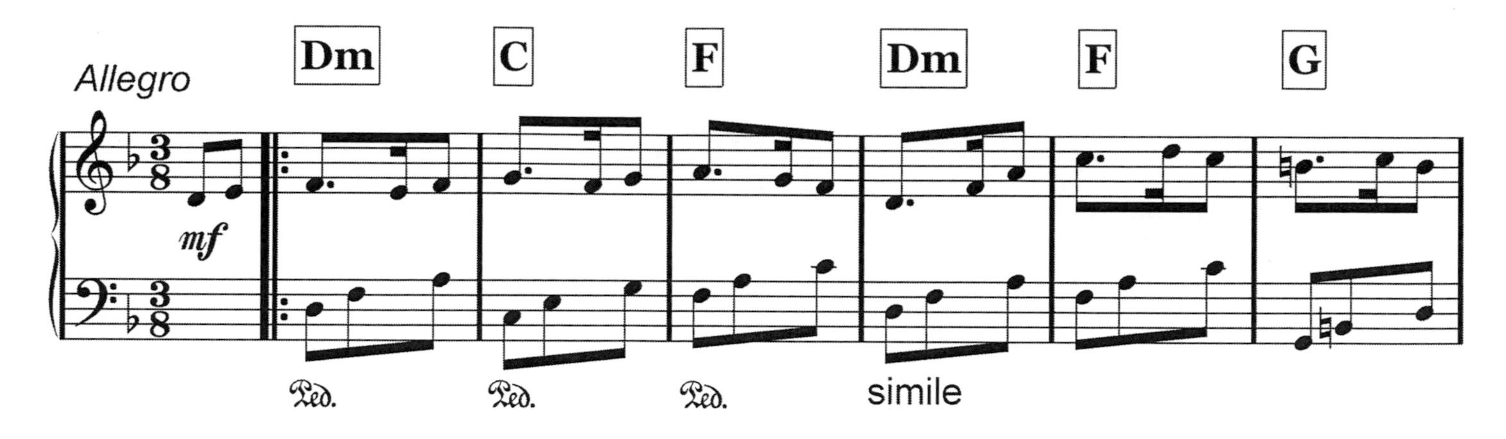

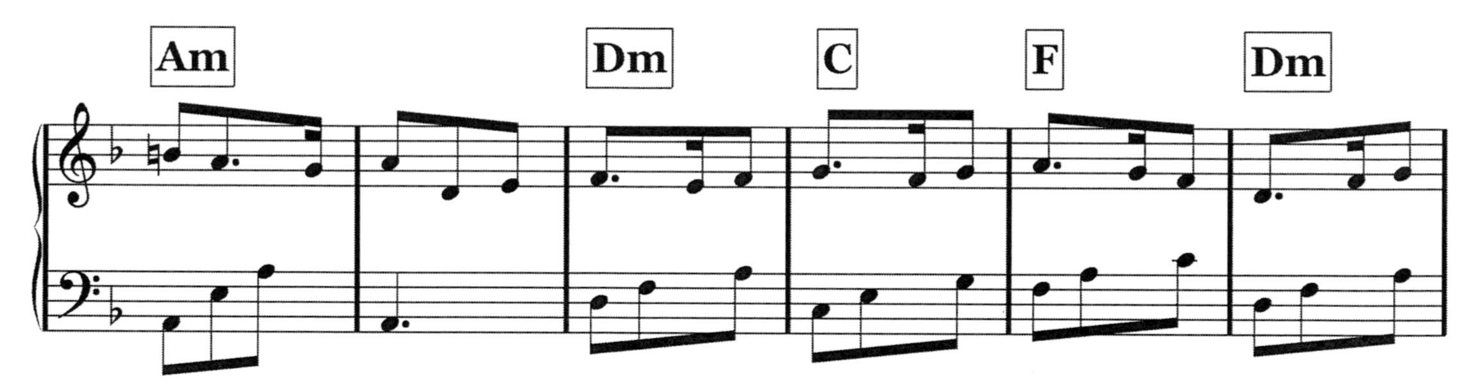

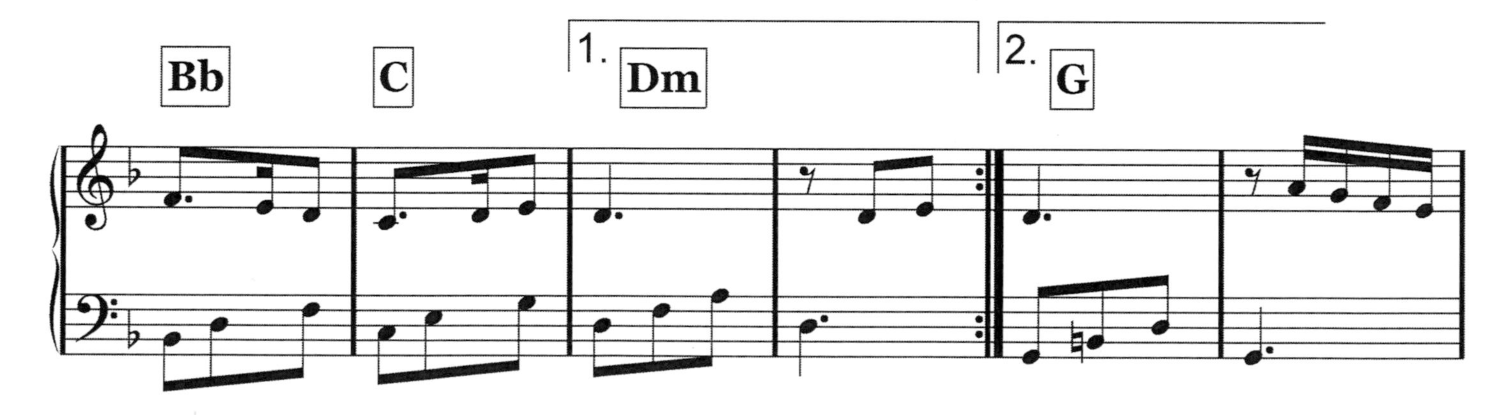

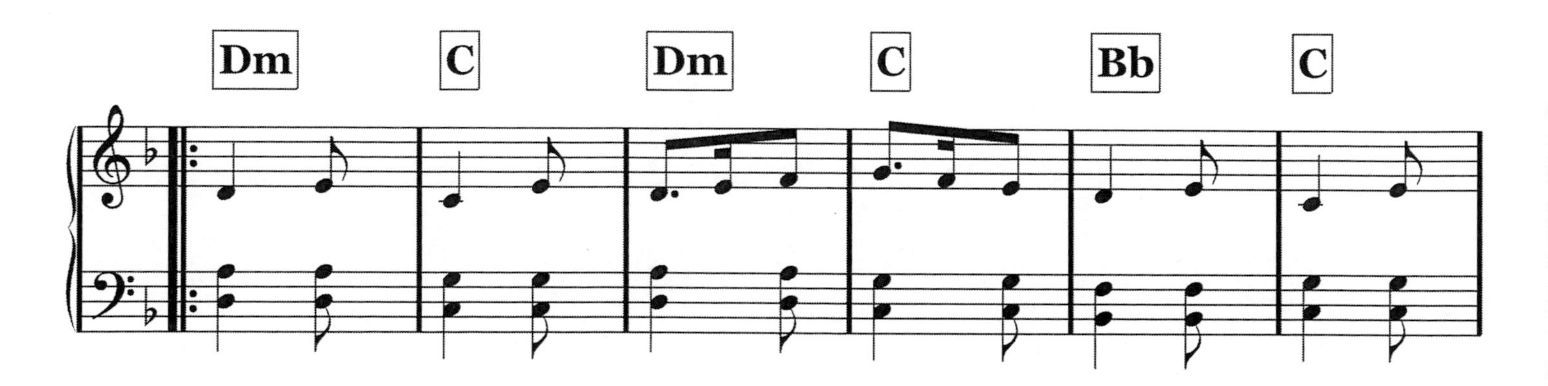

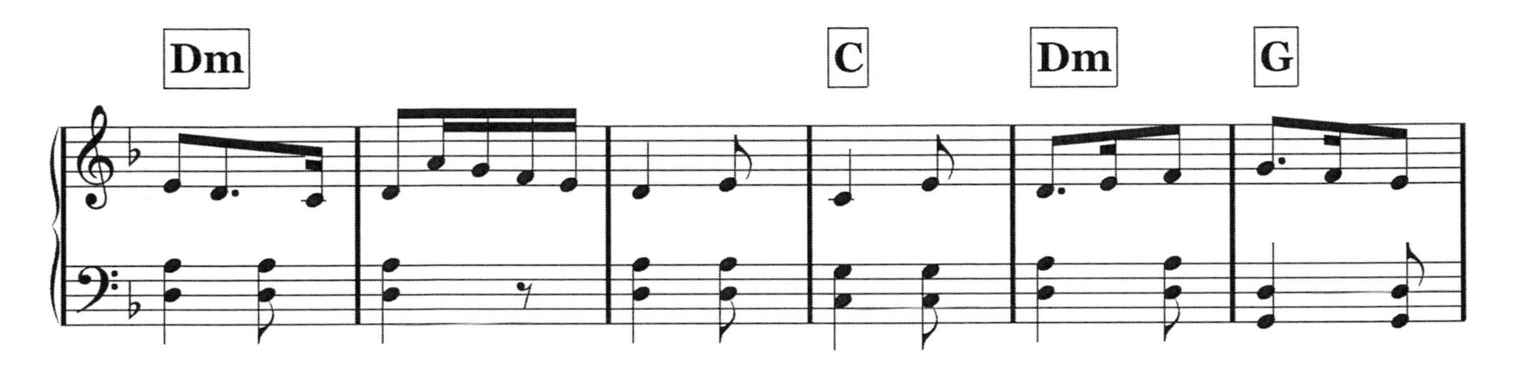
Dm
C
Dm
G

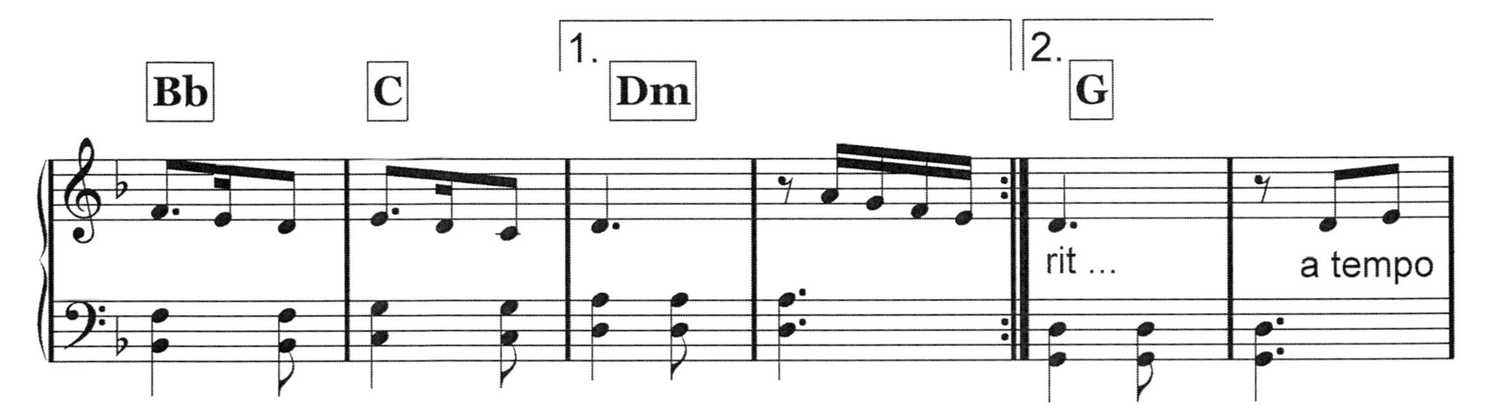
Bb
C
1.
Dm
2.
G
rit ...
a tempo

Dm
C
F
Dm
F

G
Am
Dm
C

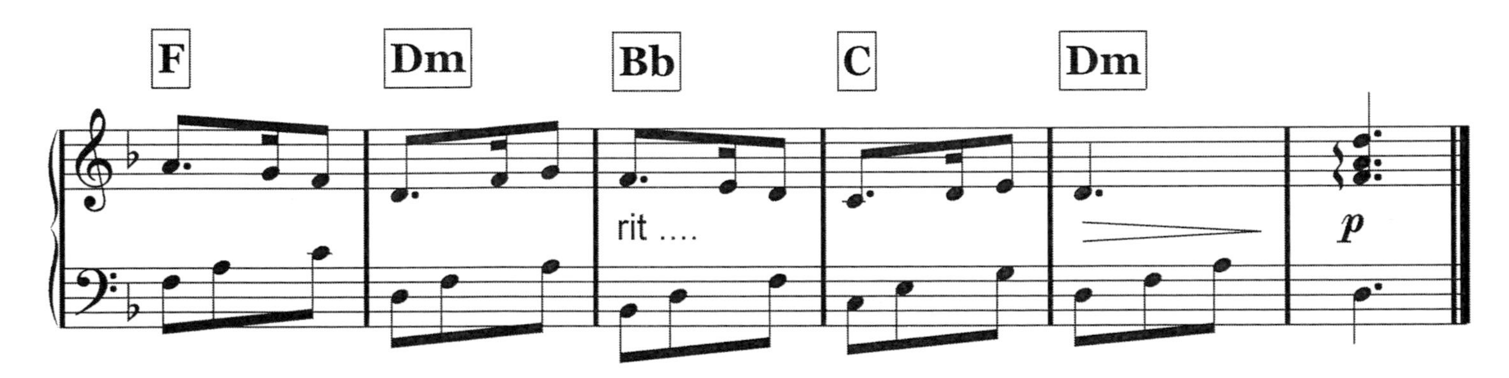
F
Dm
Bb
C
Dm
rit ....
p

The Fosse

Wim Mertens

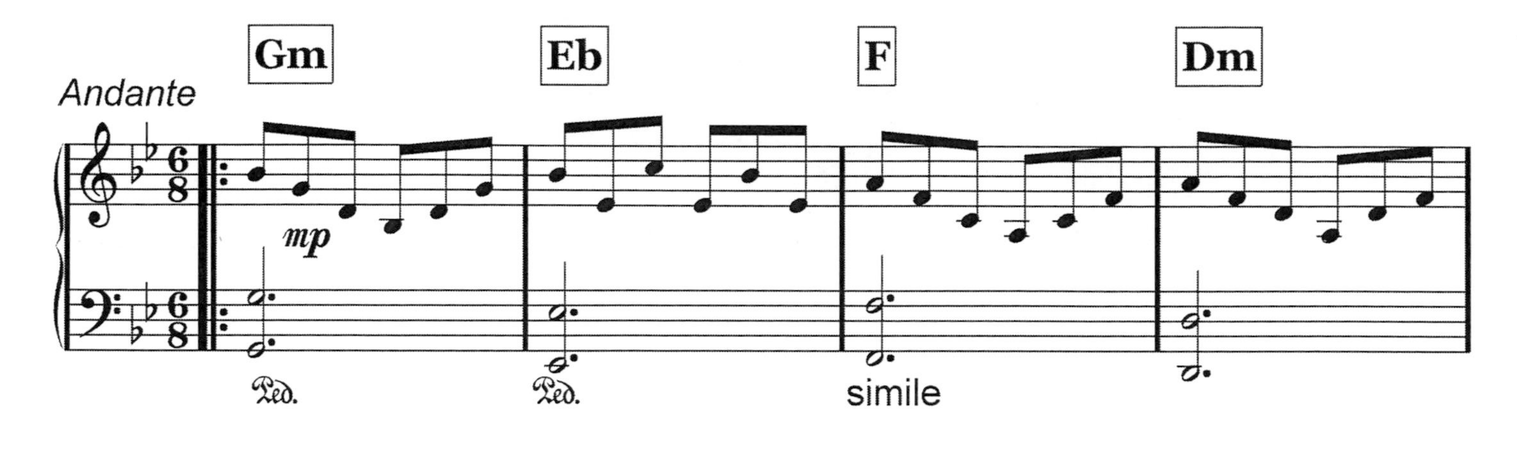

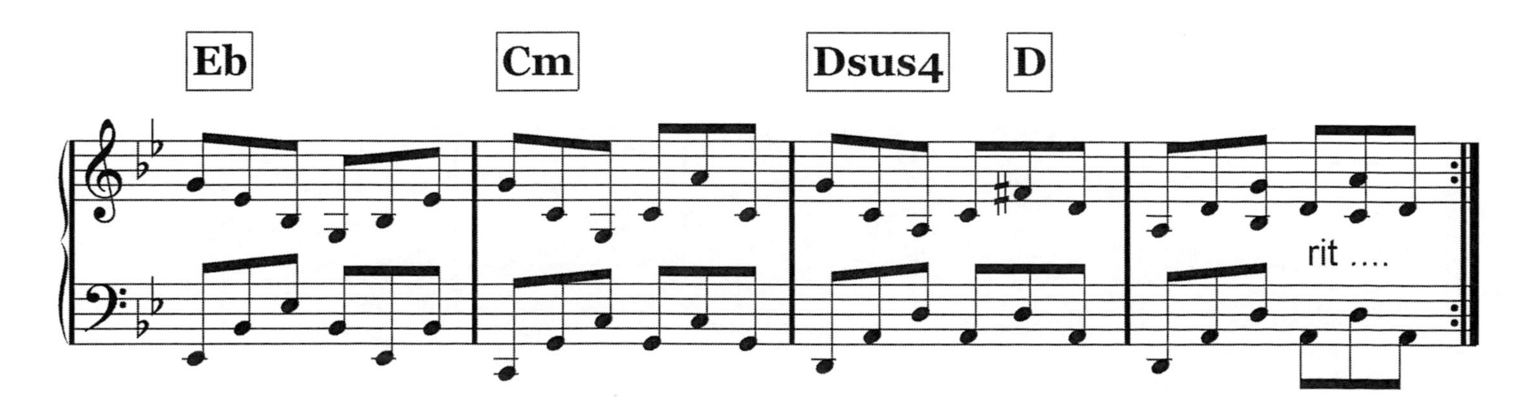

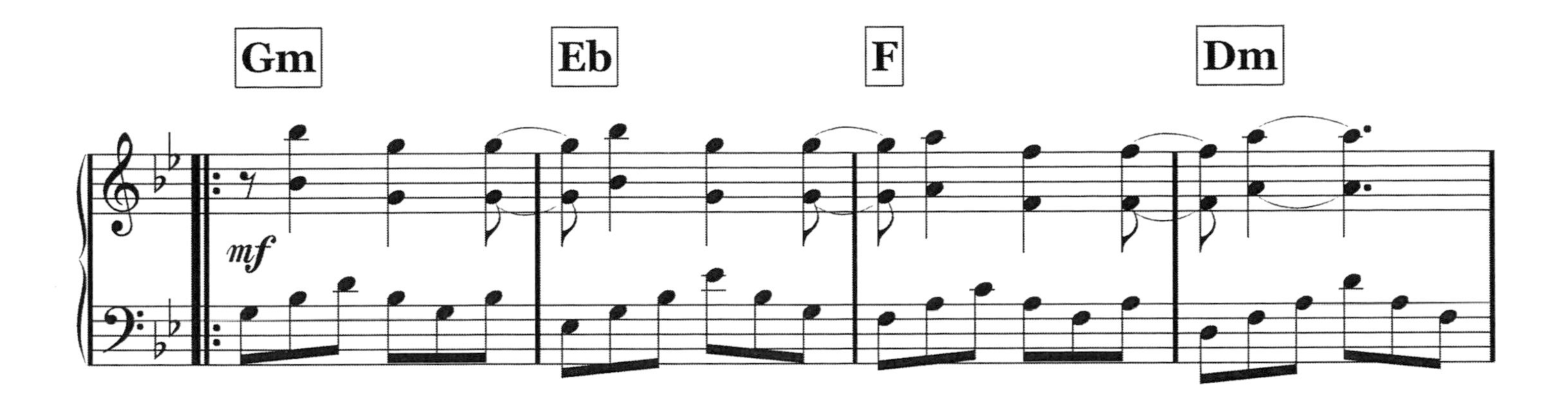
Gm
Eb
F
Dm
mf

Eb
Cm
Dsus4
D

Gm
Eb
F
Dm
mf

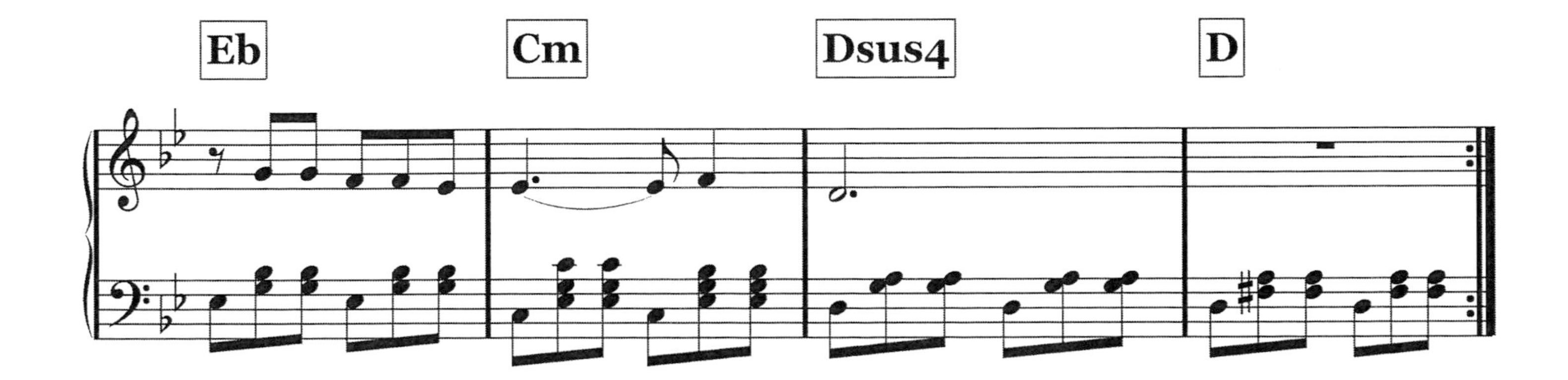
Eb
Cm
Dsus4
D

Gm
Eb
F
Dm
f

Eb
Cm
Dsus4
D

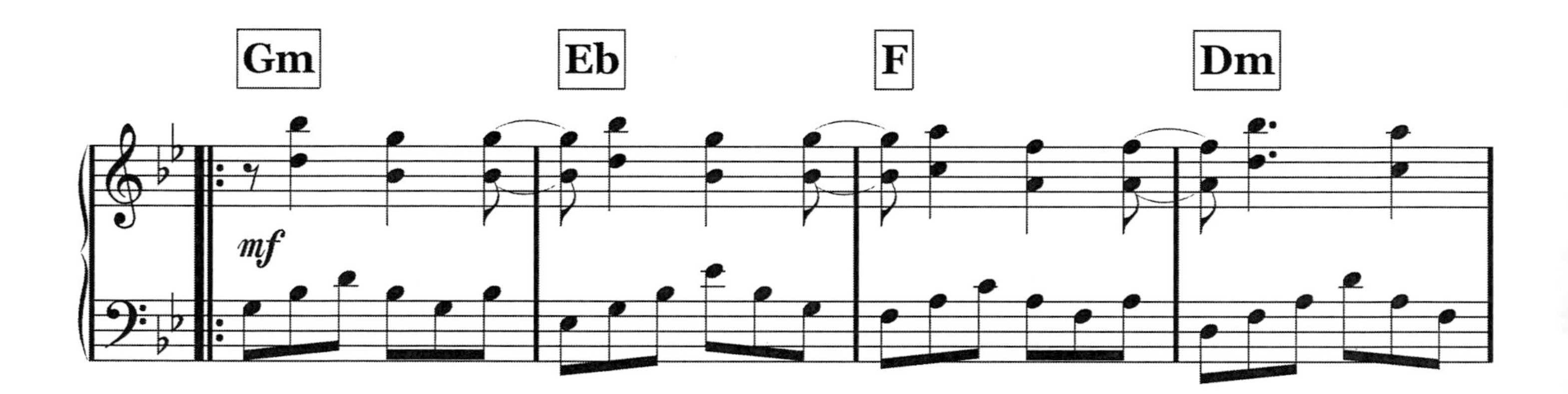
Gm
Eb
F
Dm
mf

Eb
Cm
Dsus4
D
rit ....

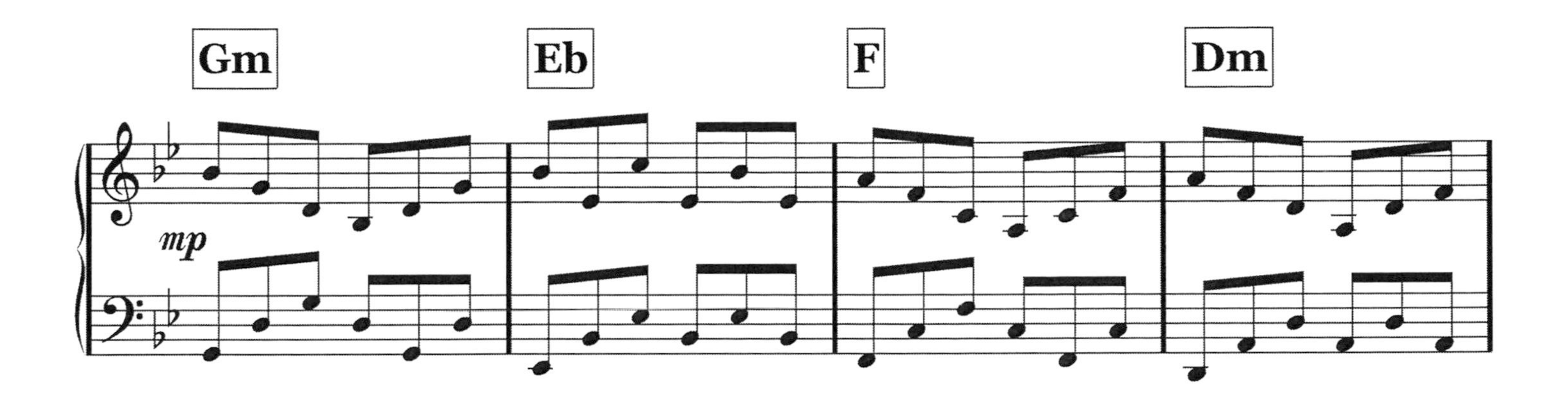
Gm
Eb
F
Dm
mp

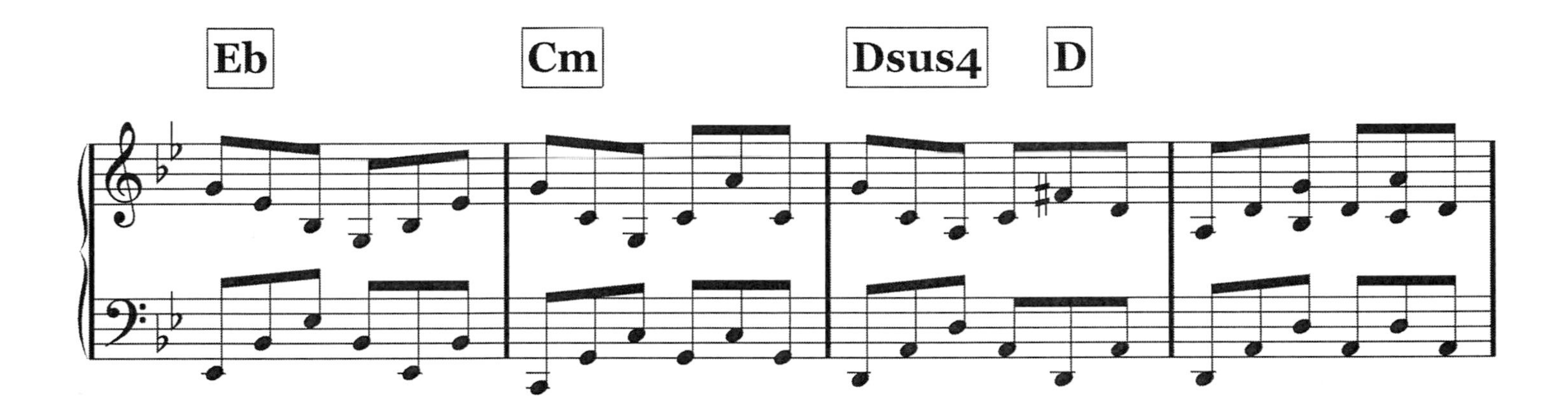
Eb
Cm
Dsus4
D

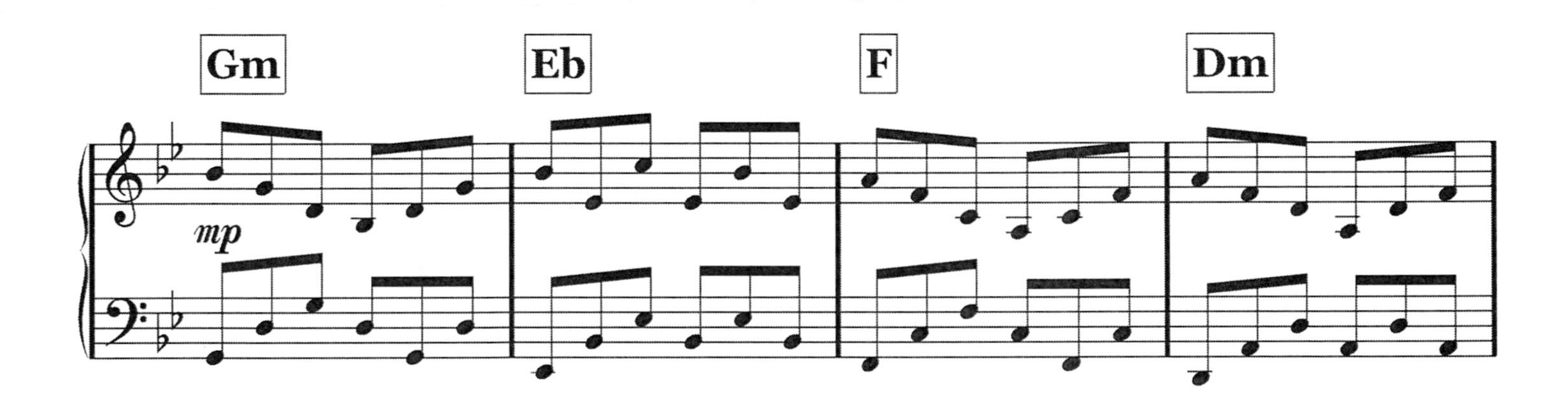
Gm
Eb
F
Dm
mp

Eb
Cm
Dsus4
D
rit .....

James

Pat Metheny & Lyle Mays

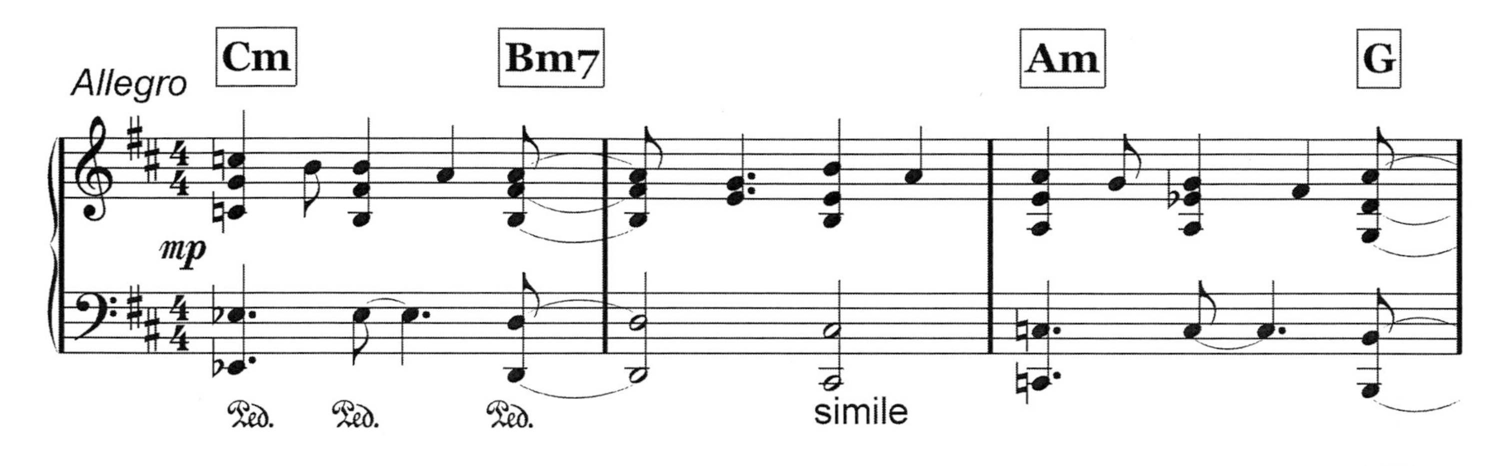

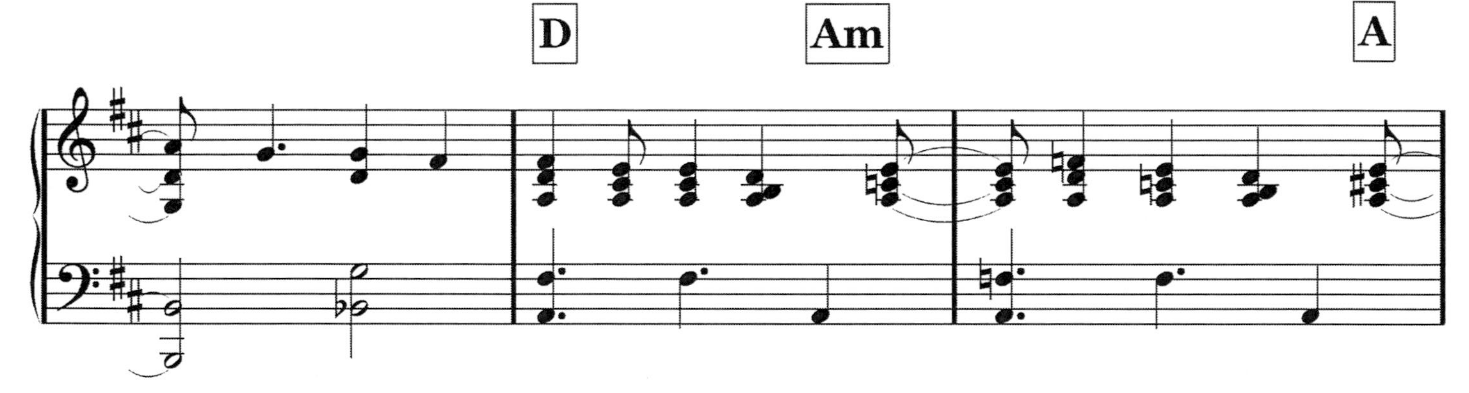

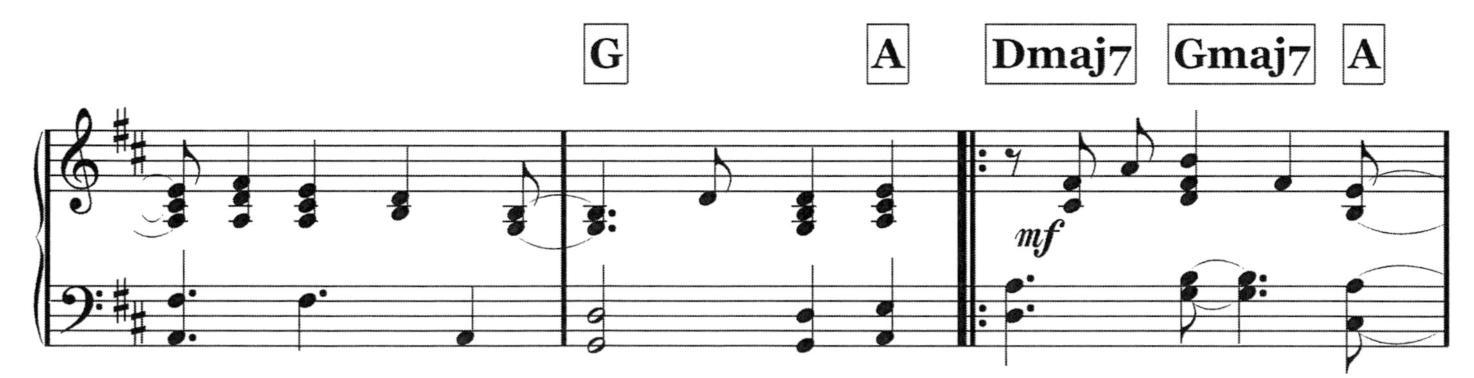

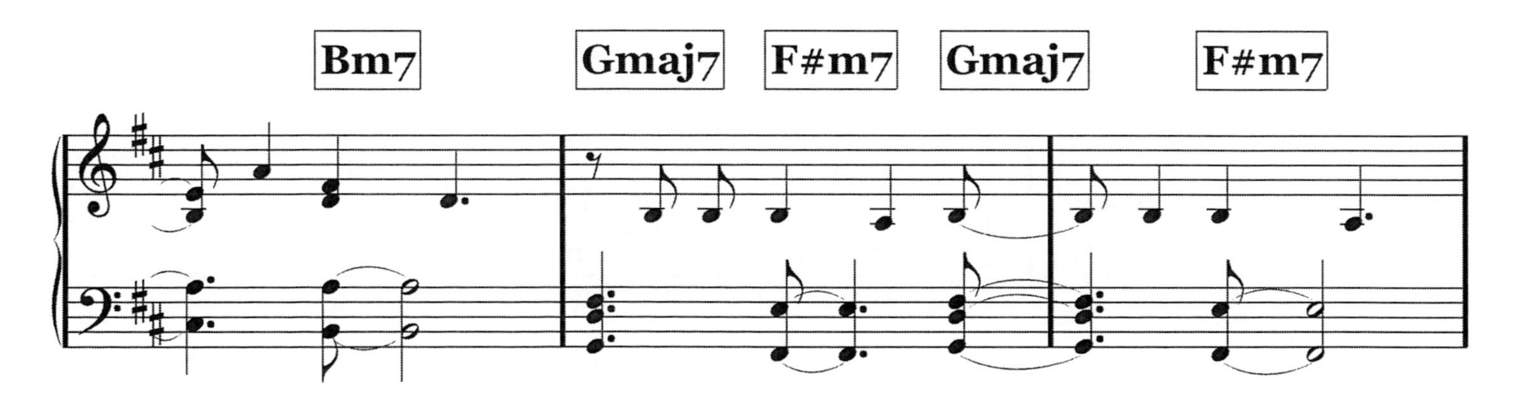

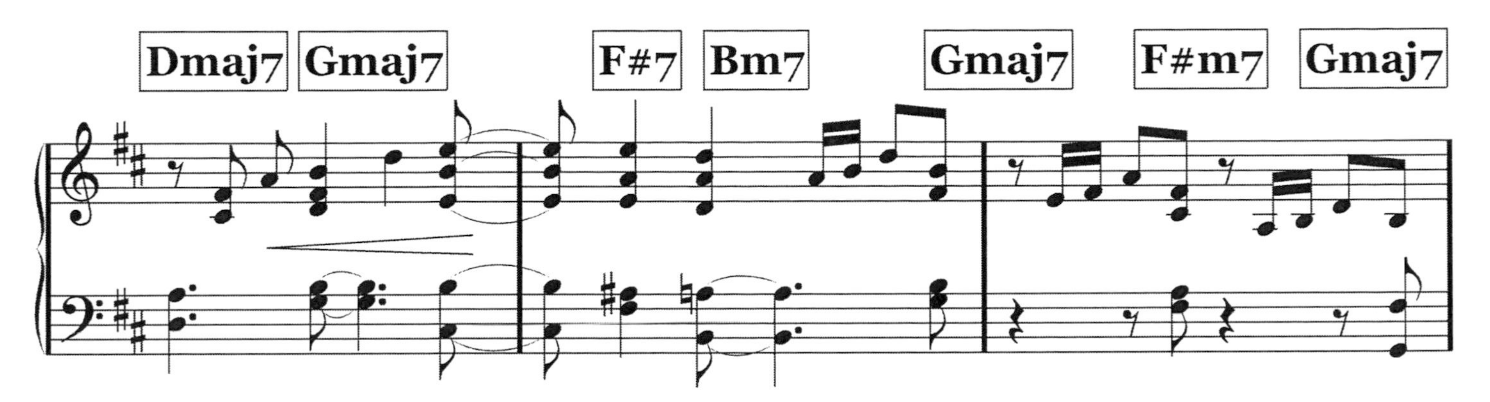
Dmaj7
Gmaj7
F#7
Bm7
Gmaj7
F#m7
Gmaj7

F#m7
Gmaj7
A7
D
1.
G
A

2.
D
A
F#
Bm
A
mp
cresc...

D
C#
F#m
E
A
A7
D

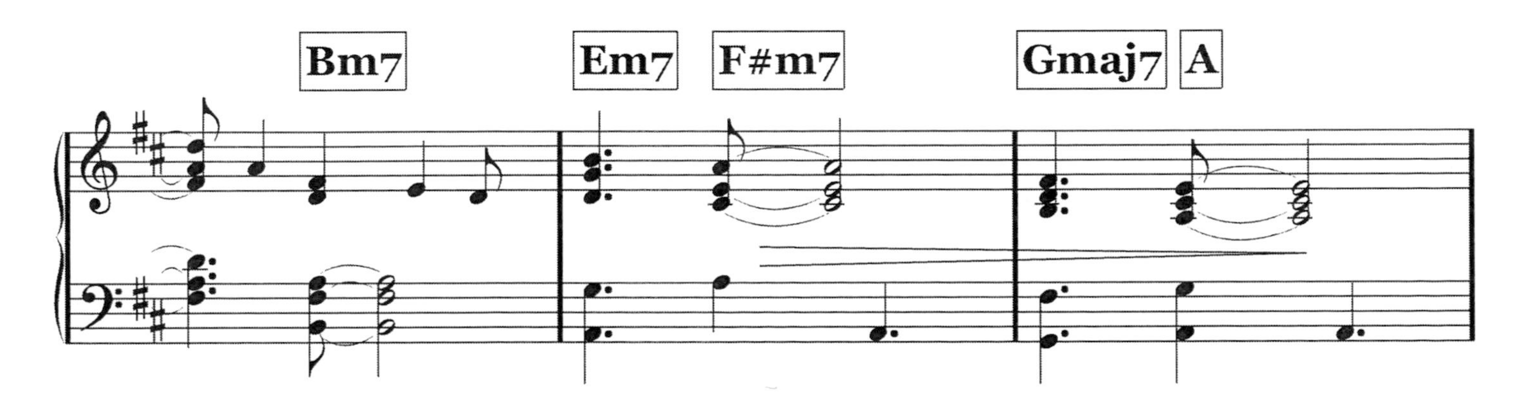
Bm7
Em7
F#m7
Gmaj7
A

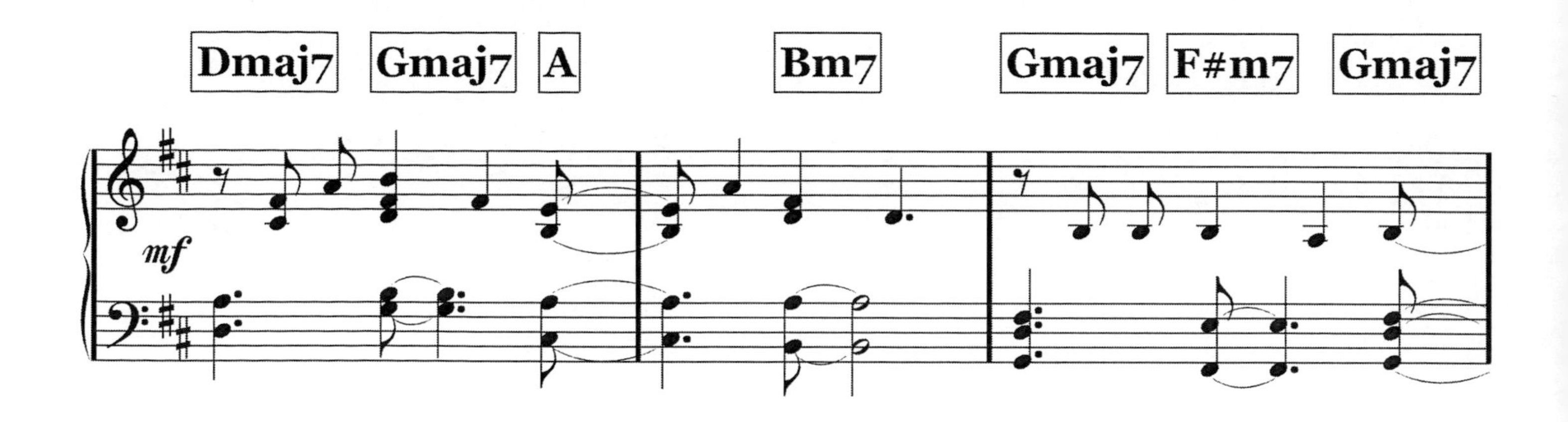
Dmaj7
Gmaj7
A
Bm7
Gmaj7
F#m7
Gmaj7
mf

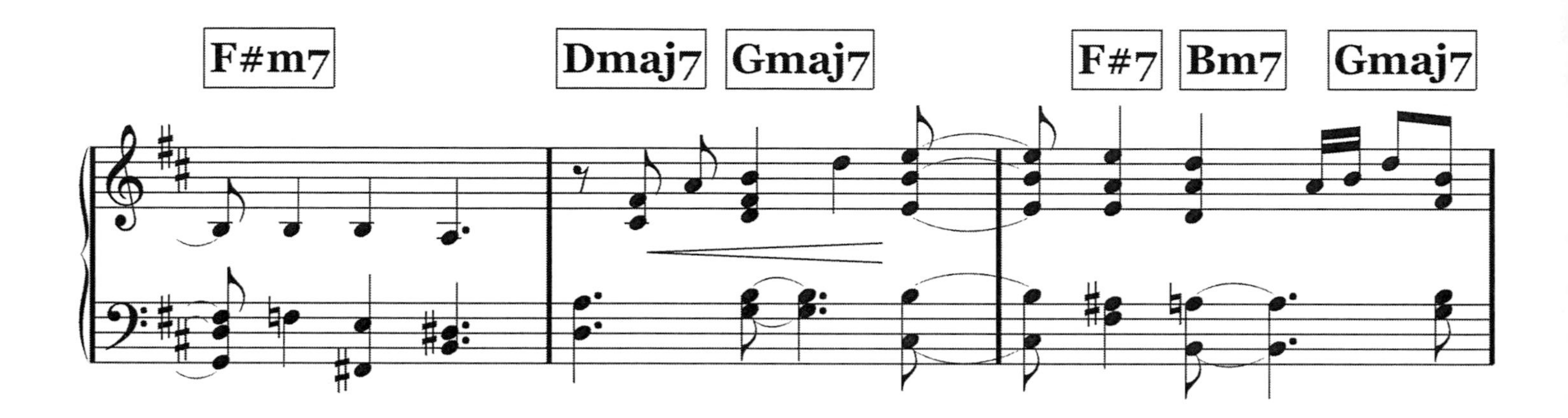
F#m7
Dmaj7
Gmaj7
F#7
Bm7
Gmaj7

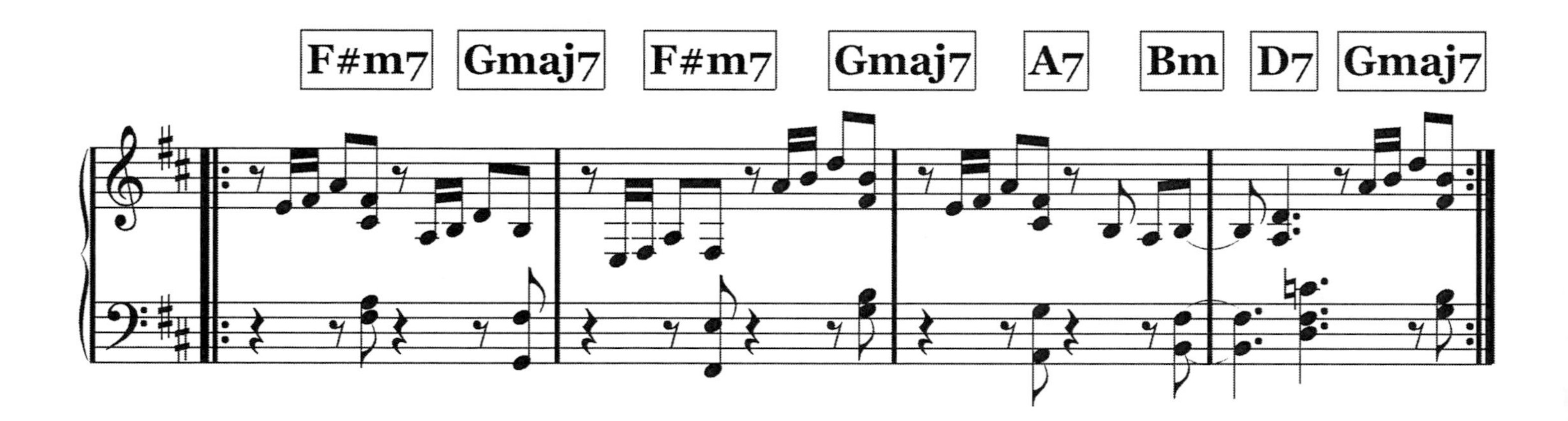
F#m7
Gmaj7
F#m7
Gmaj7
A7
Bm
D7
Gmaj7

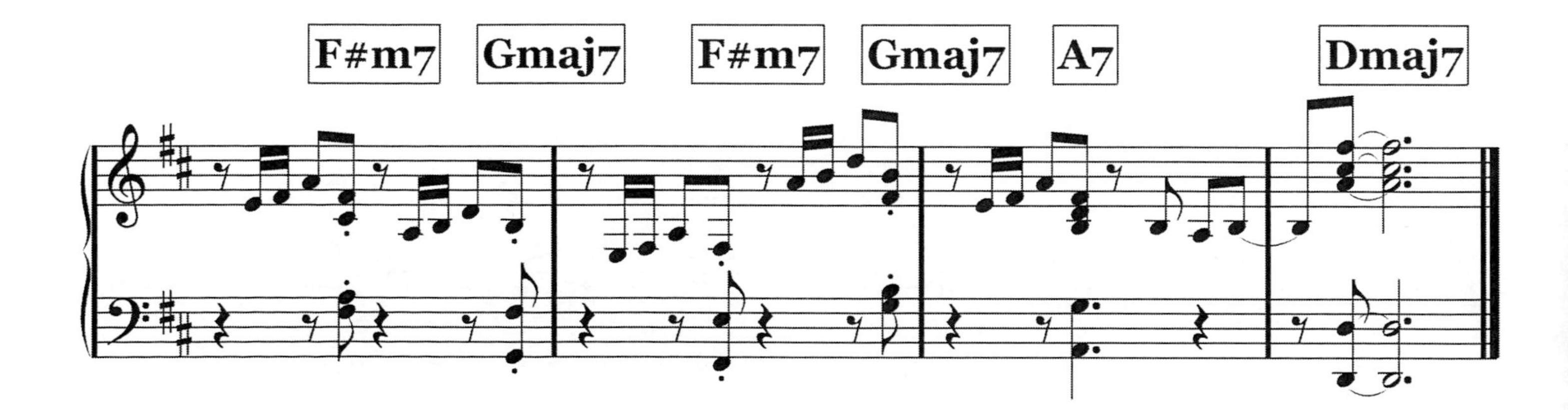
F#m7
Gmaj7
F#m7
Gmaj7
A7
Dmaj7

A Letter

Yukie Nishimura

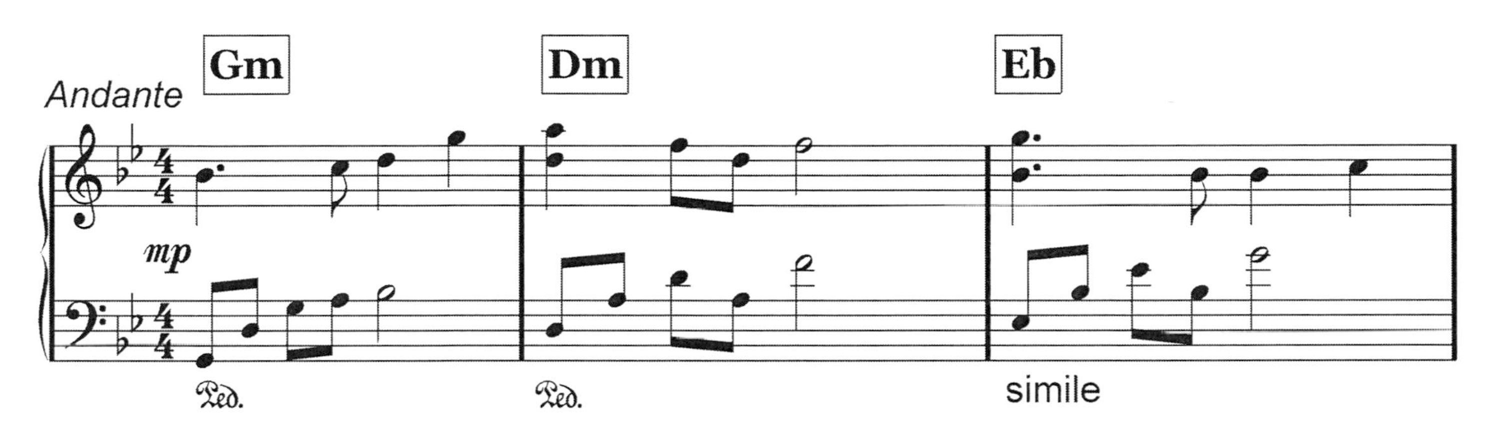

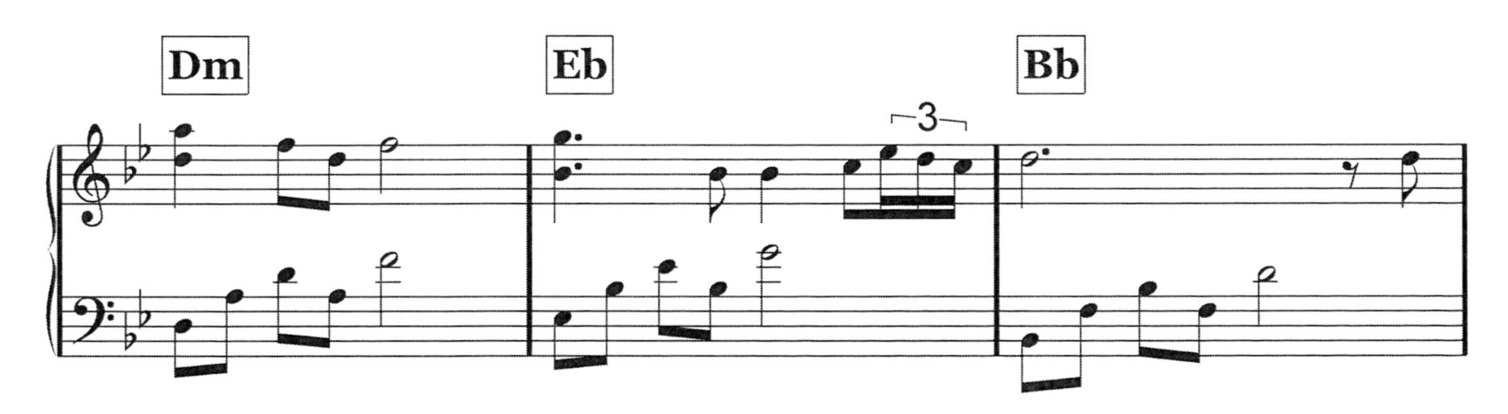

Am7
D7
Gm
C
Cm7
Dm7

Gm
Eb
F
Bb
mf

Eb
F
Bb
Eb
F

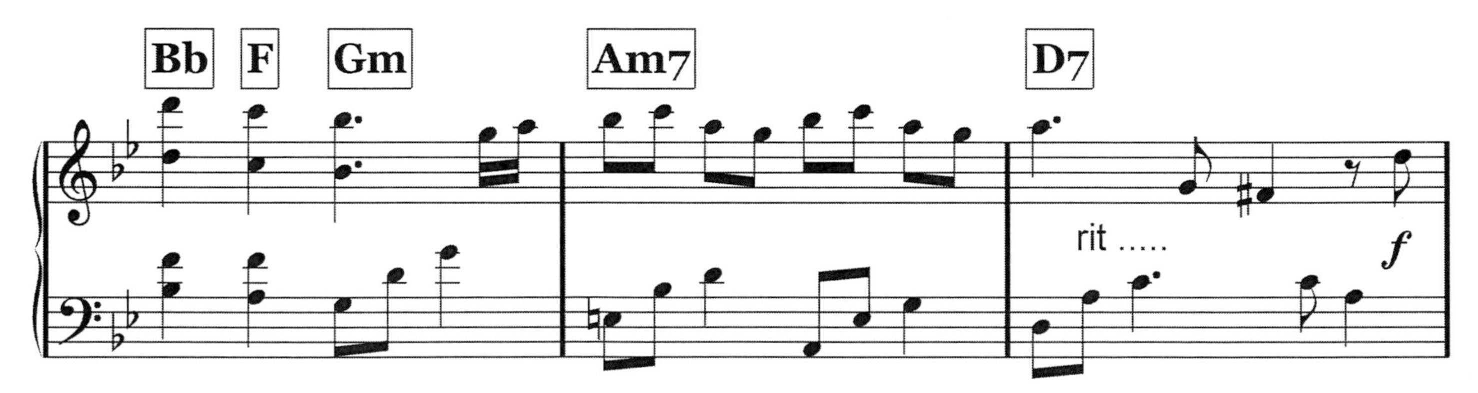

Bb
F
Gm
Am7
D7
rit .....
f

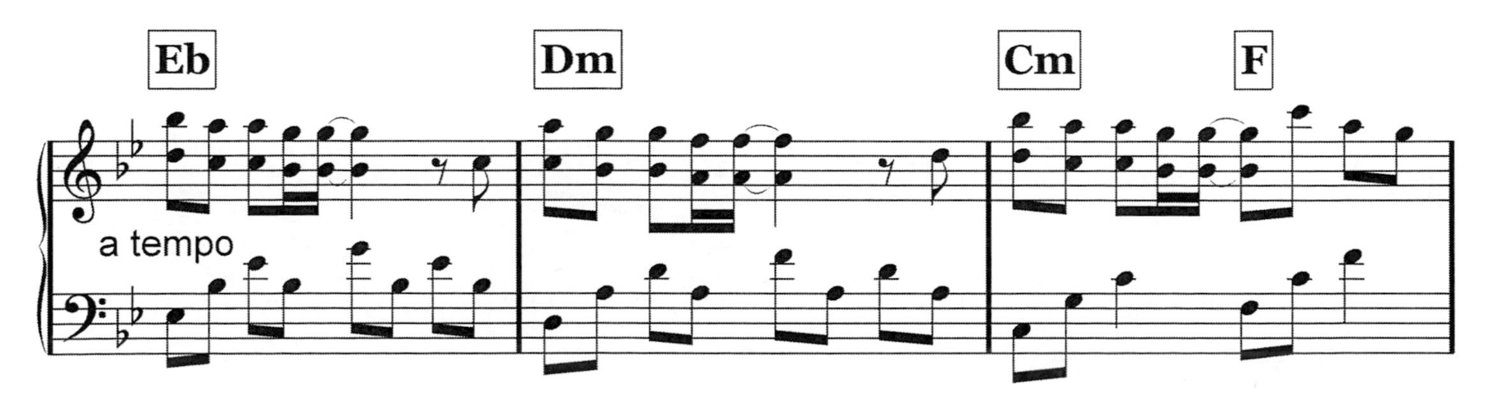

Eb
Dm
Cm
F
a tempo

Bb
Eb
Dm

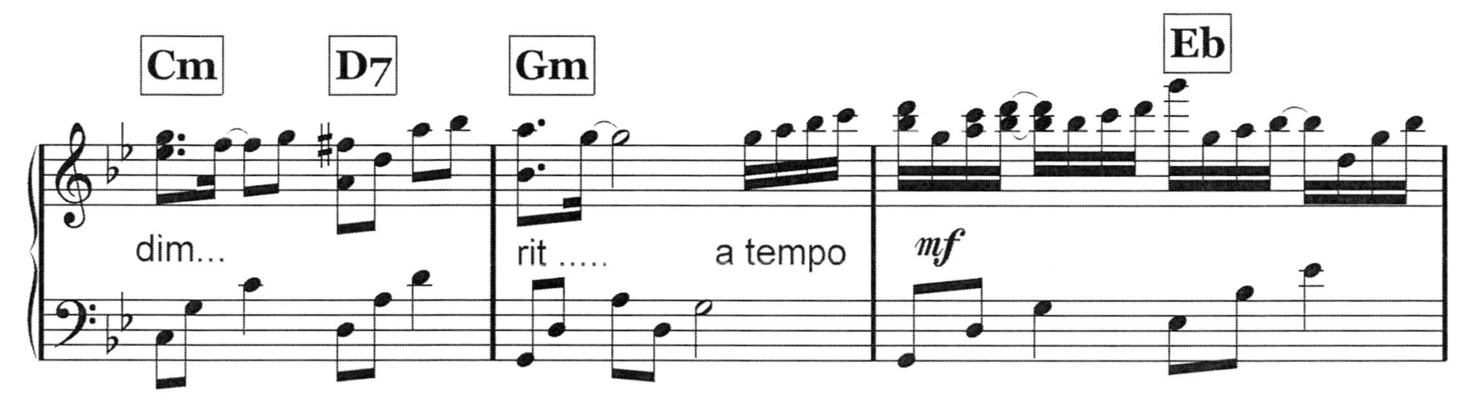
Cm
D7
Gm
Eb
dim...
rit .....
a tempo
mf

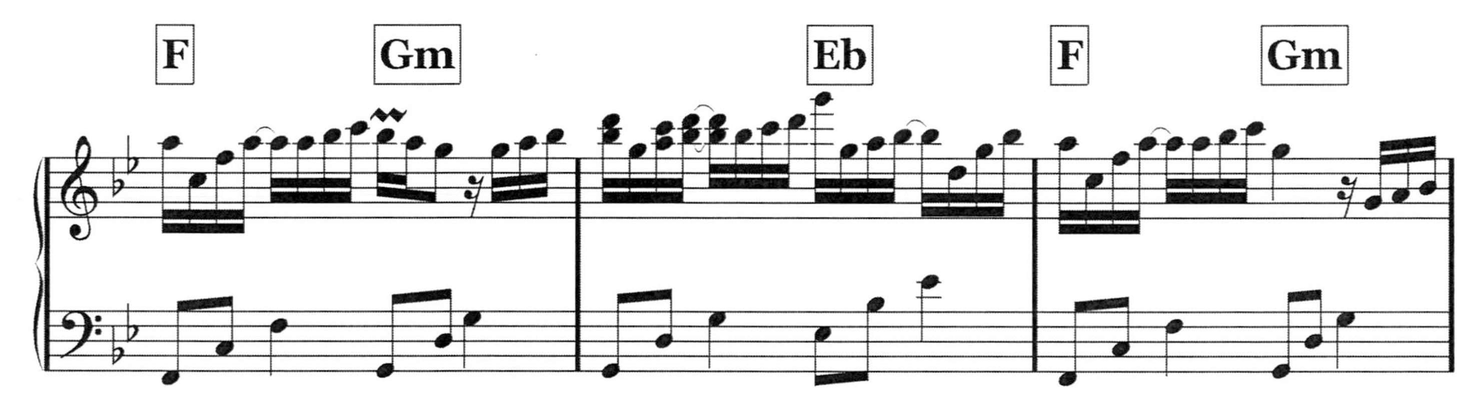
F
Gm
Eb
F
Gm

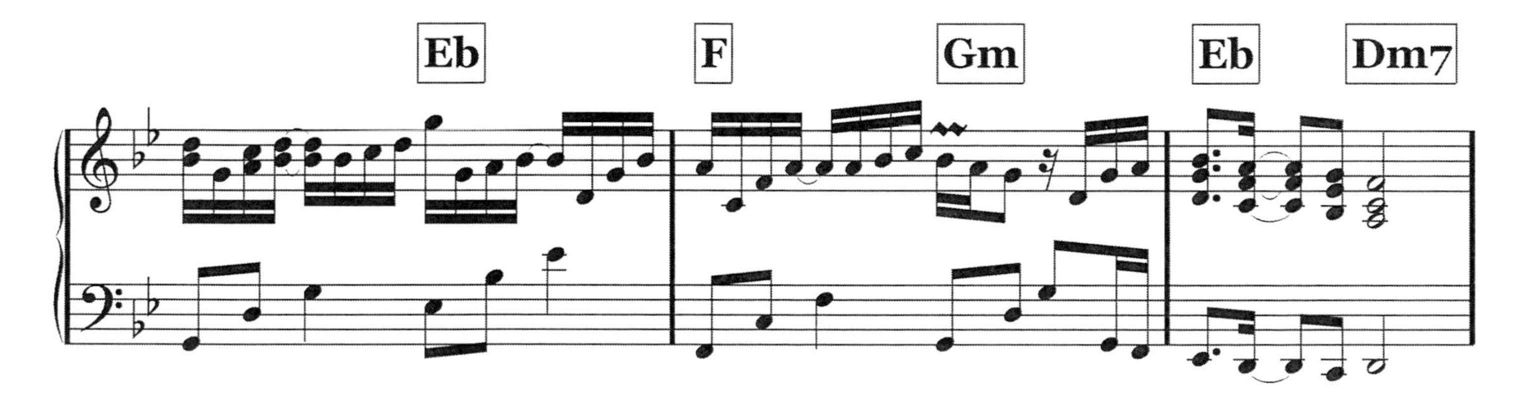
Eb
F
Gm
Eb
Dm7

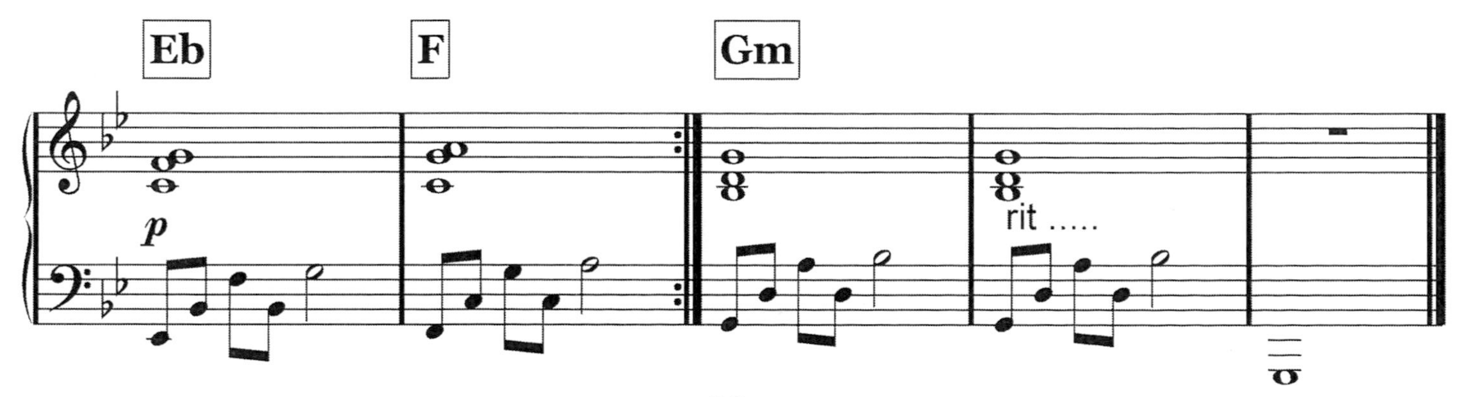
Eb
F
Gm
p
rit .....

The Cricket´s Wicket

Nightnoise

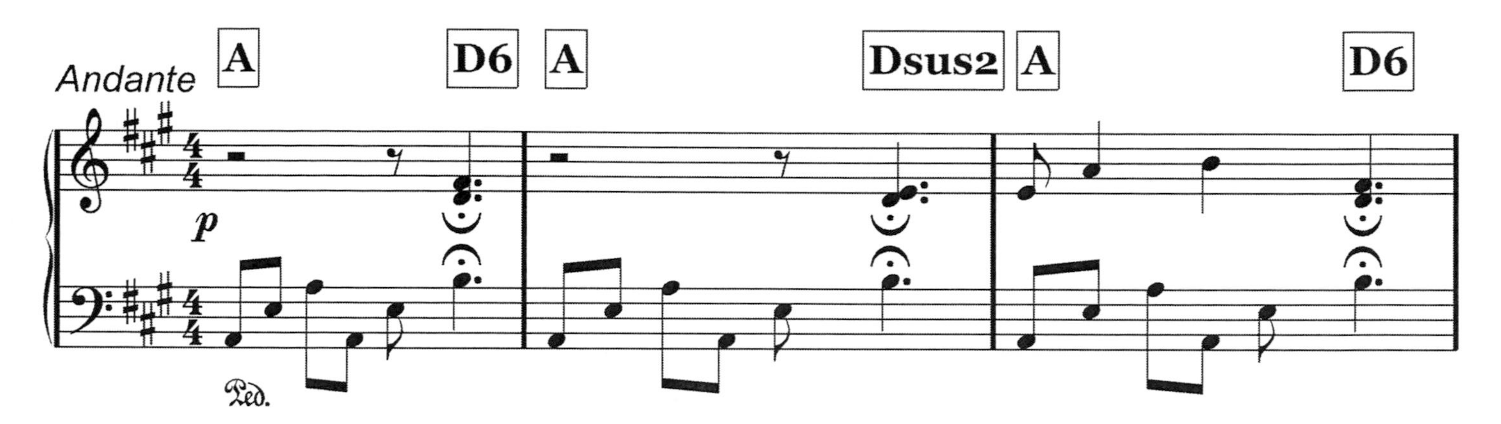

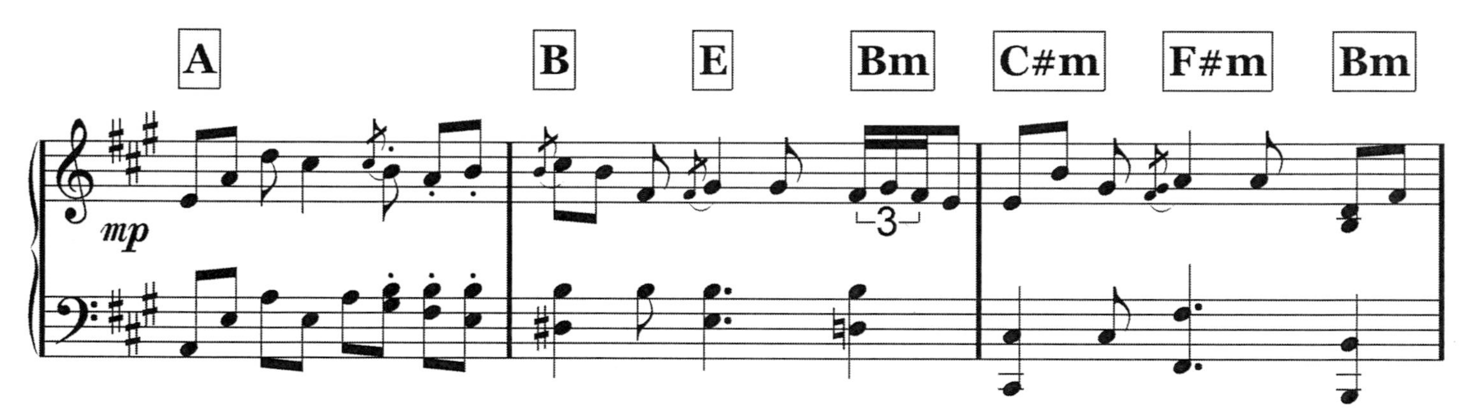

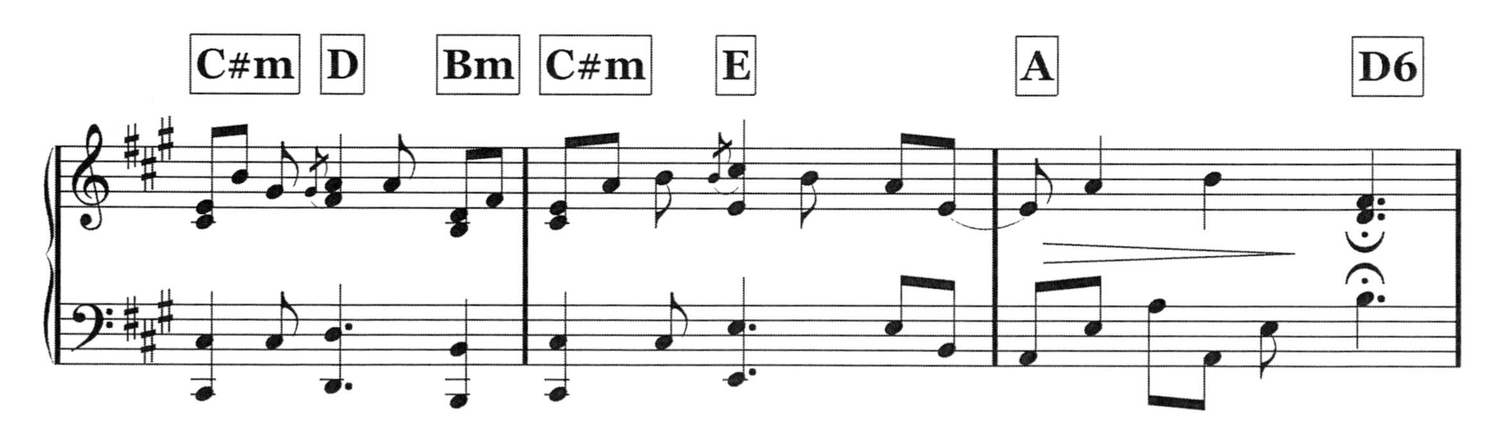

C#m
F#m
Bm
C#m
D
Bm

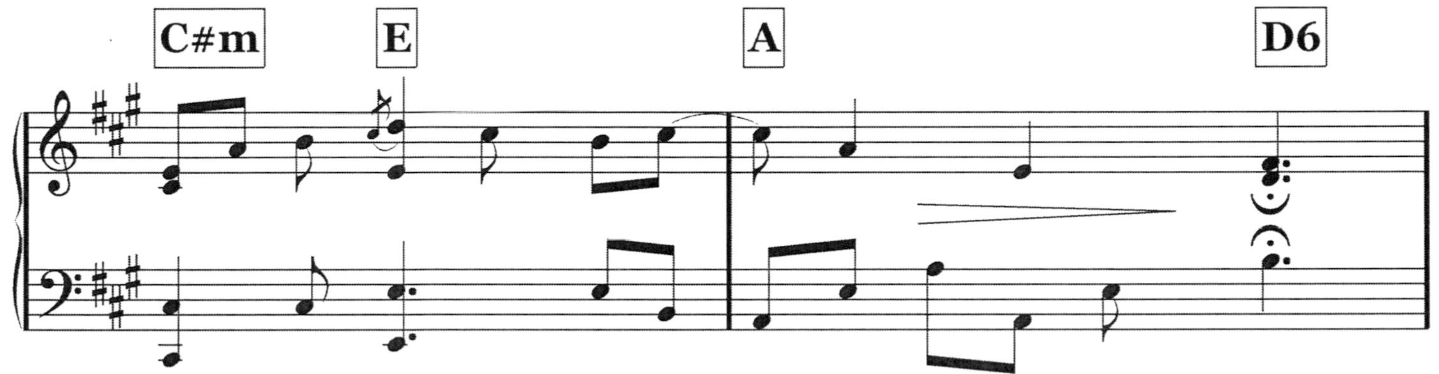
C#m
E
A
D6

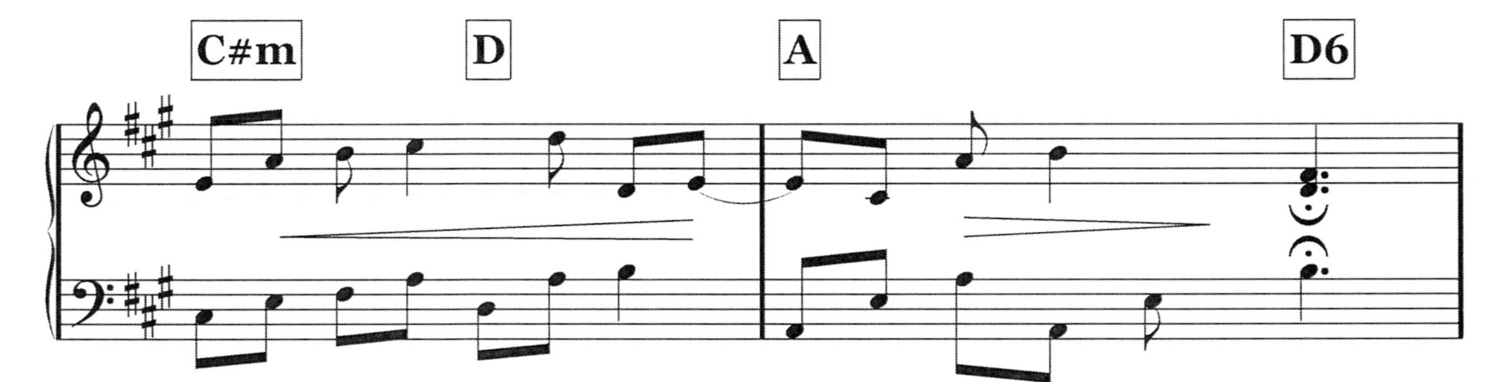
C#m
D
A
D6

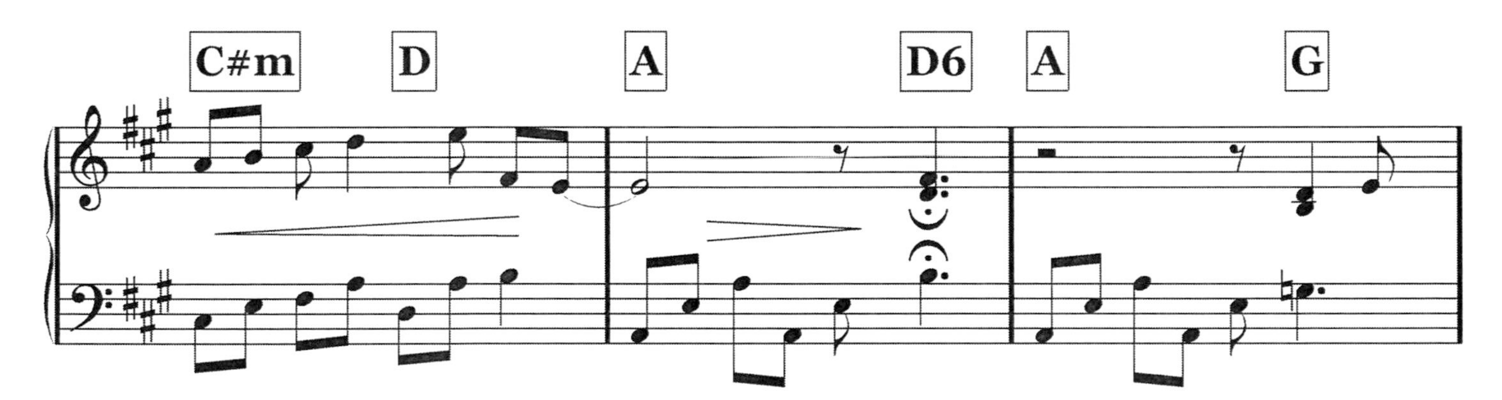
C#m
D
A
D6
A
G

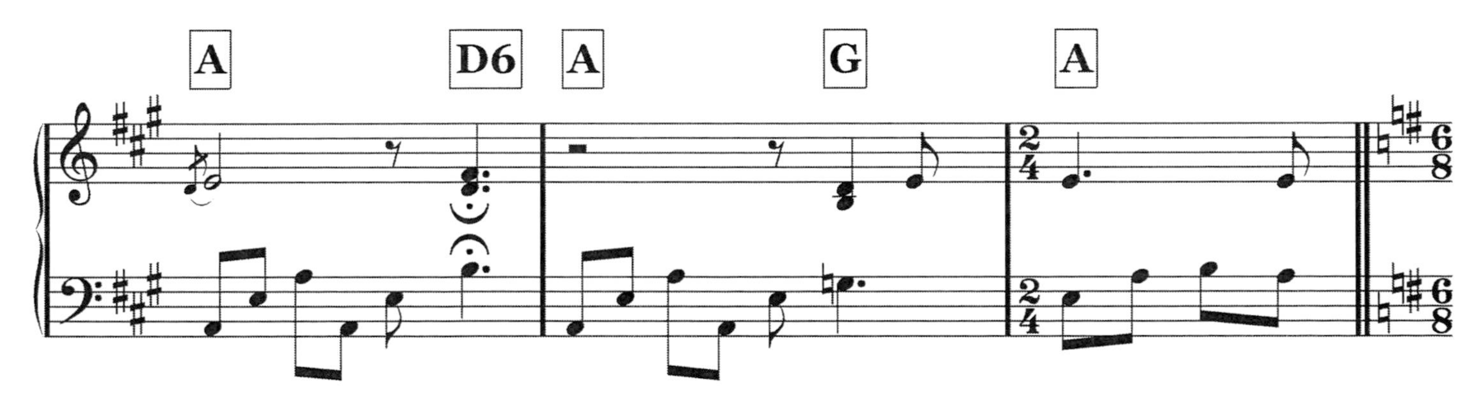
A
D6
A
G
A

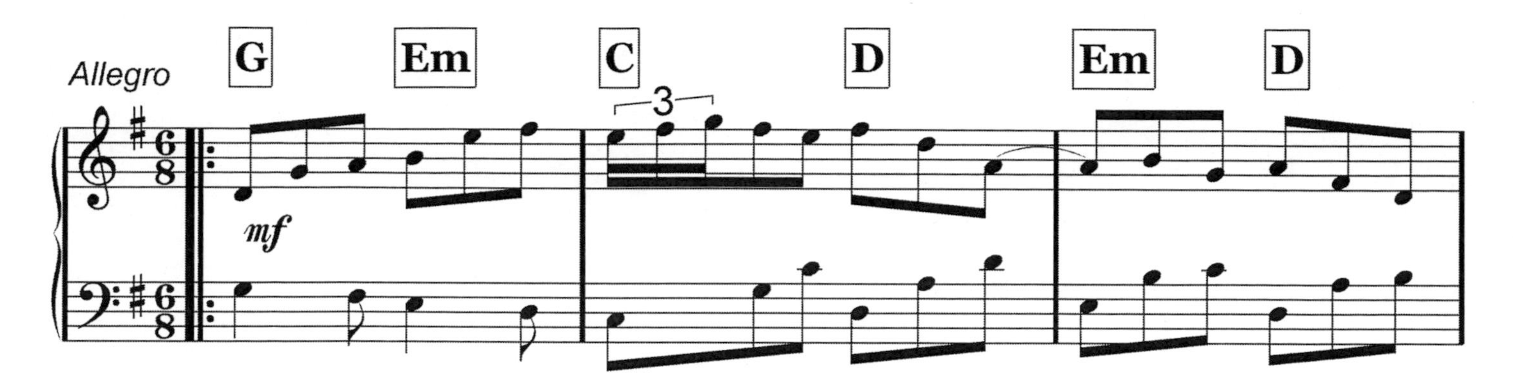
Allegro
G
Em
C
D
Em
D
3
mf

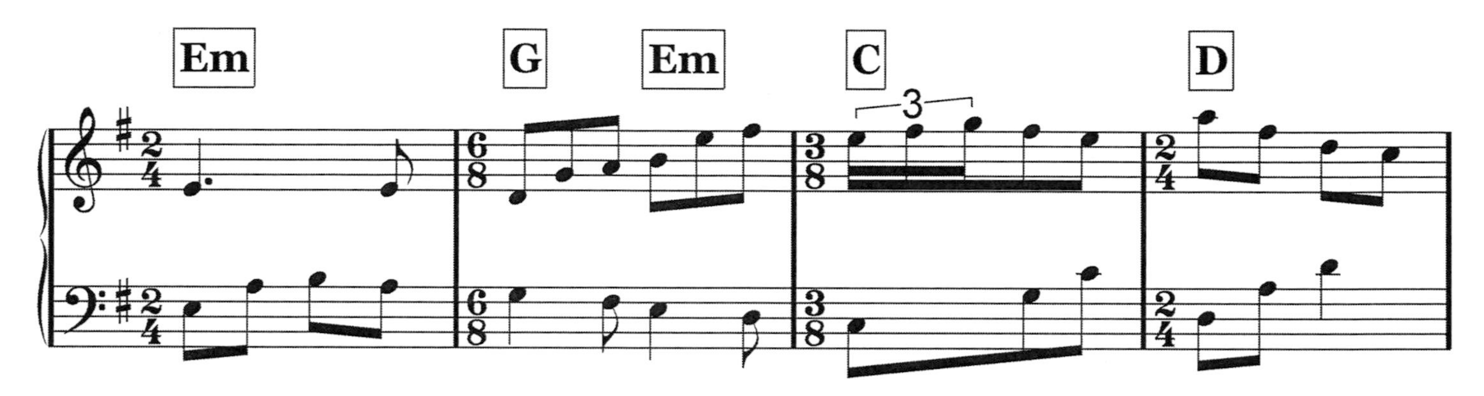
Em
G
Em
C
D
3

Em
G
Em

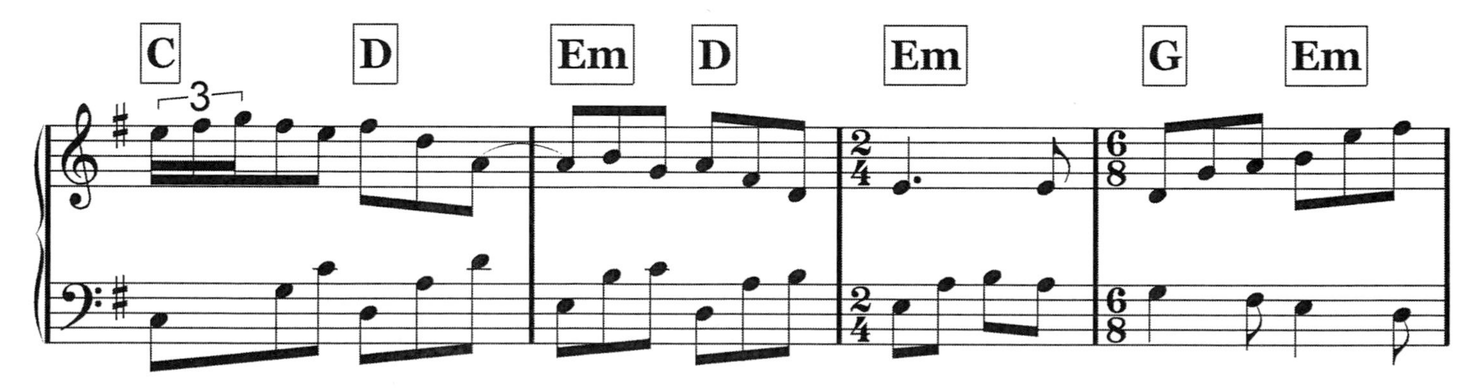
C
D
Em
D
Em
G
Em
3

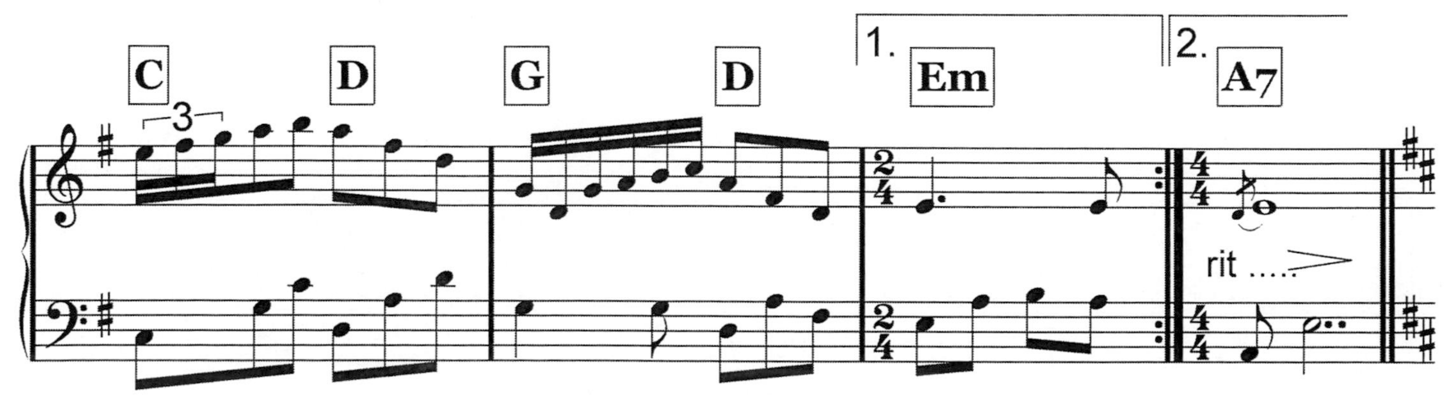
C
D
G
D
1.
Em
2.
A7
3
rit .....

Lento
A7
p

mp

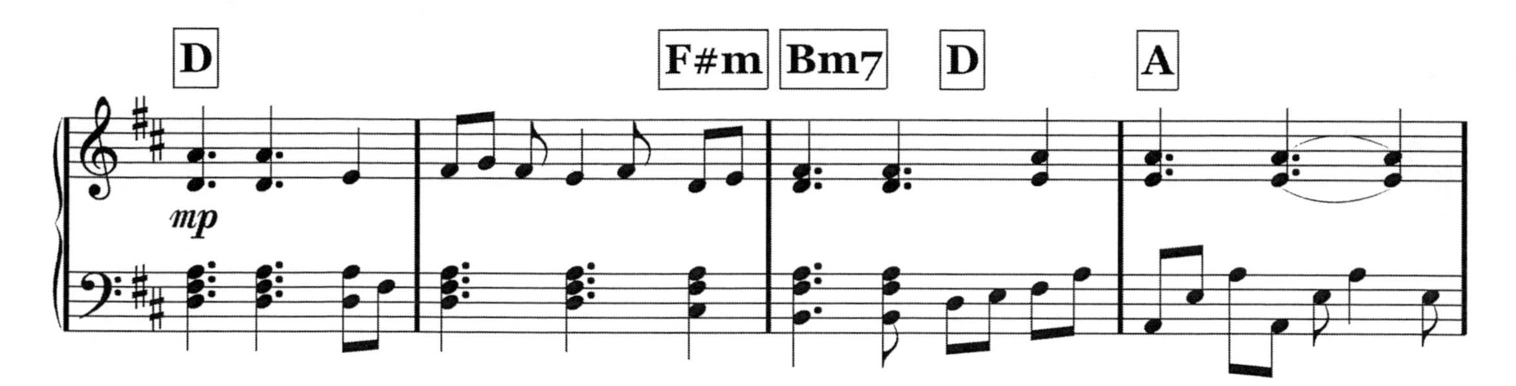
D
F#m
Bm7
D
A
mp

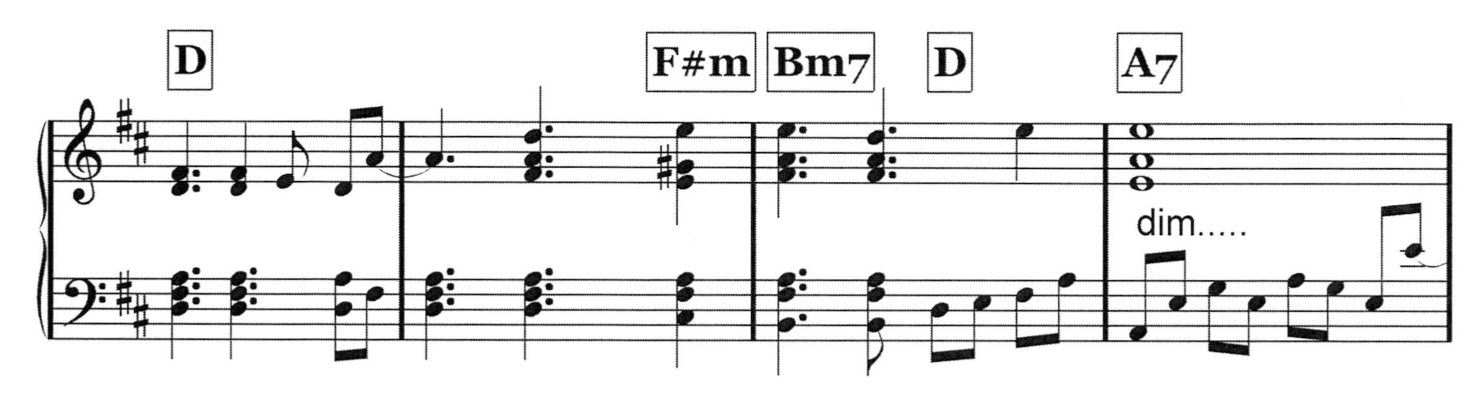
D
F#m
Bm7
D
A7
dim.....

rit .....

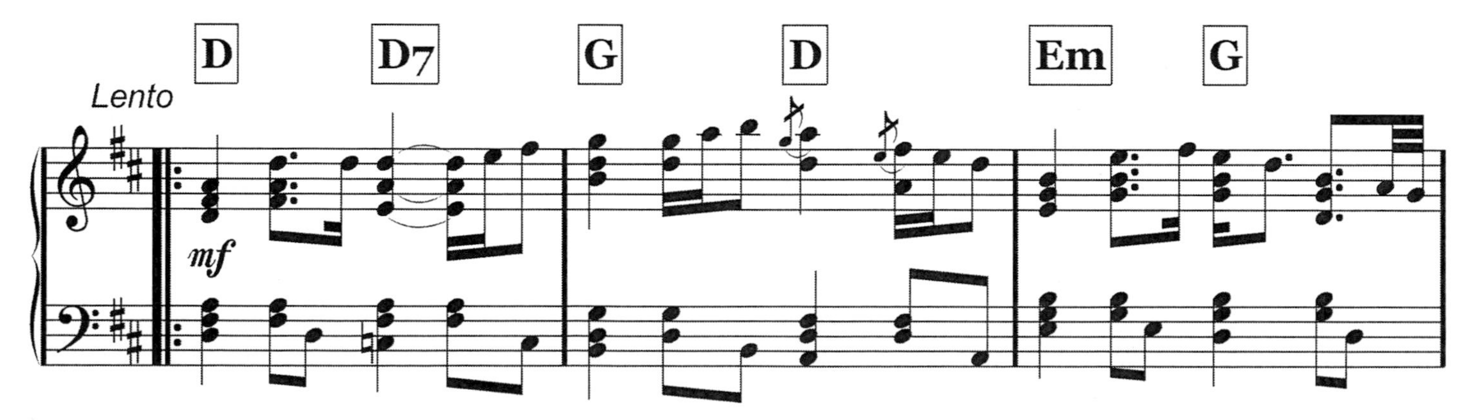
D
D7
G
D
Em
G
Lento
mf

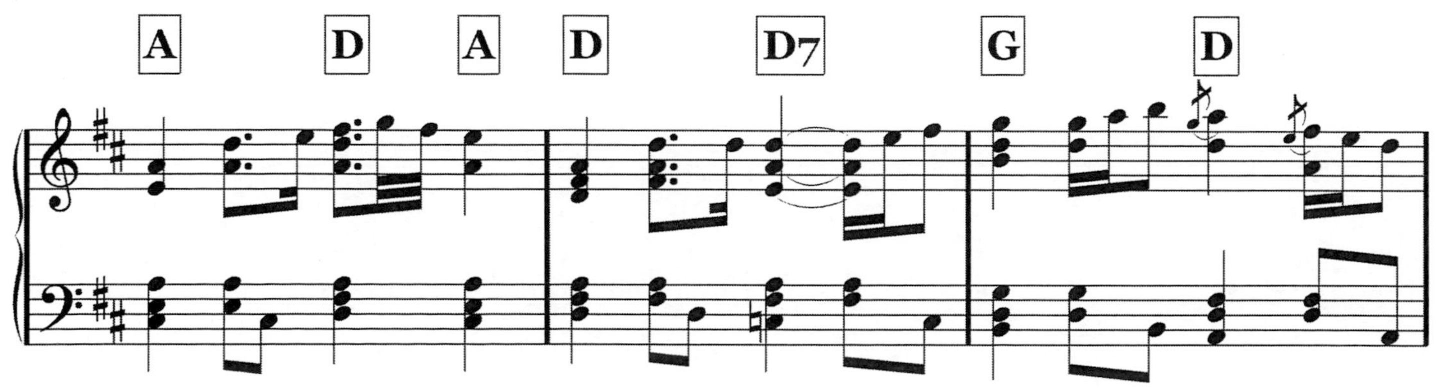
A
D
A
D
D7
G
D

Em
G
A
Bm
A
Em
A

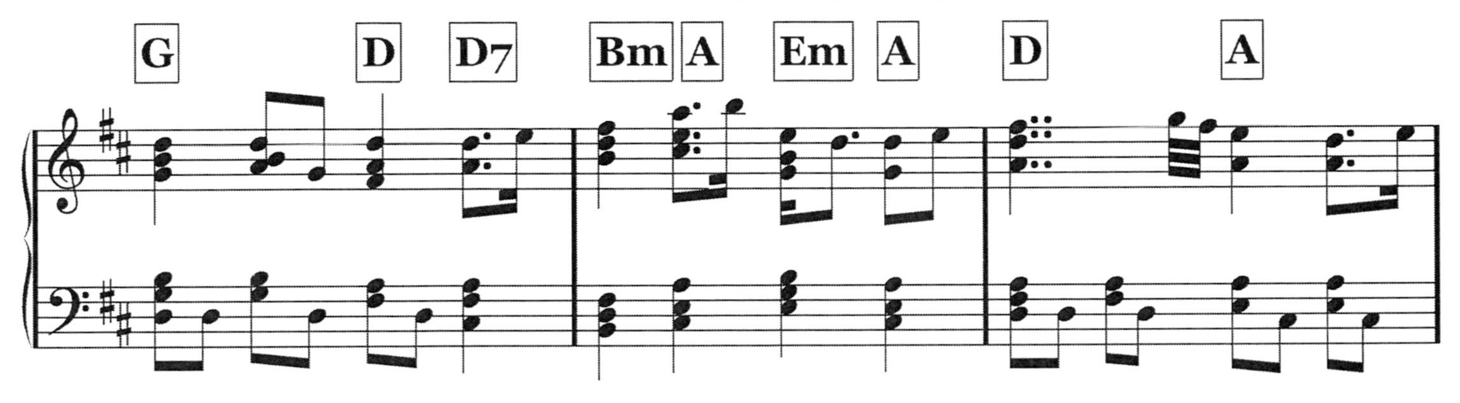
G
D
D7
Bm
A
Em
A
D
A

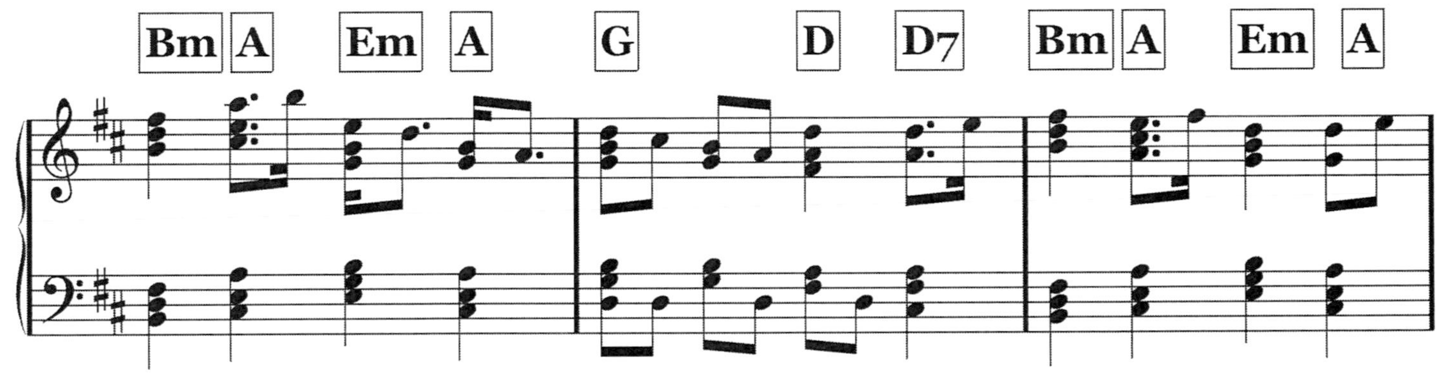
Bm
A
Em
A
G
D
D7
Bm
A
Em
A

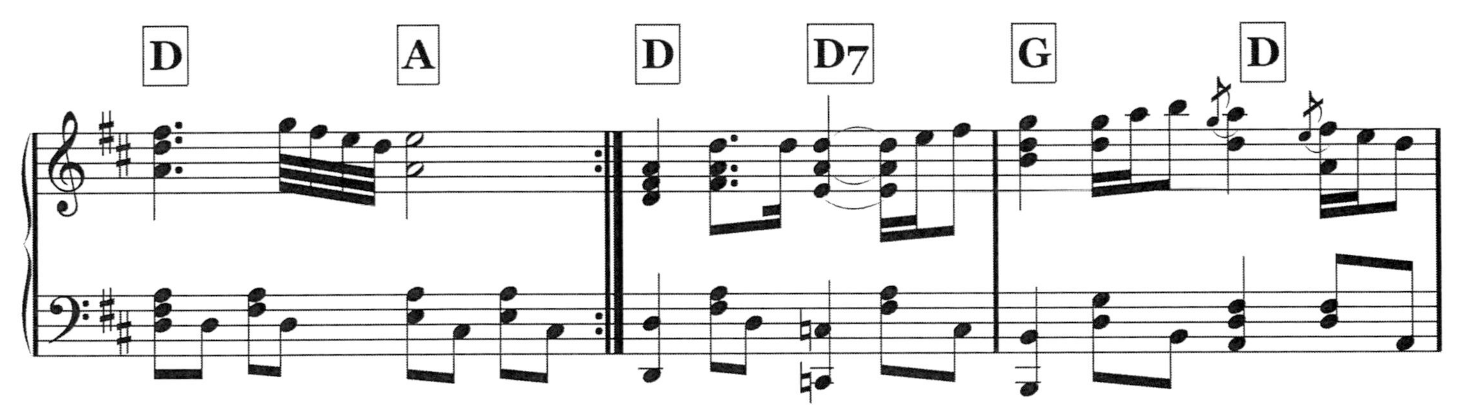
D
A
D
D7
G
D

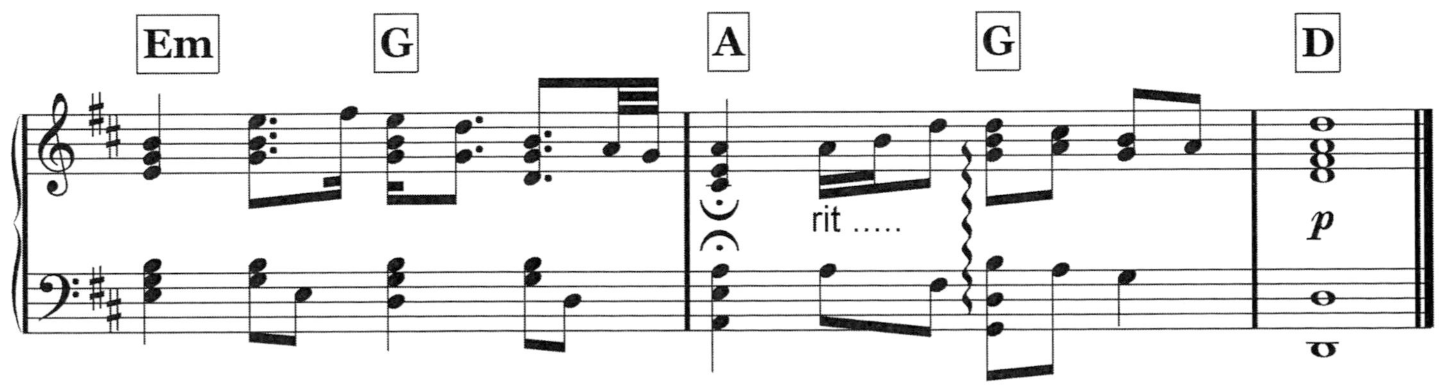
Em
G
A
G
D
rit .....
p

Kiss the Rain

Yiruma

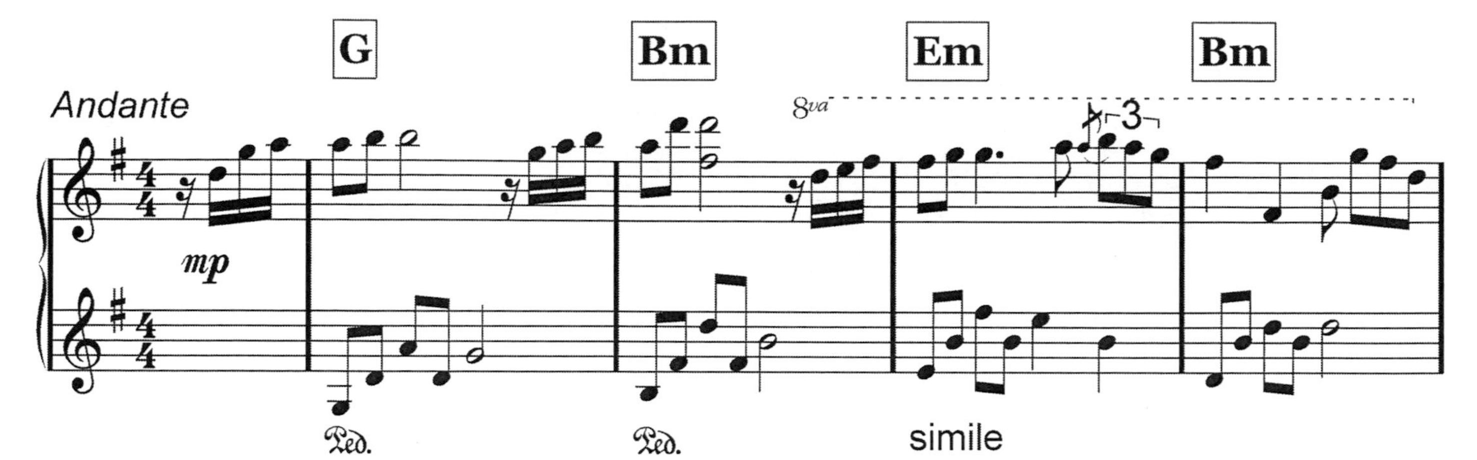

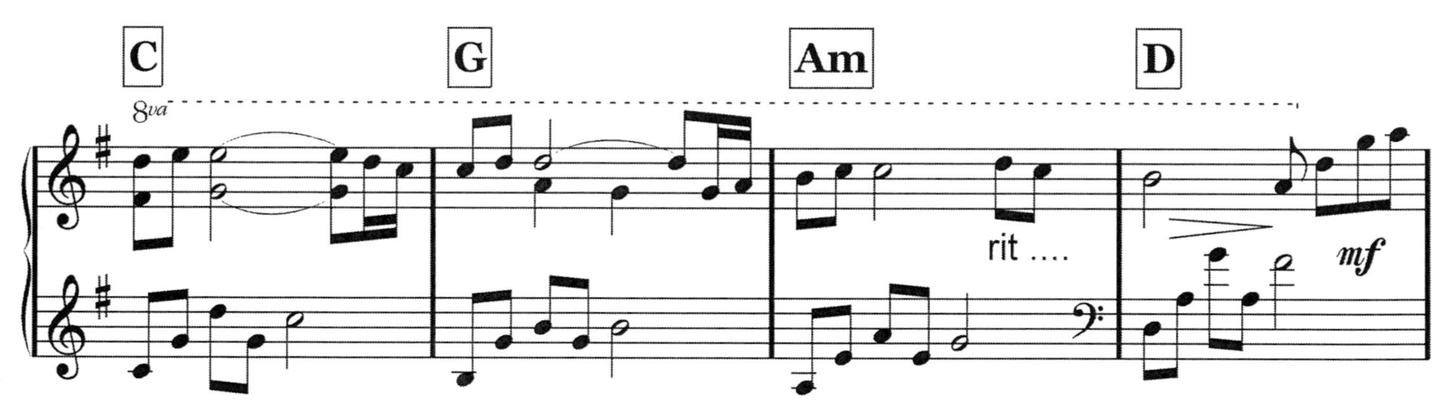

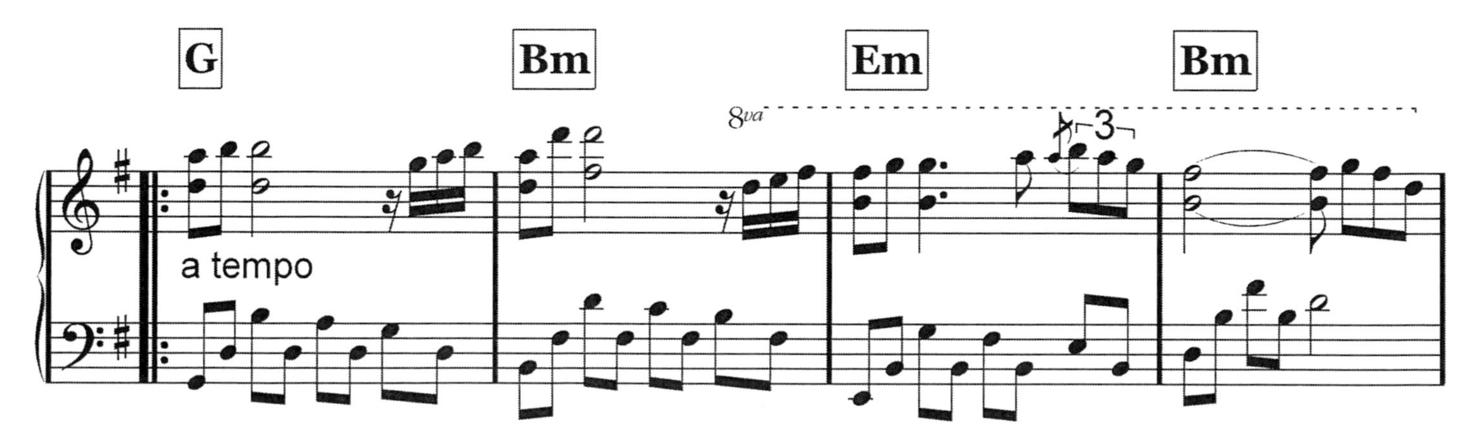

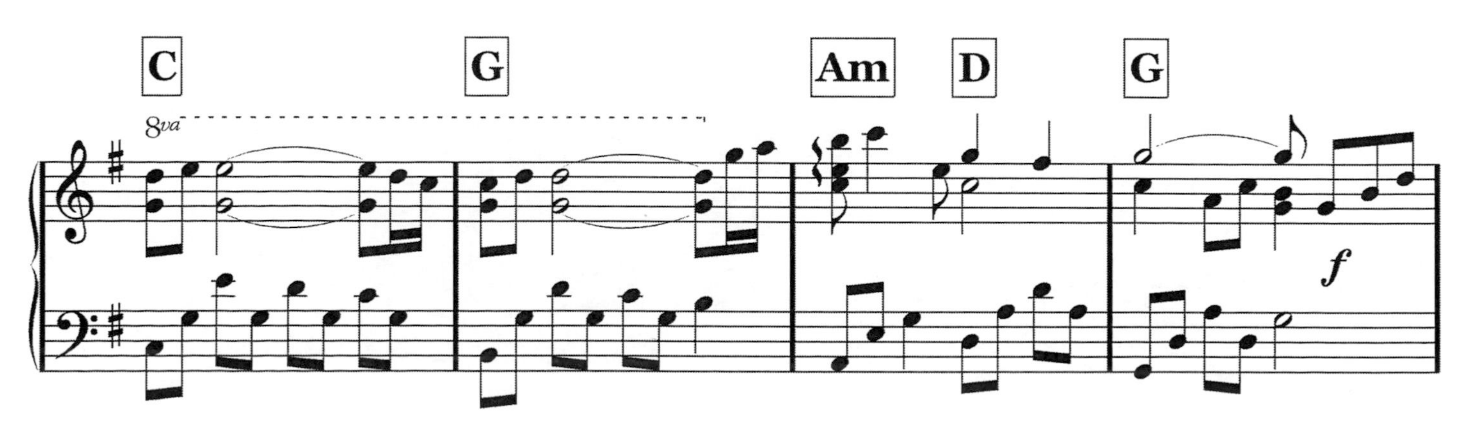

C
G
Am
D
G

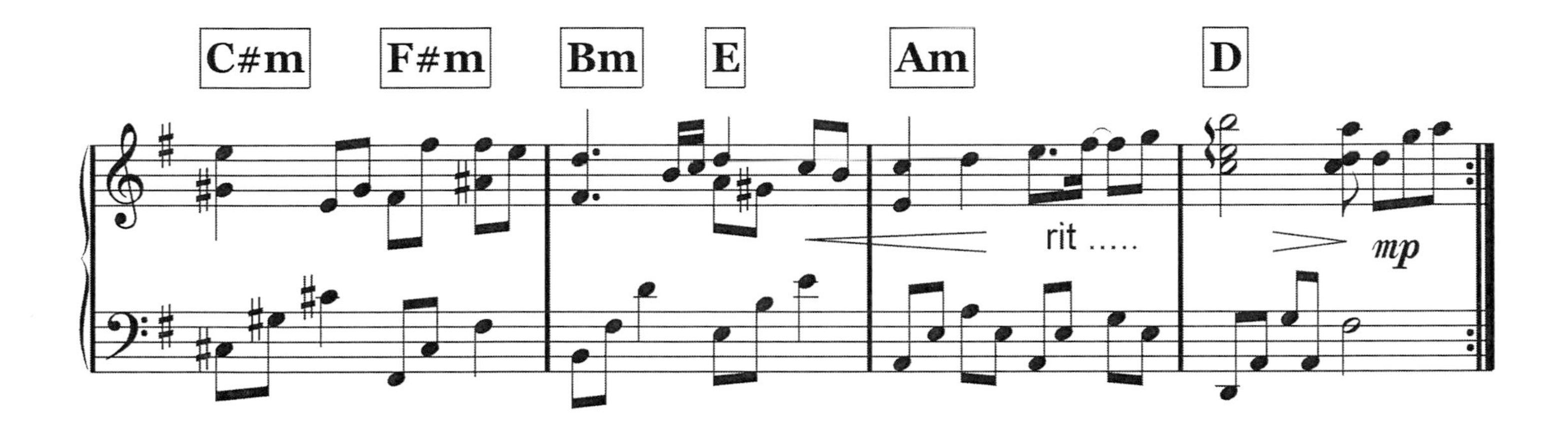
C#m
F#m
Bm
E
Am
D
rit .....
mp

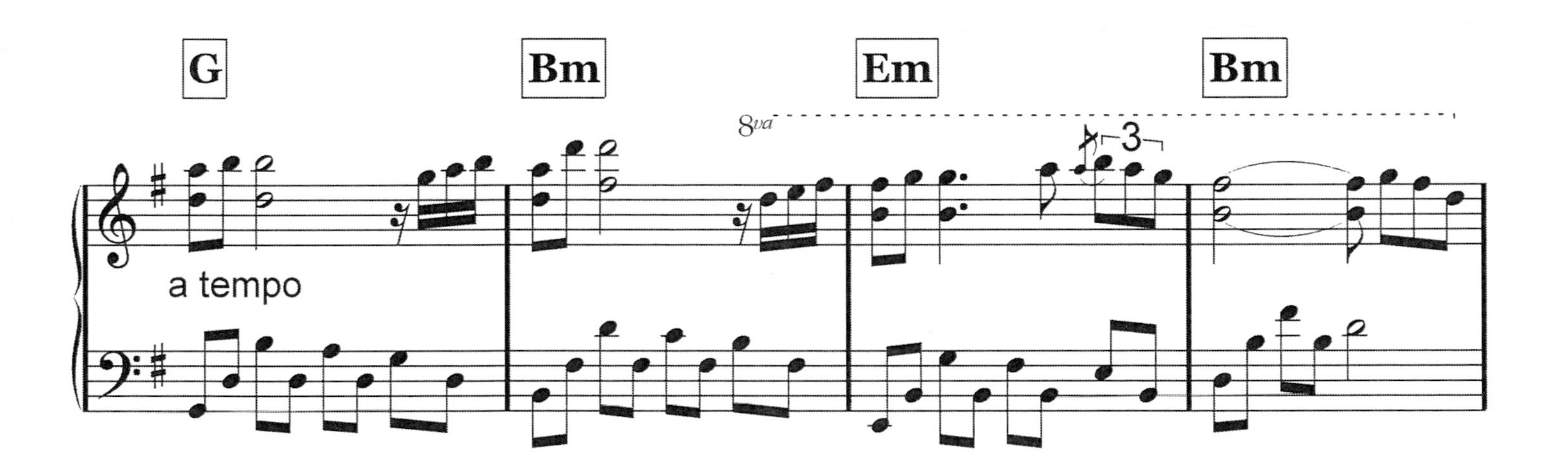
G
Bm
Em
Bm
8va
a tempo
3

C
G
Am
D
G
8va
rit .....

Book of Days

Enya

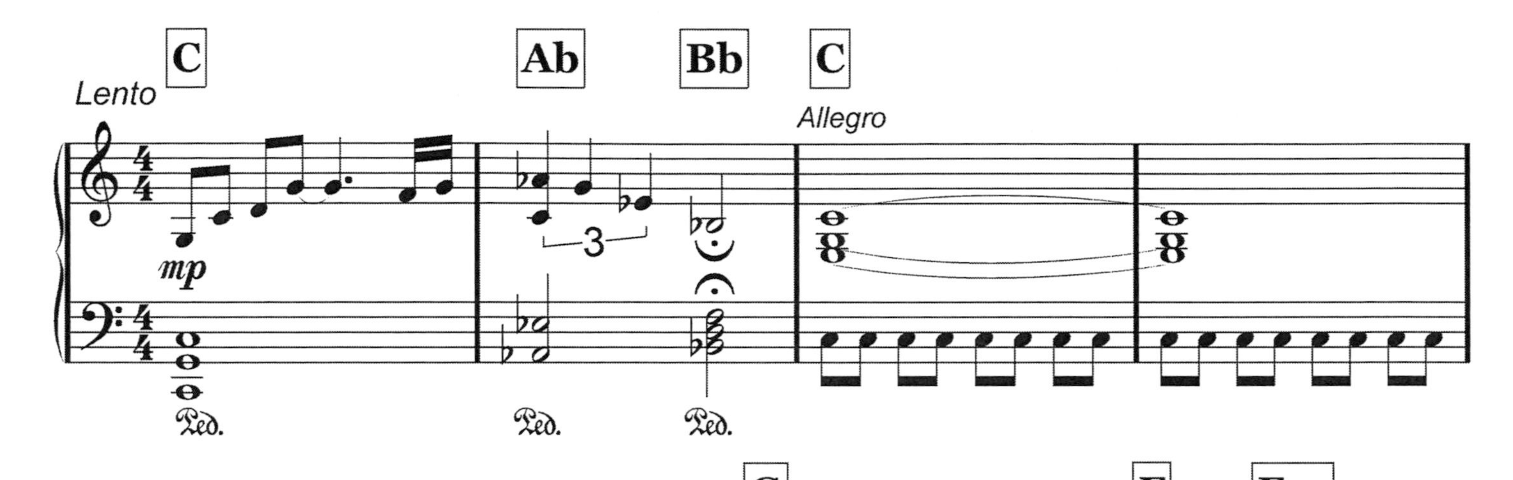

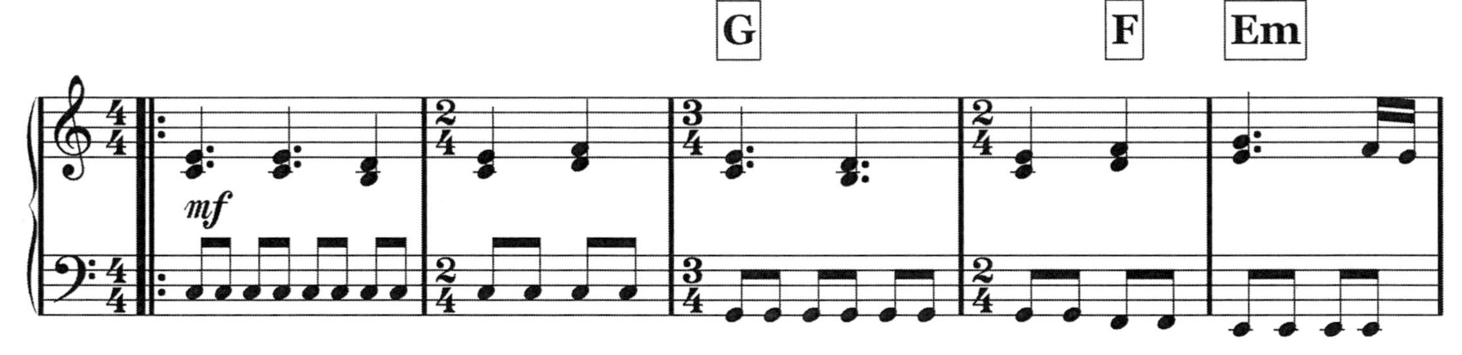

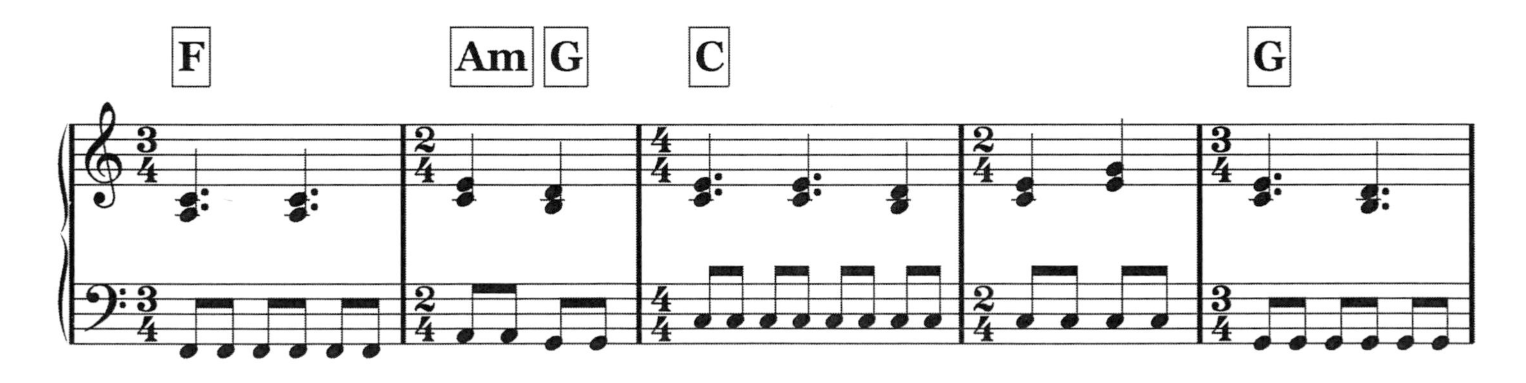

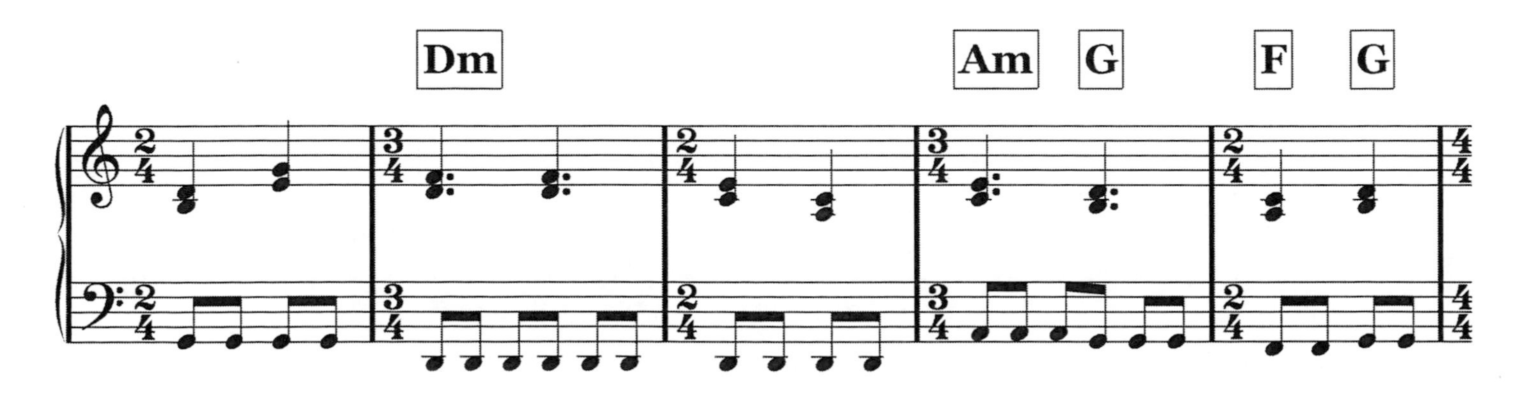

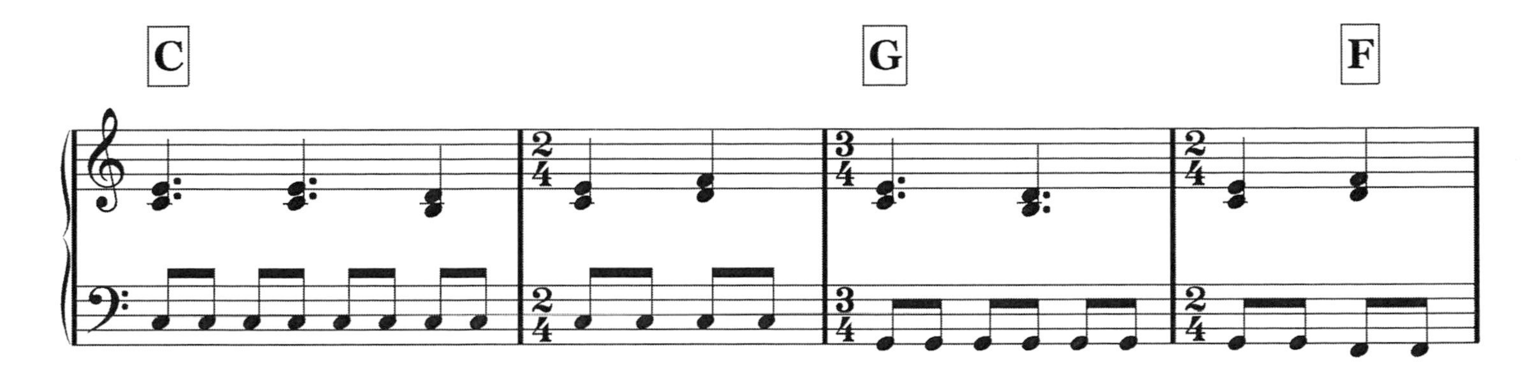
C
G
F

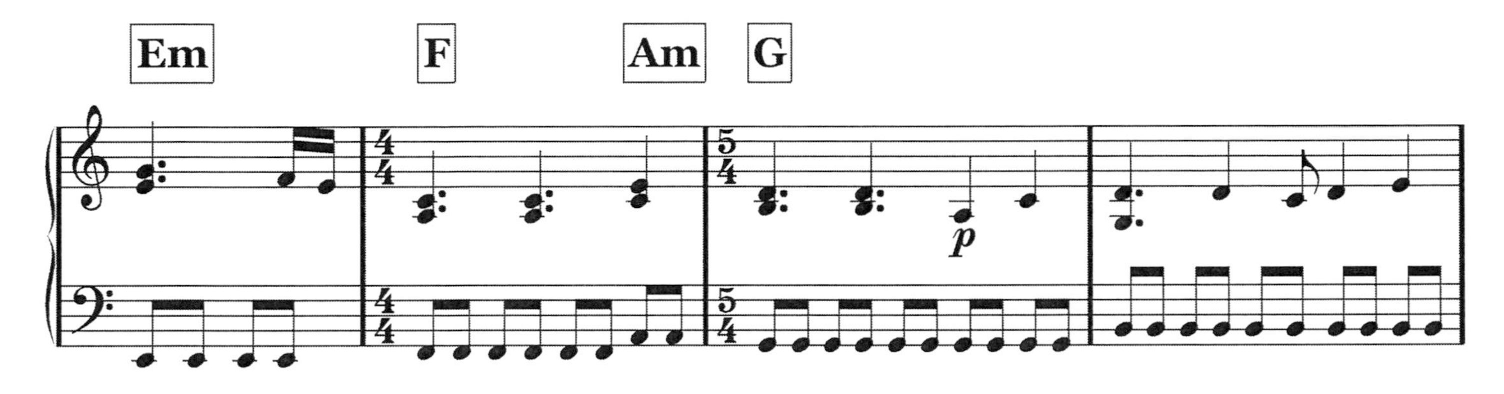
Em
F
Am
G
p

C
G
F
G

C
G
F
G
Am
G

C
Dm
Em
Am
F
Am
G
C
Am
G
C
ff

Perpetuum Mobile

Penguin Cafe Orchestra

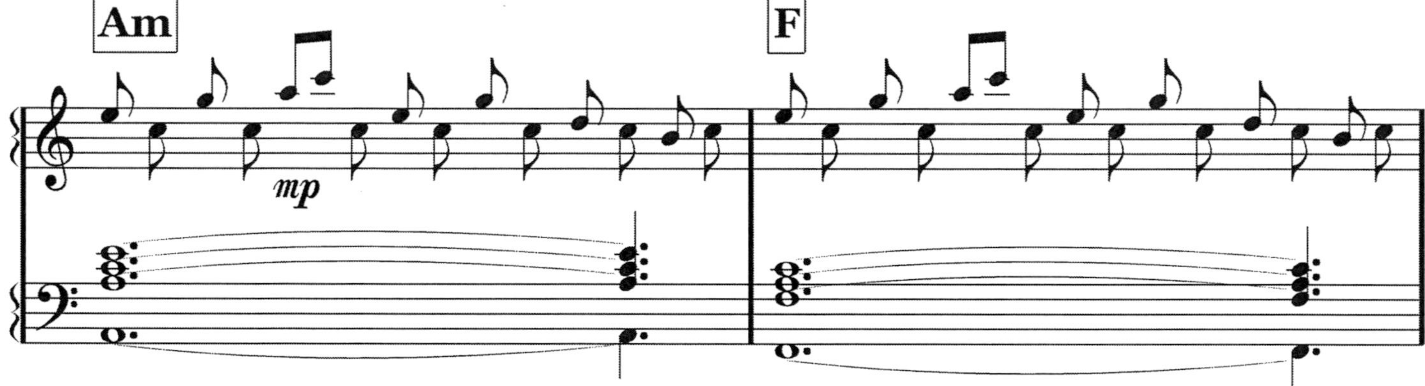

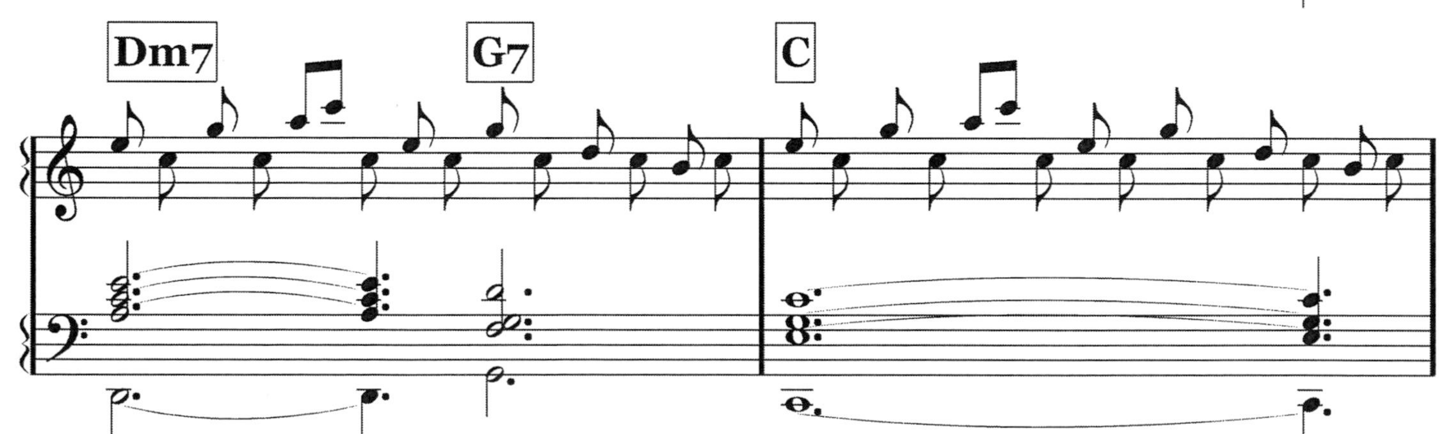

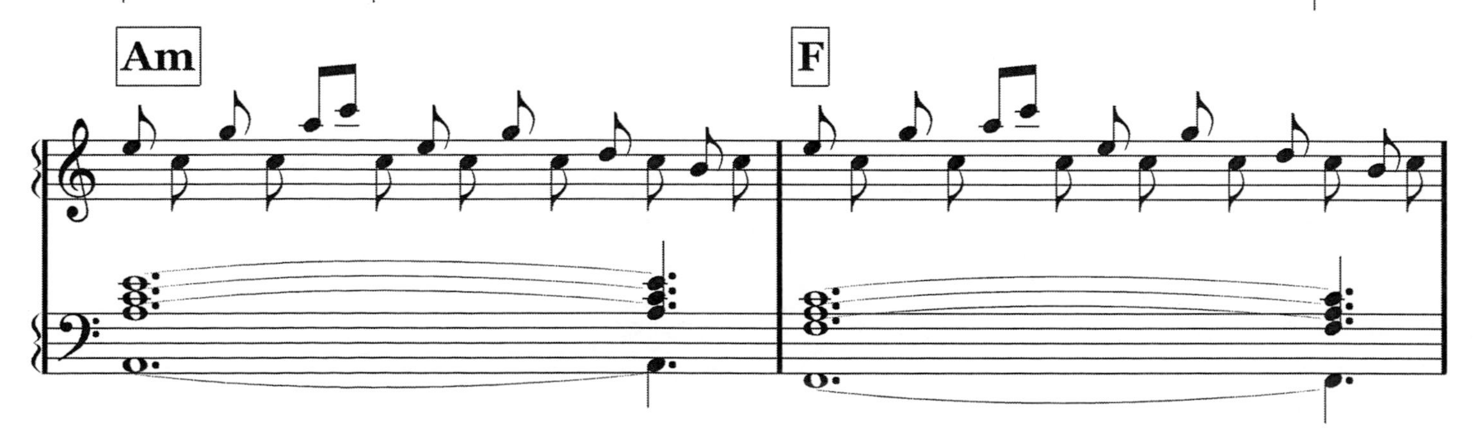

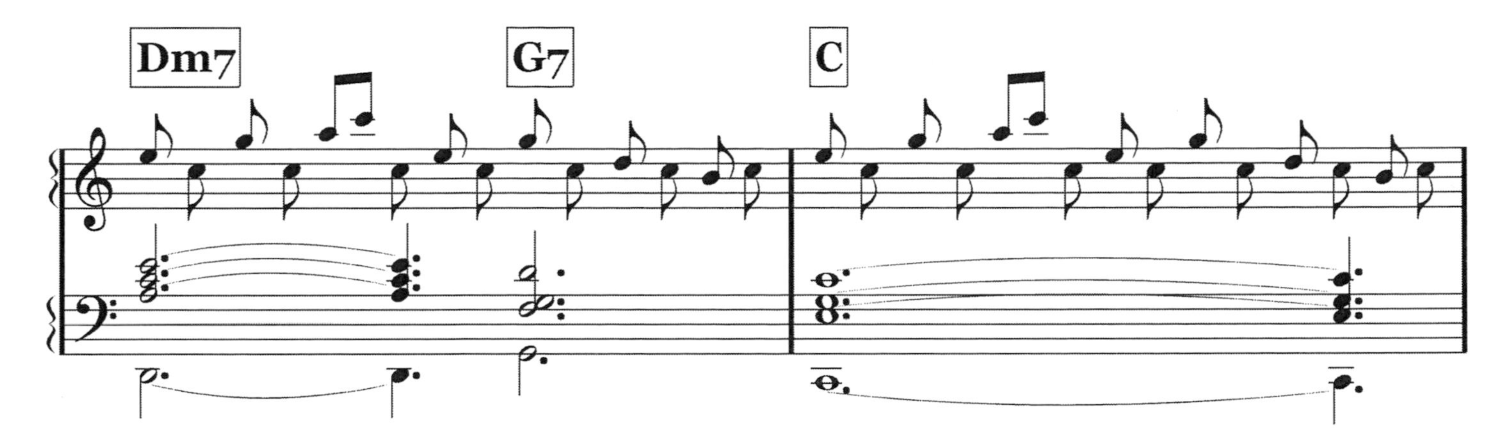
Dm7
G7
C

mf

mf

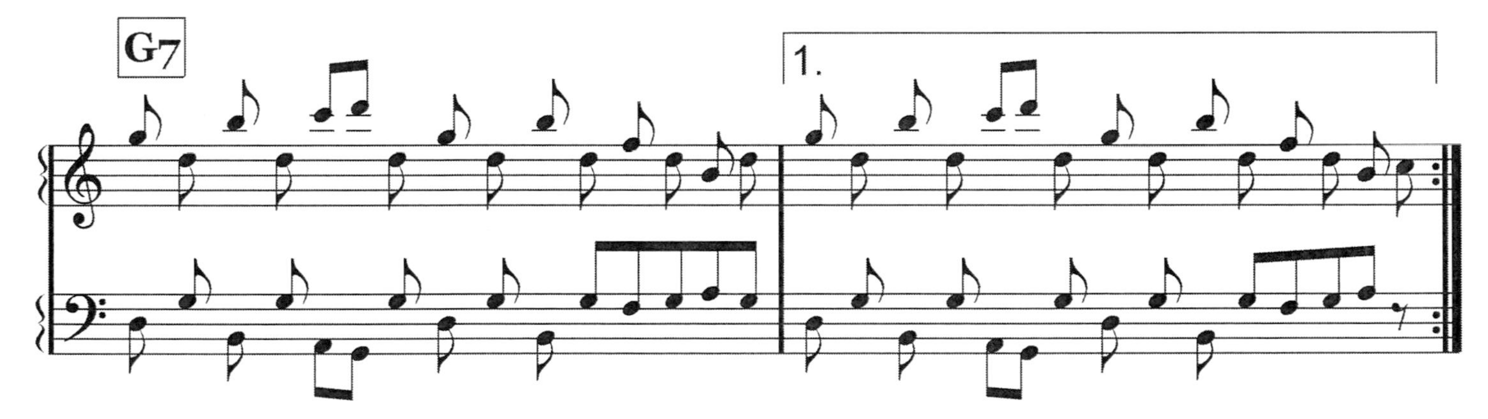
G7
1.

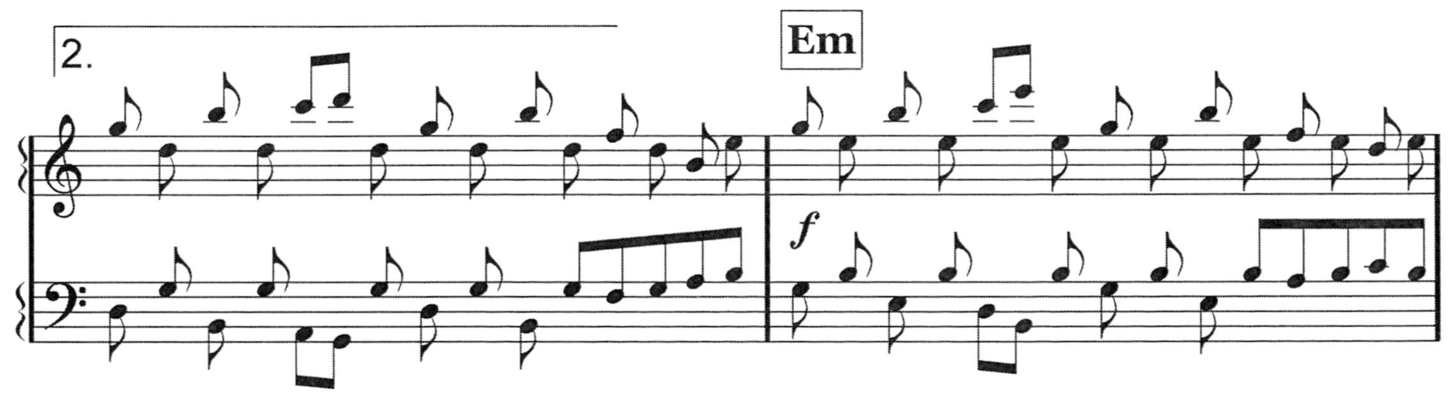
2.
Em
f

F

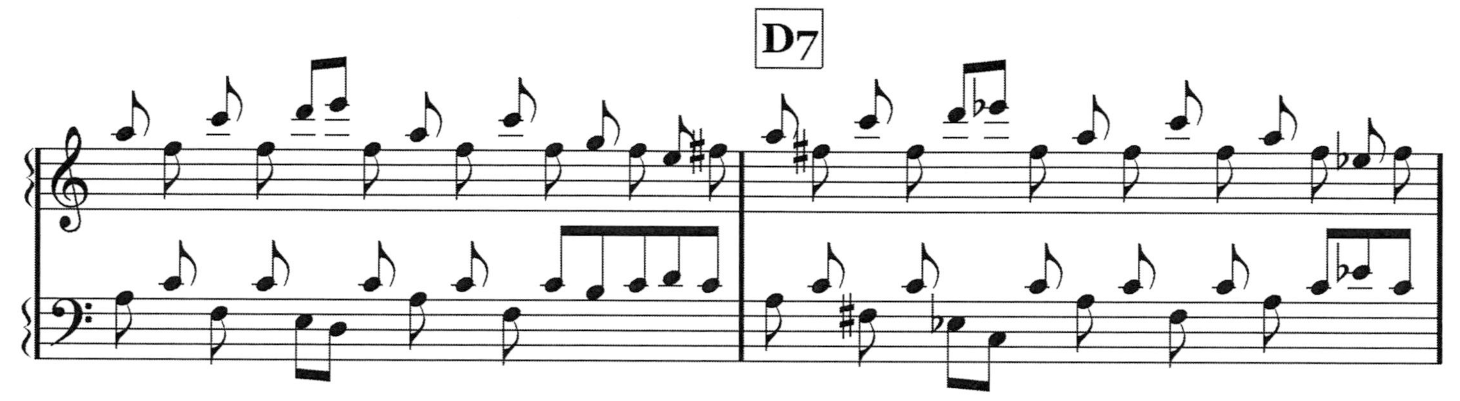
D7

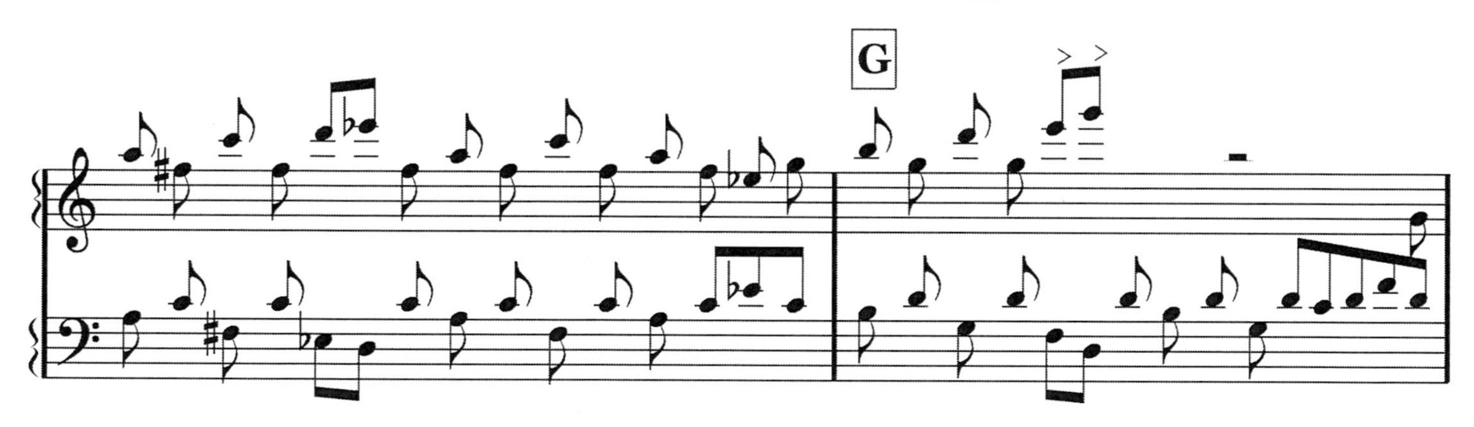
G

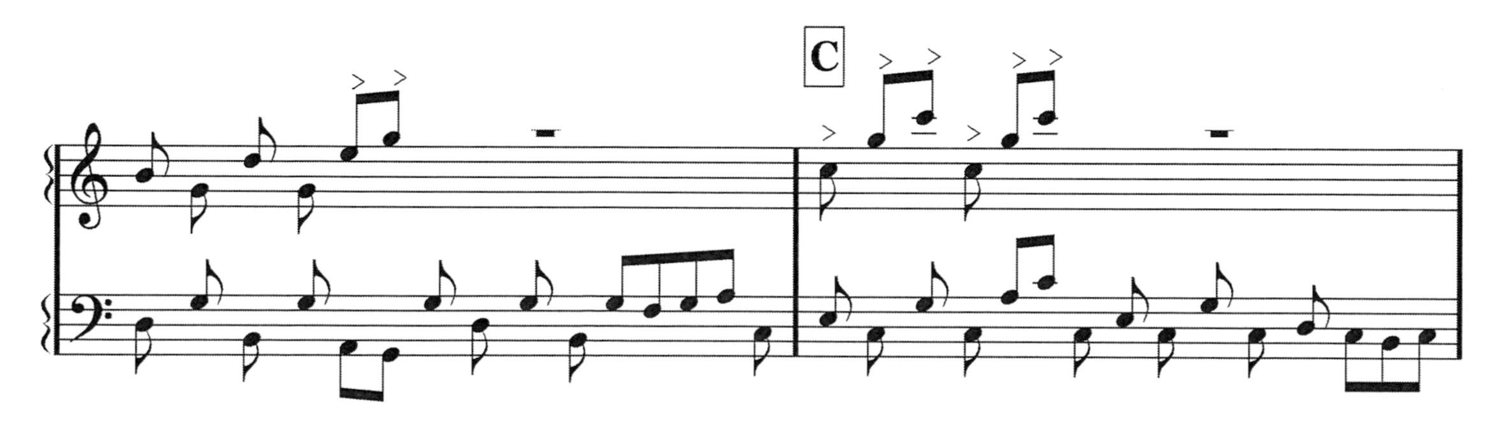
C

mf

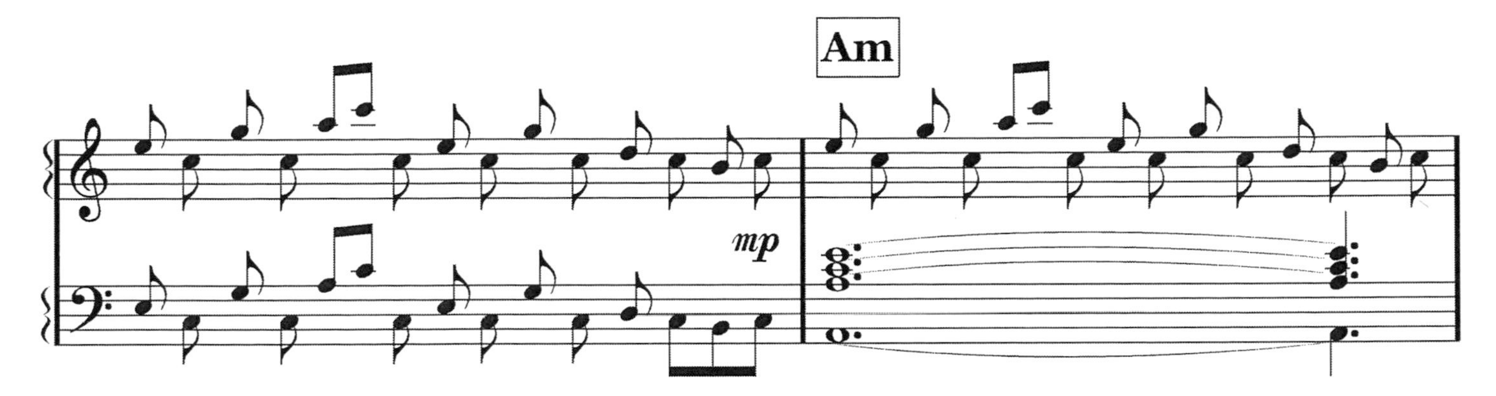
Am
mp

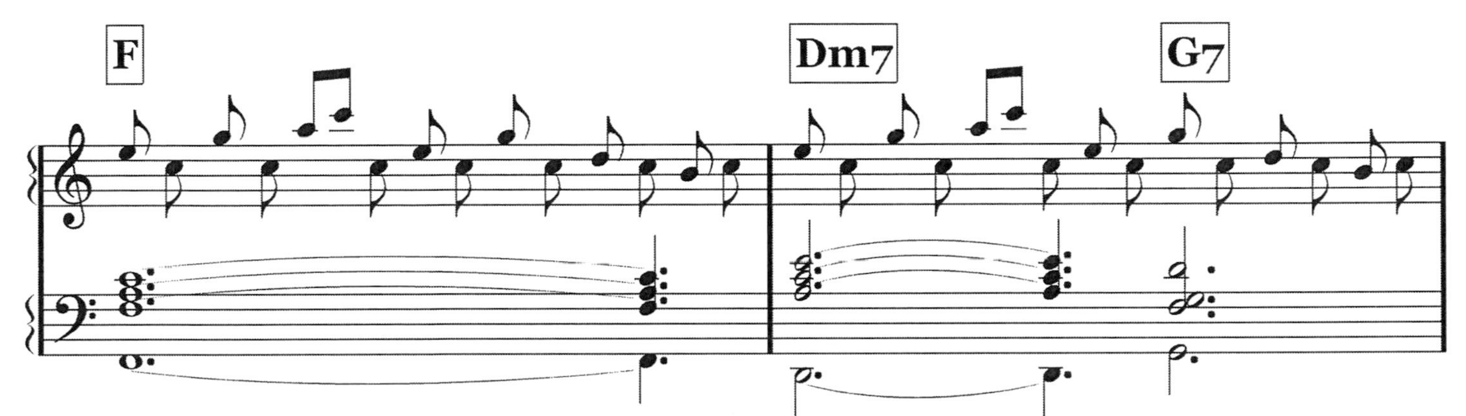
F
Dm7
G7

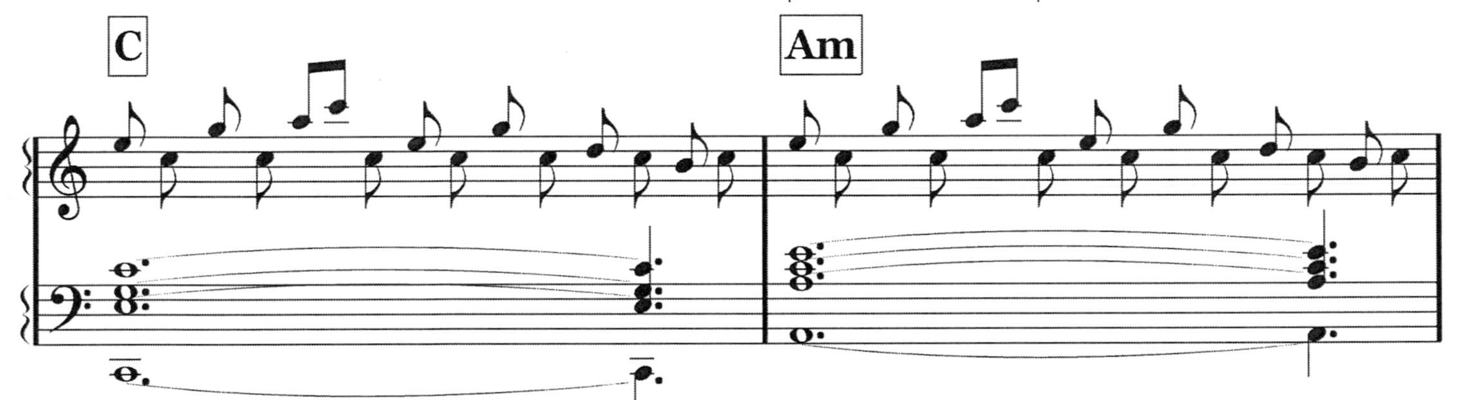
C
Am

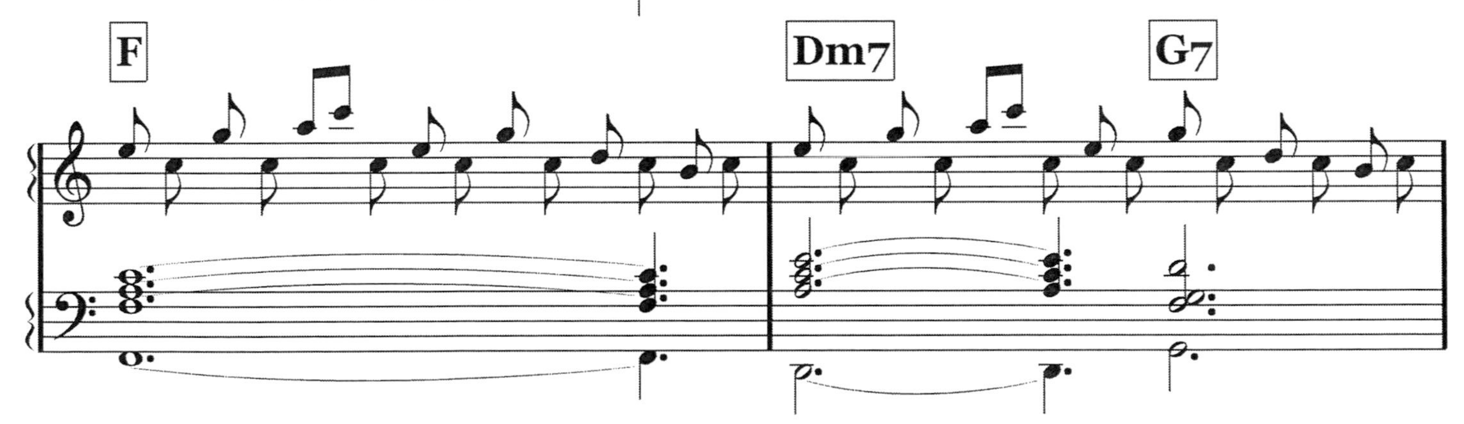
F
Dm7
G7

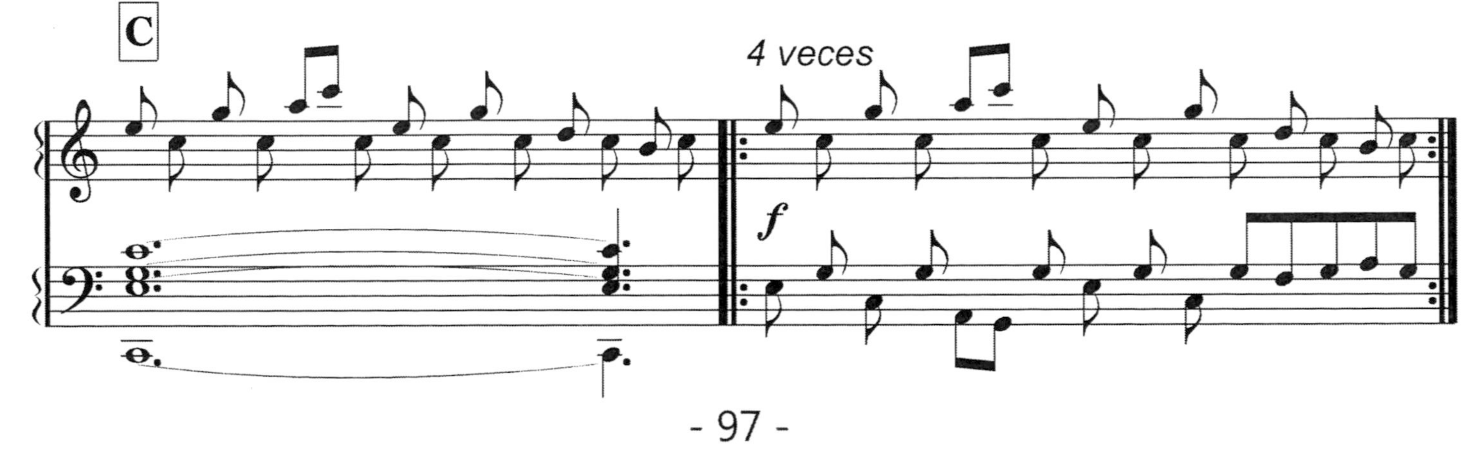
C
4 veces
f

Anthem

Suzanne Ciani

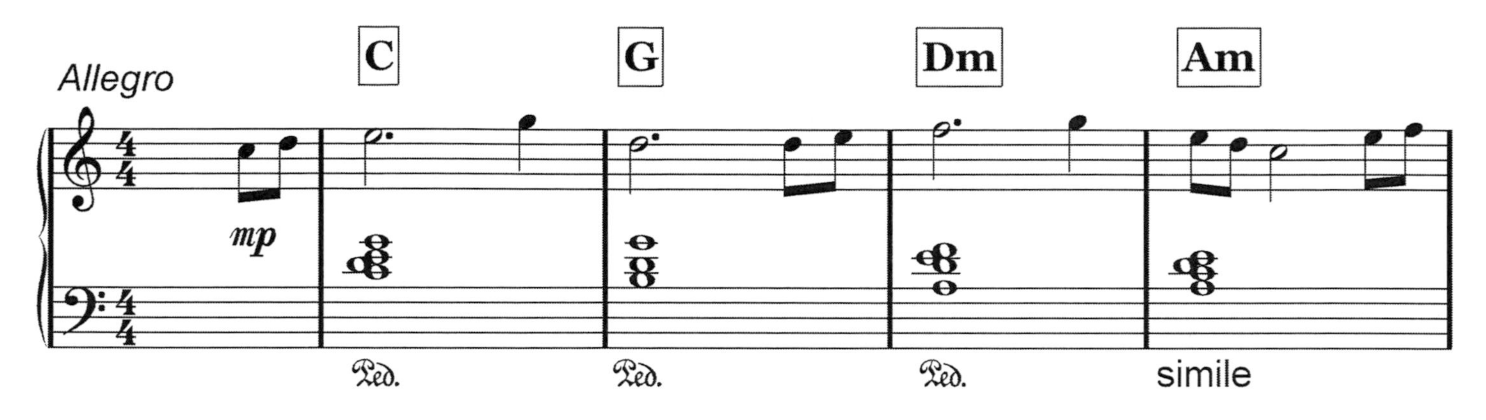

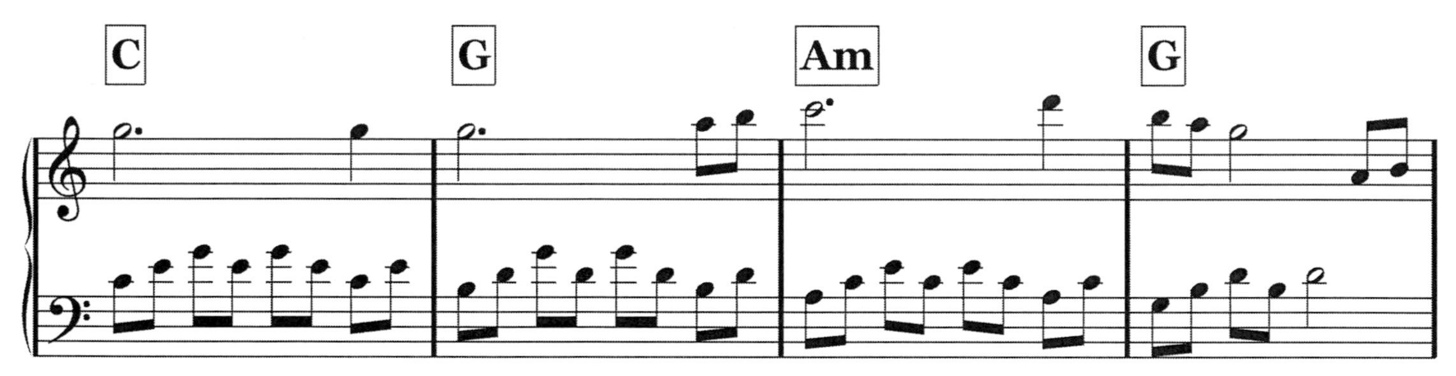

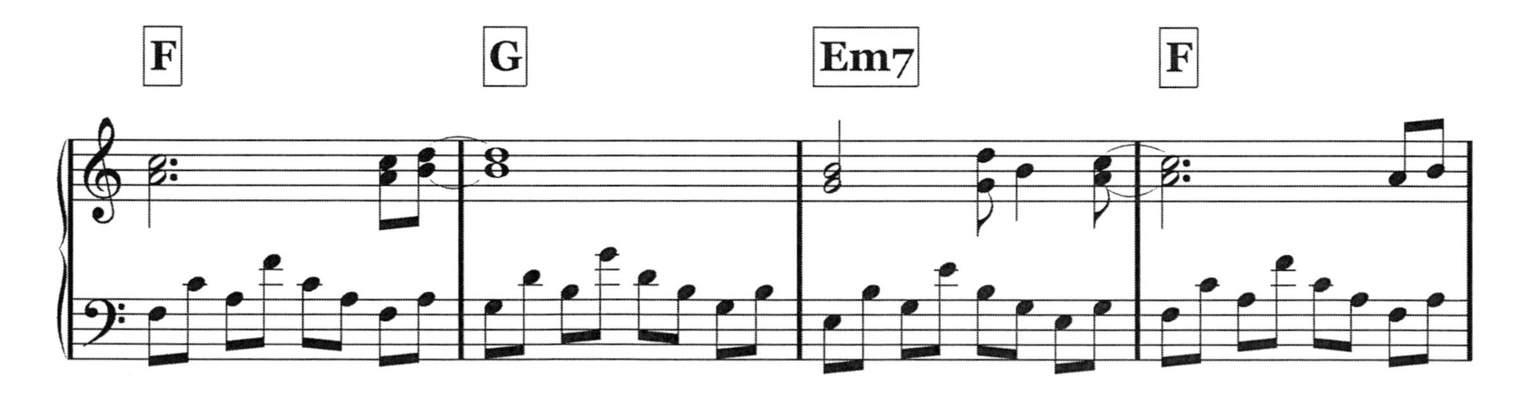

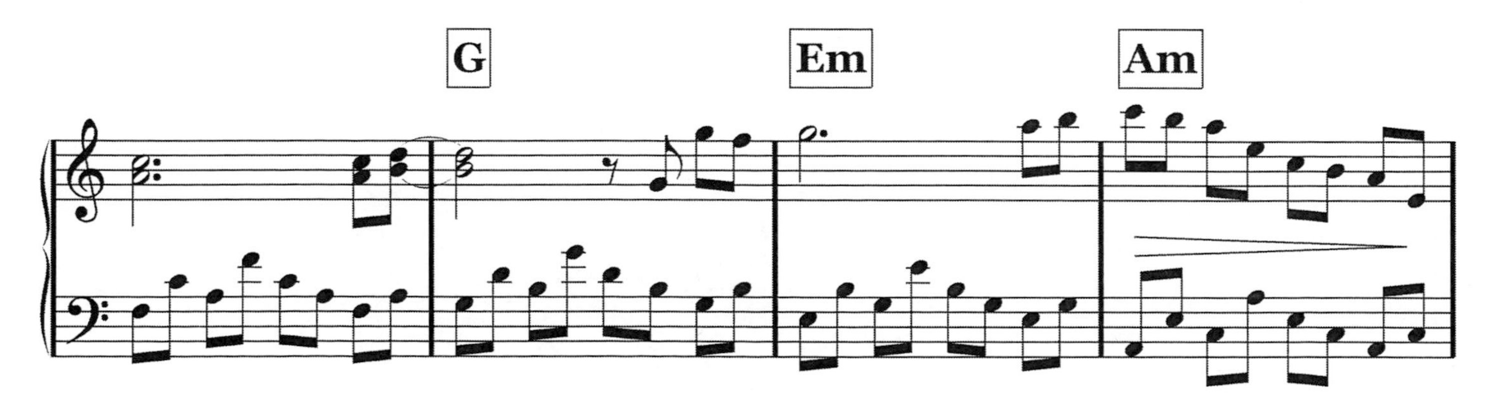

G
dim.....
rit .....
mf

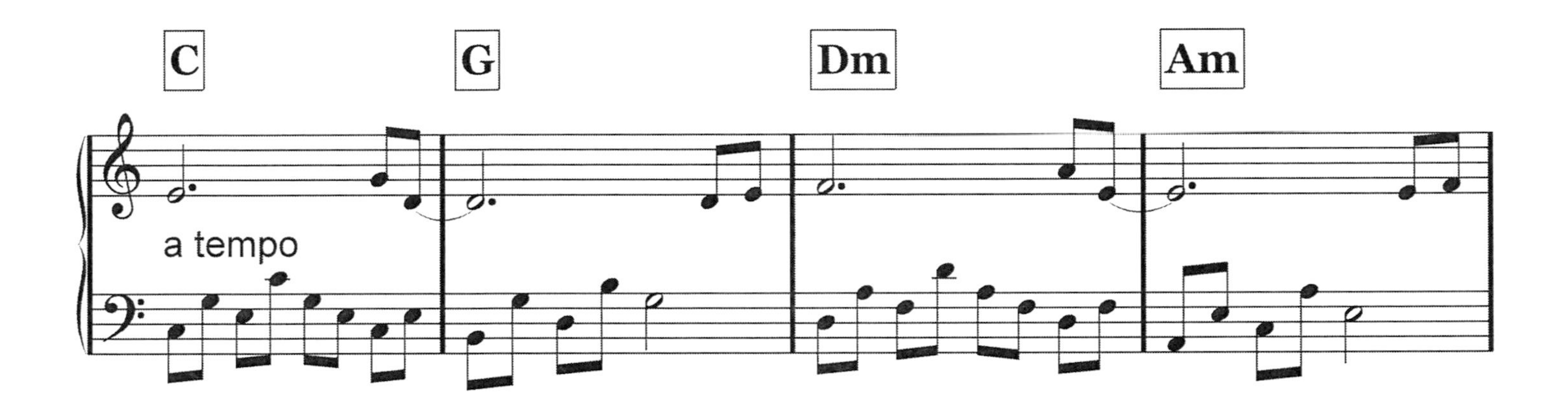
C
G
Dm
Am
a tempo

C
G
Am
G

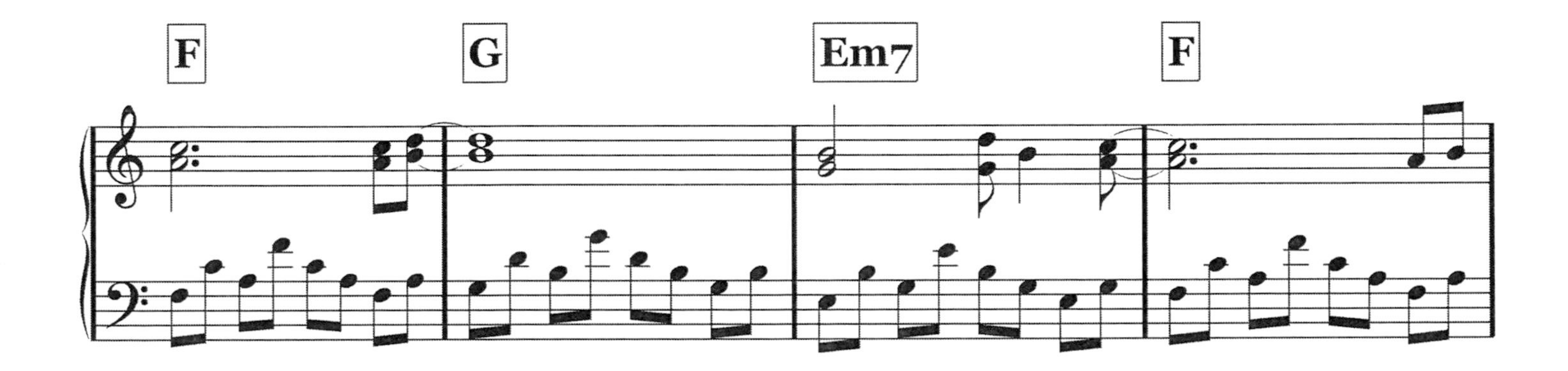
F
G
Em7
F

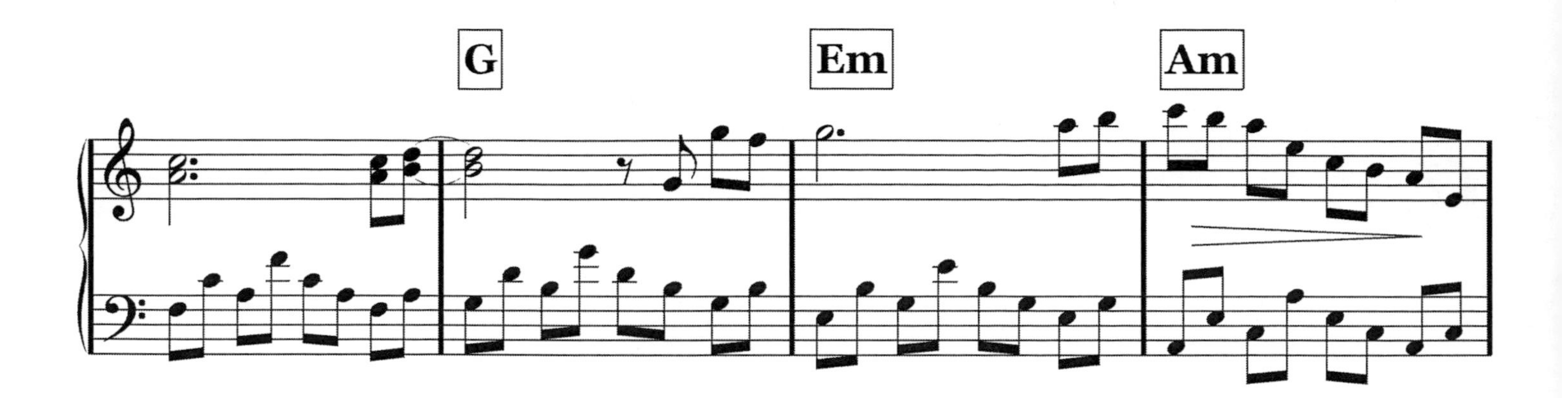
G
Em
Am

G
cresc.
rit .....
mp

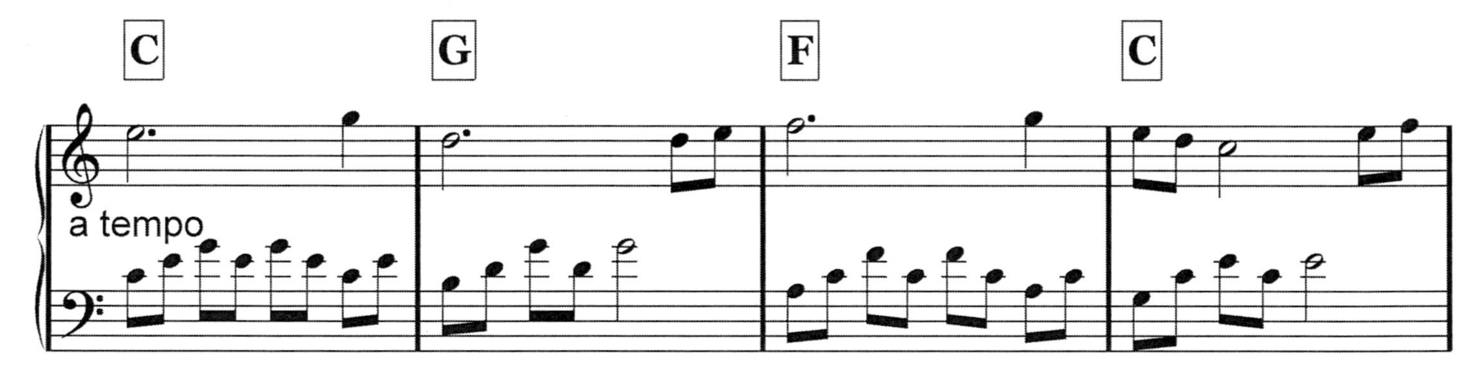
C
G
F
C
a tempo

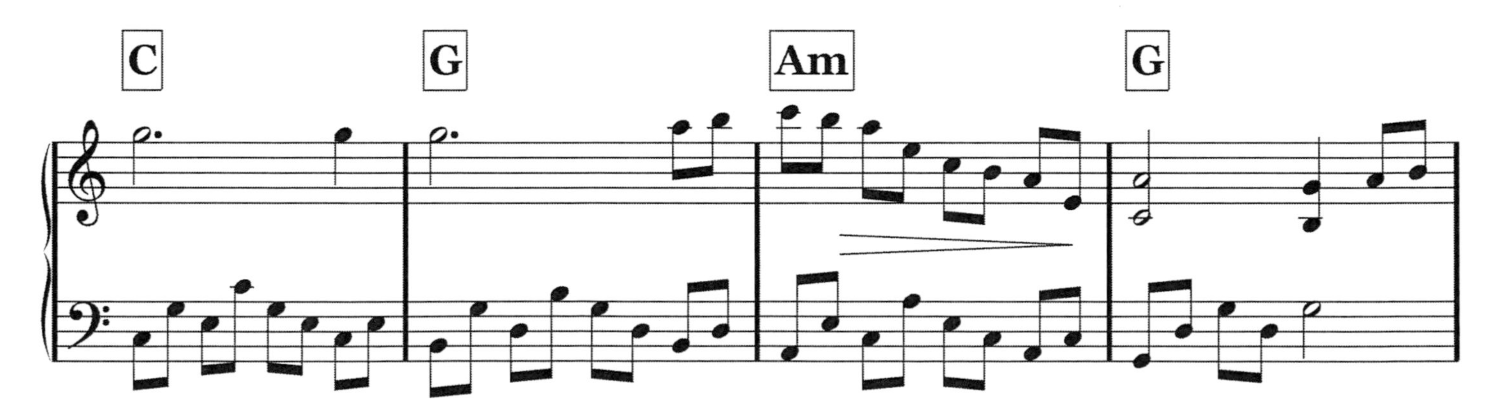
C
G
Am
G

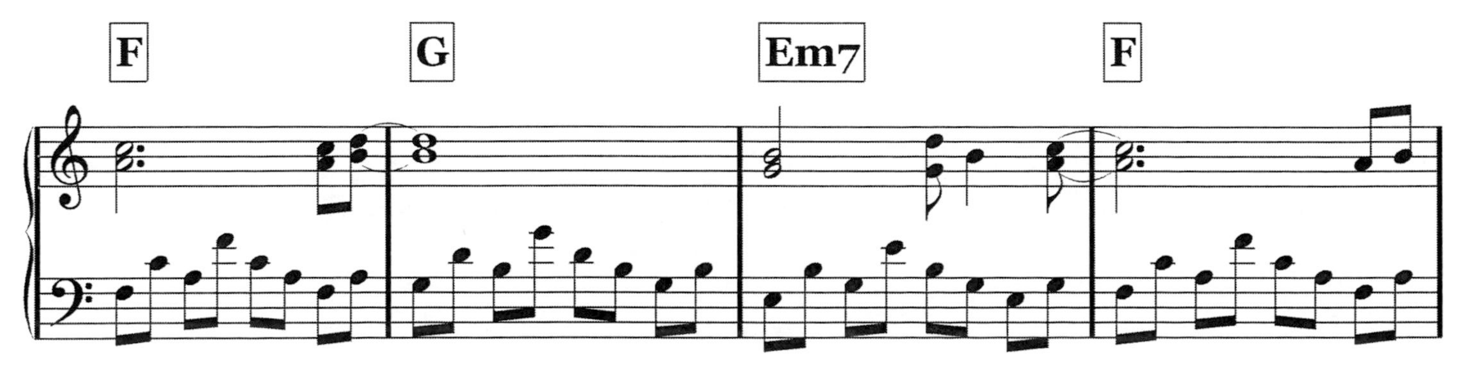
F
G
Em7
F

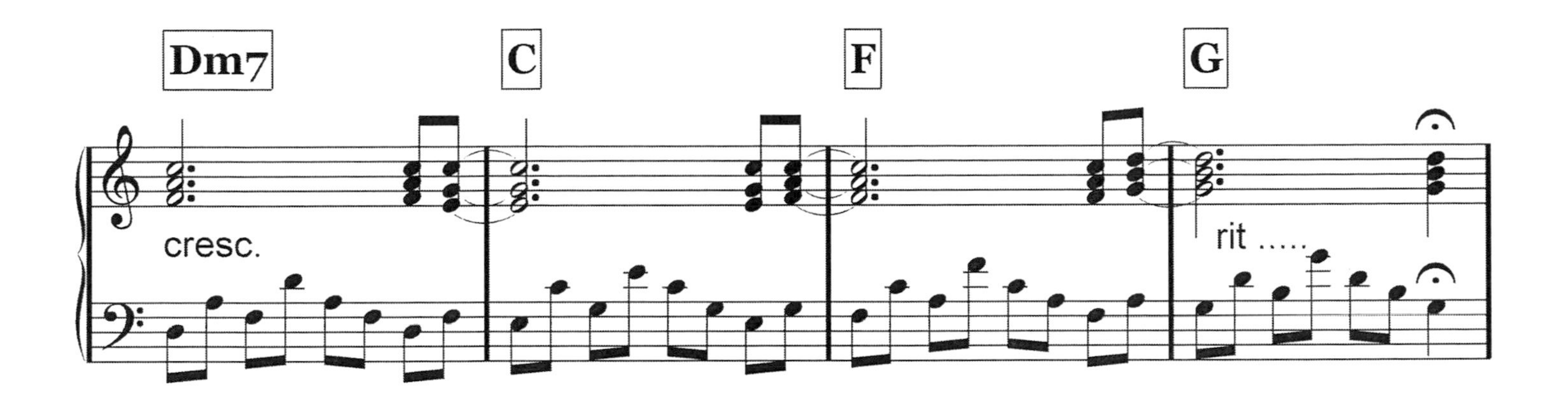
Dm7
C
F
G
cresc.
rit .....

Asus4
Am
Gsus4
G
f a tempo
rit .....

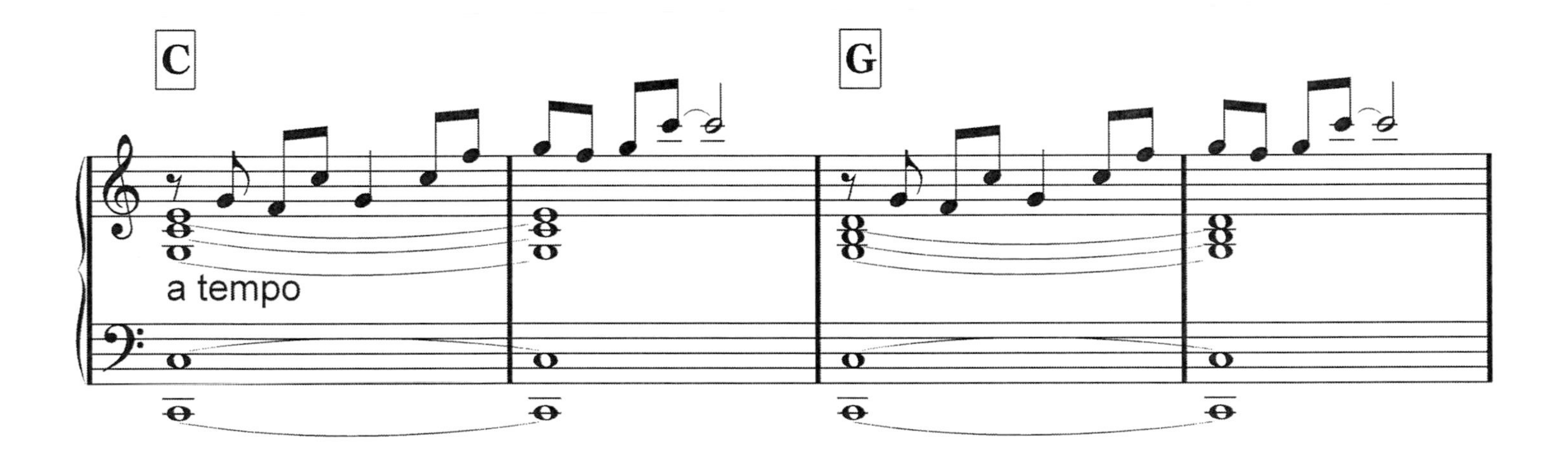
C
G
a tempo

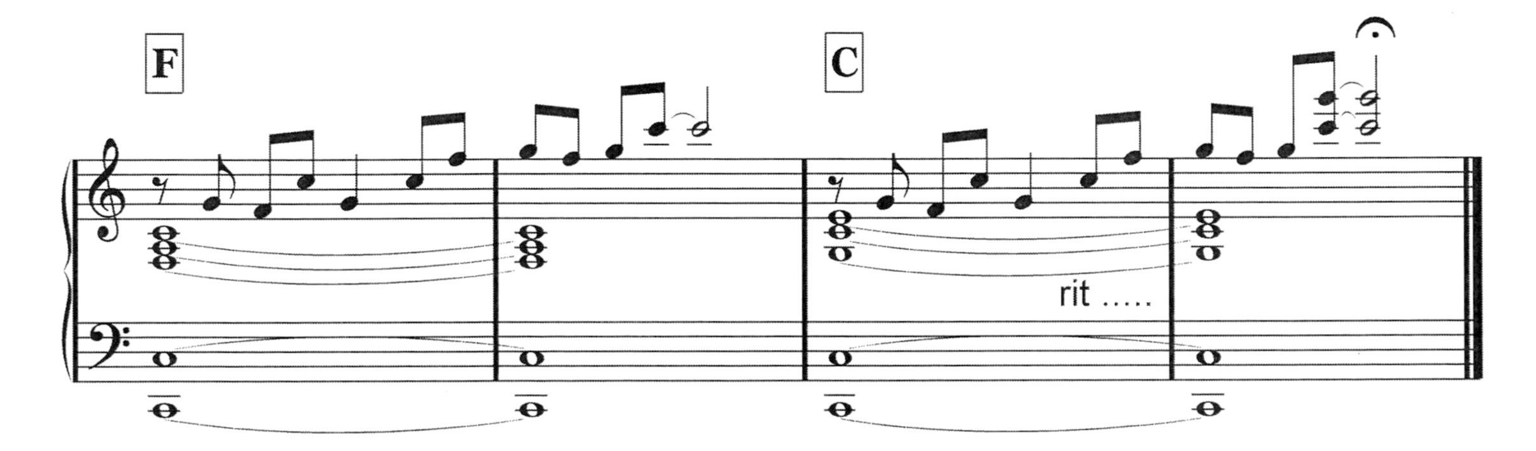
F
C
rit .....

Maximizing the Audience

Wim Mertens

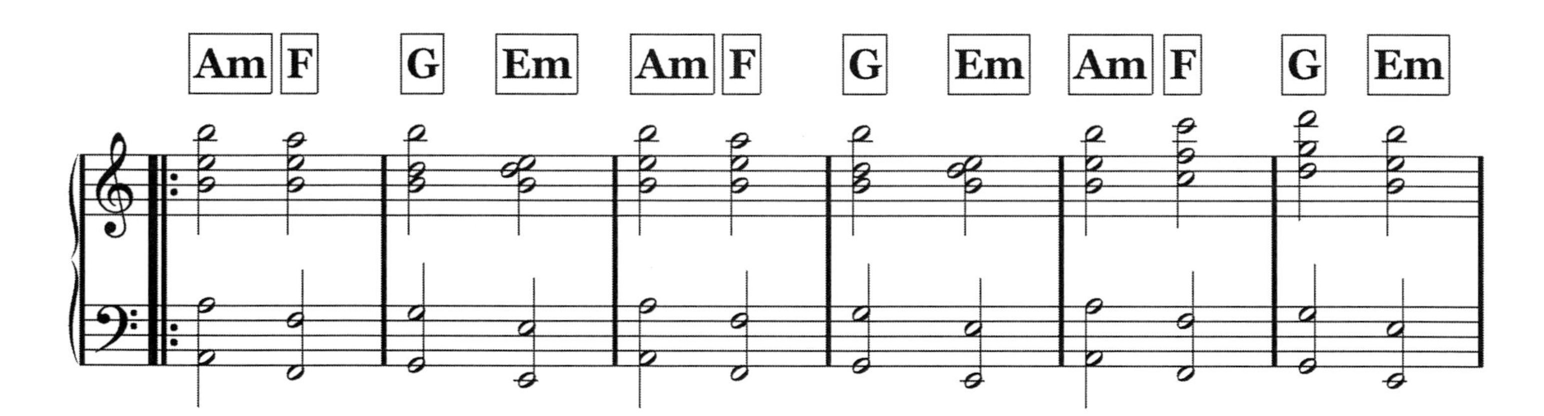

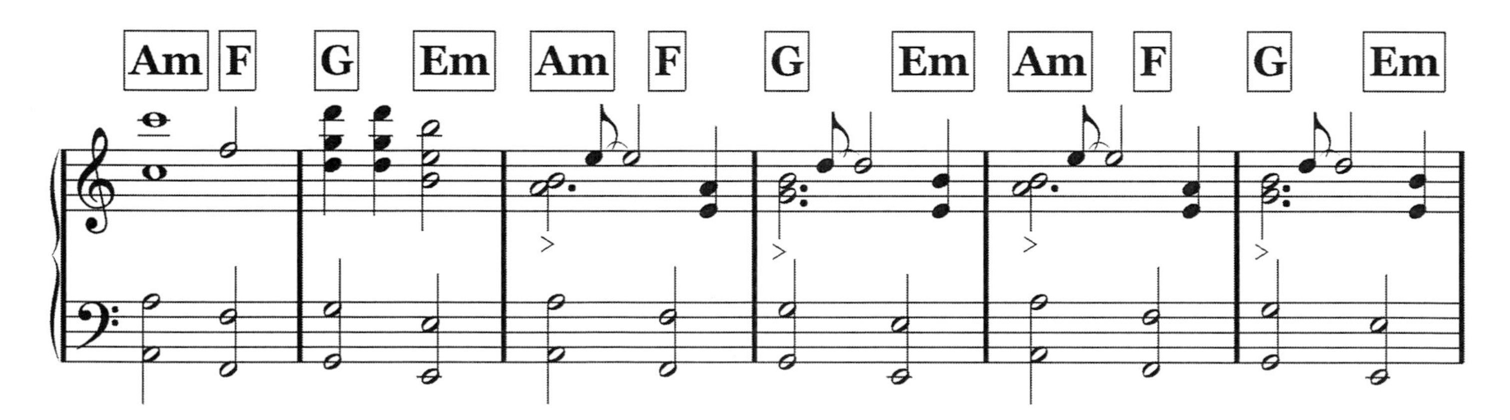

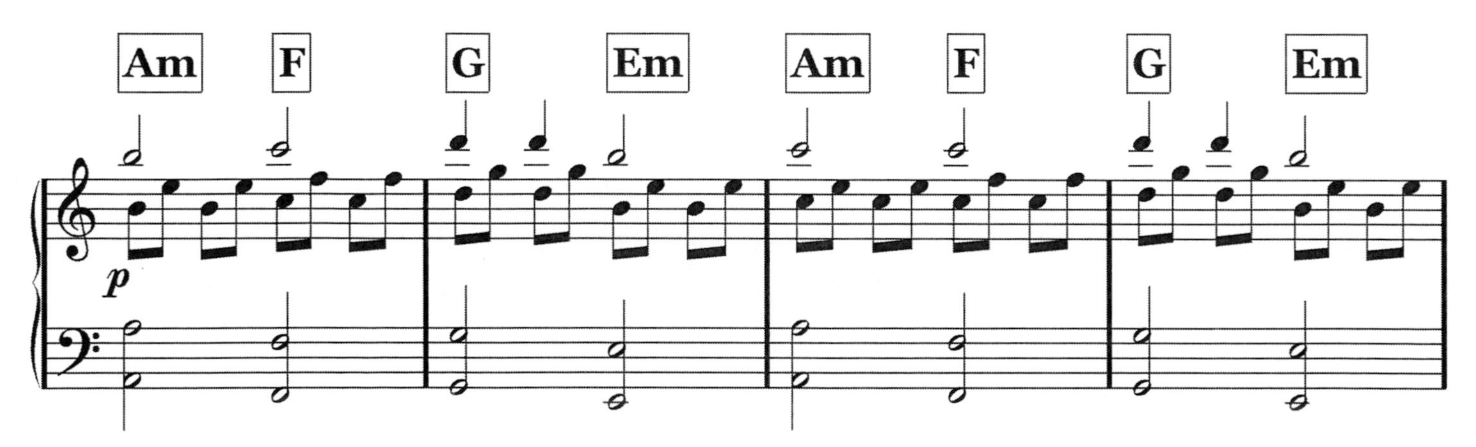

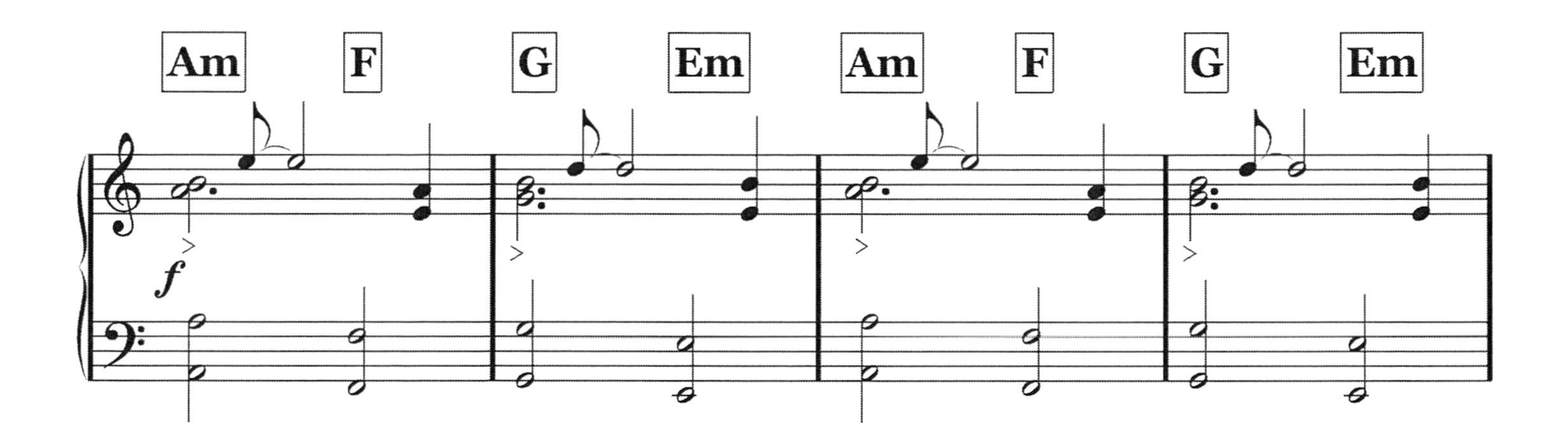
Am
F
G
Em
Am
F
G
Em
f

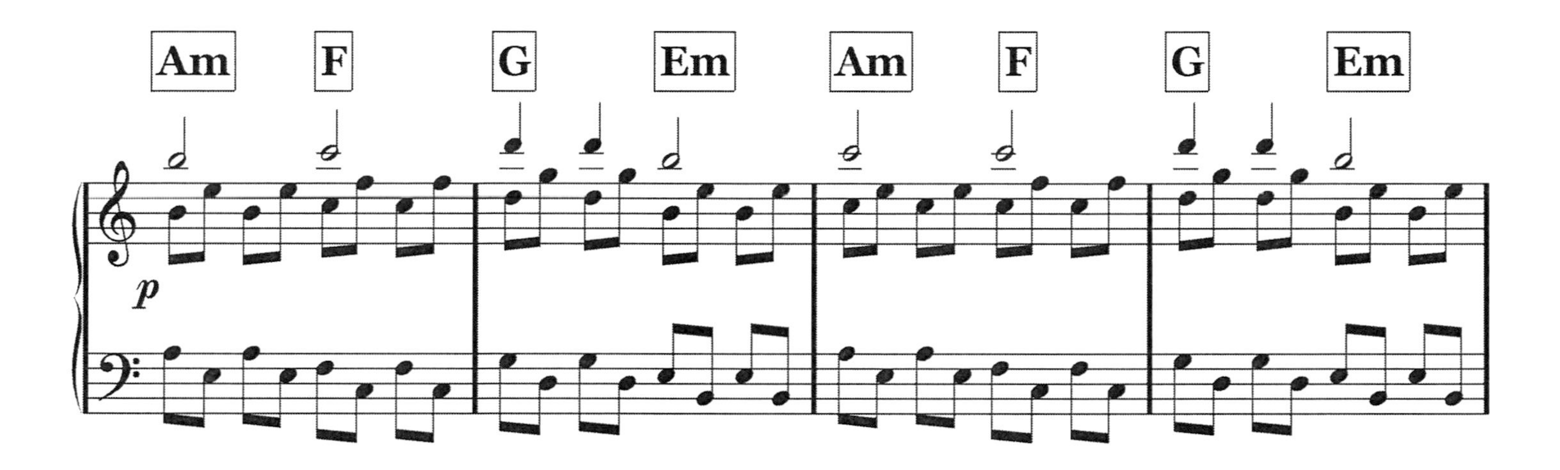
Am
F
G
Em
Am
F
G
Em
p

Am
F
G
Em
Am
F
G
Em
ff

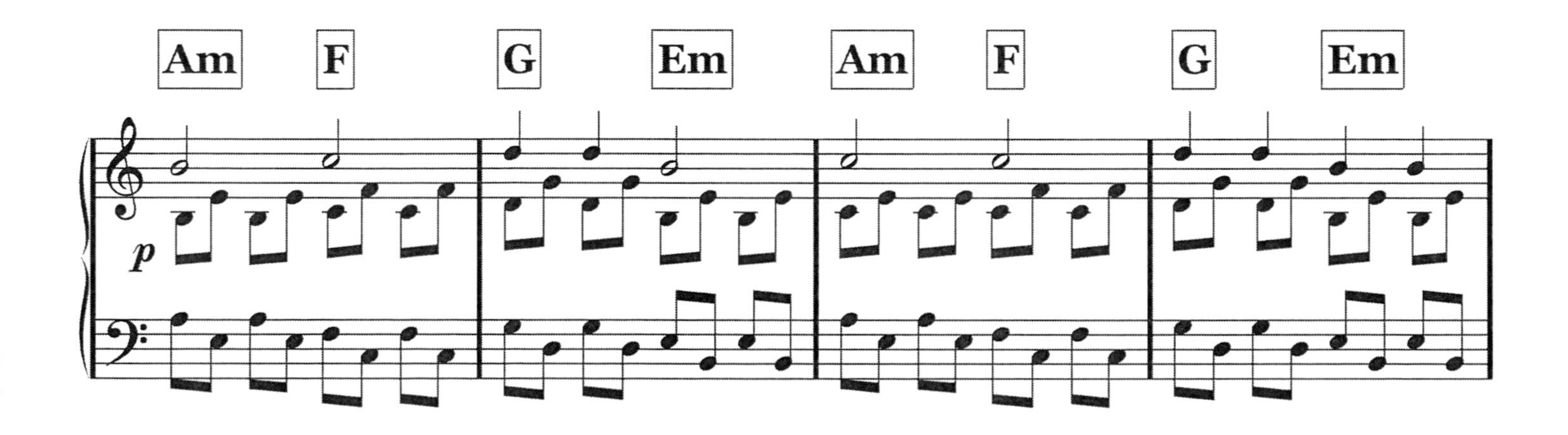
Am
F
G
Em
Am
F
G
Em
p

Am F G Em Am F G Em
ff

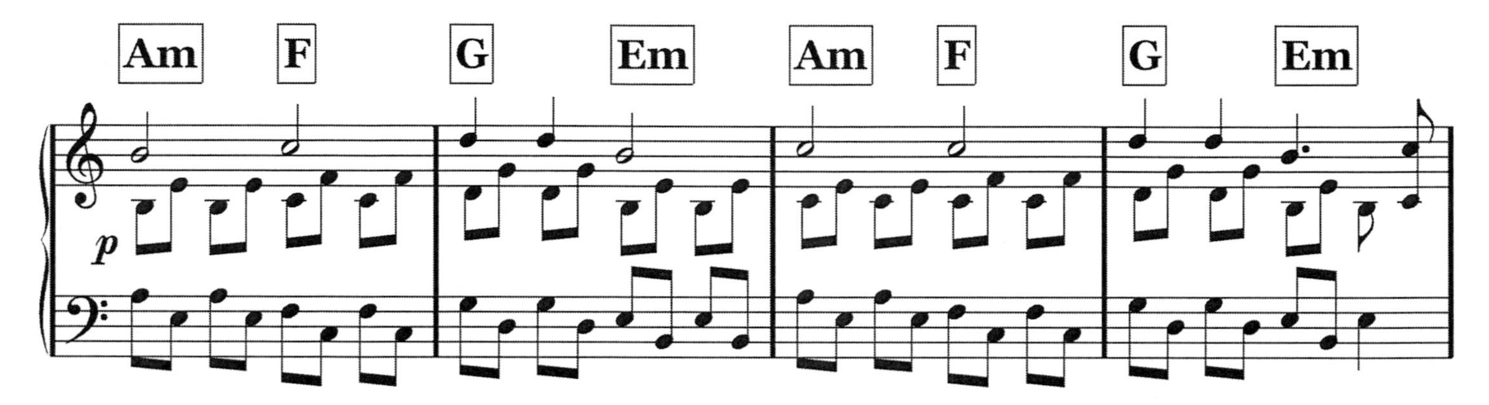
Am F G Em Am F G Em
p

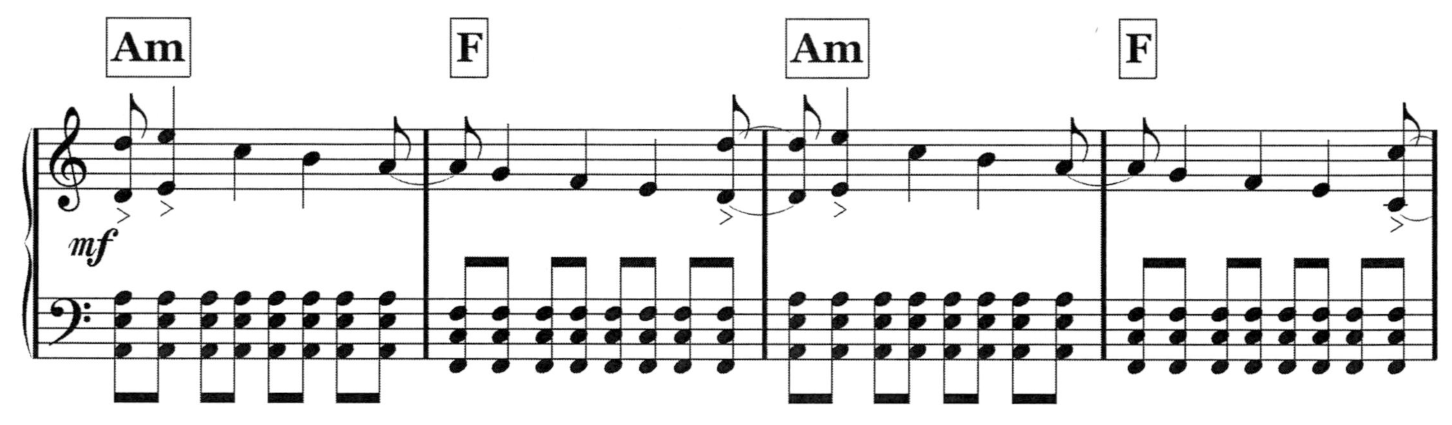
Am F Am F
mf

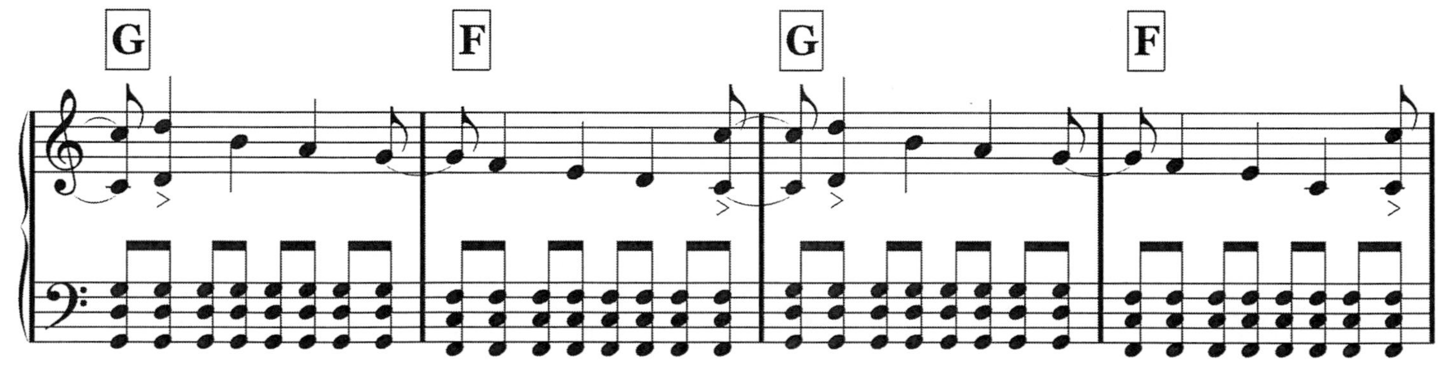
G F G F

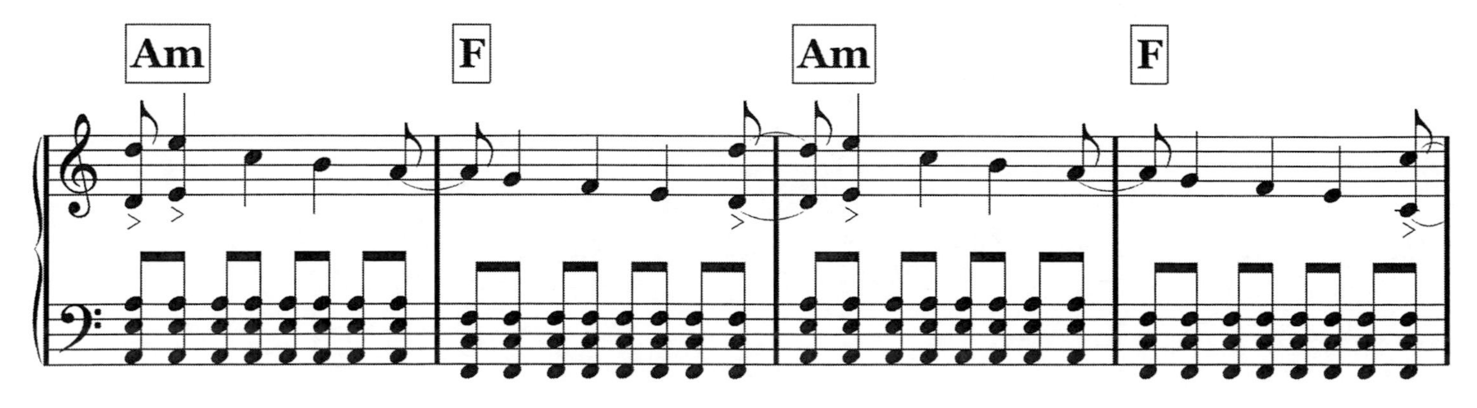
Am F Am F

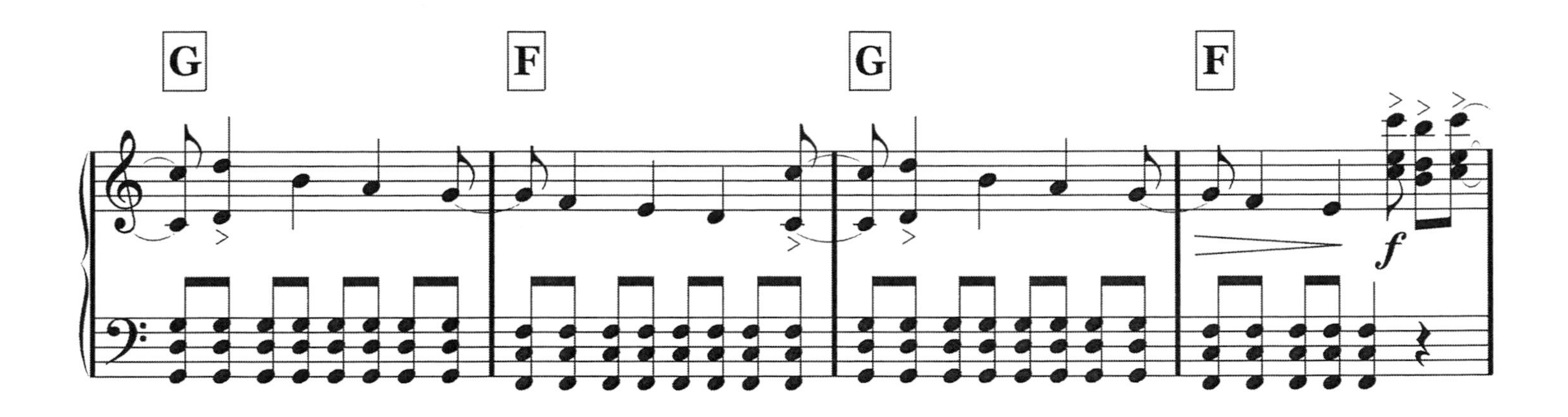
G
F
G
F

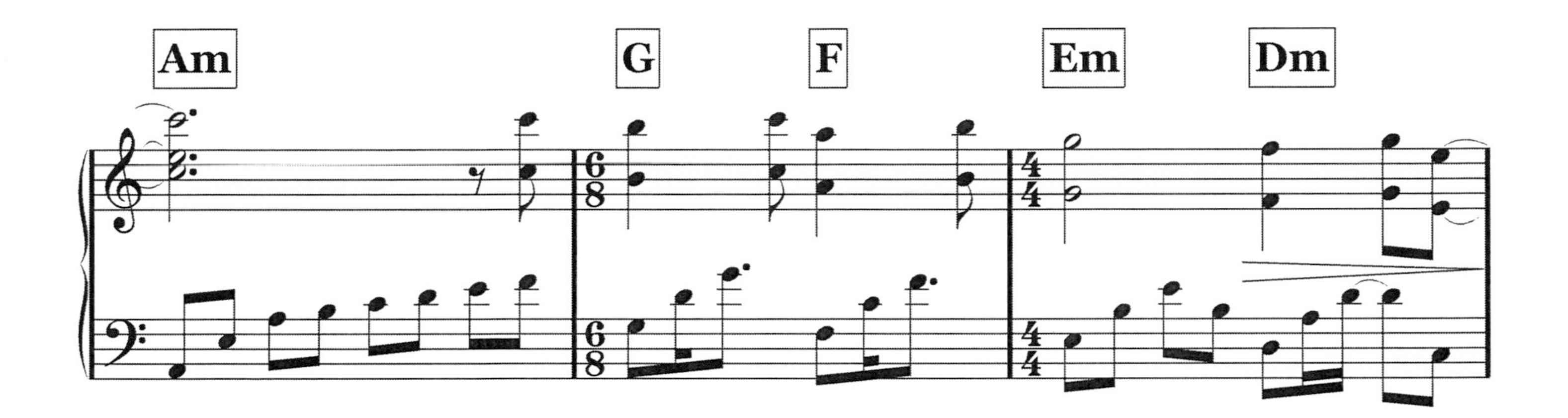
Am
G
F
Em
Dm

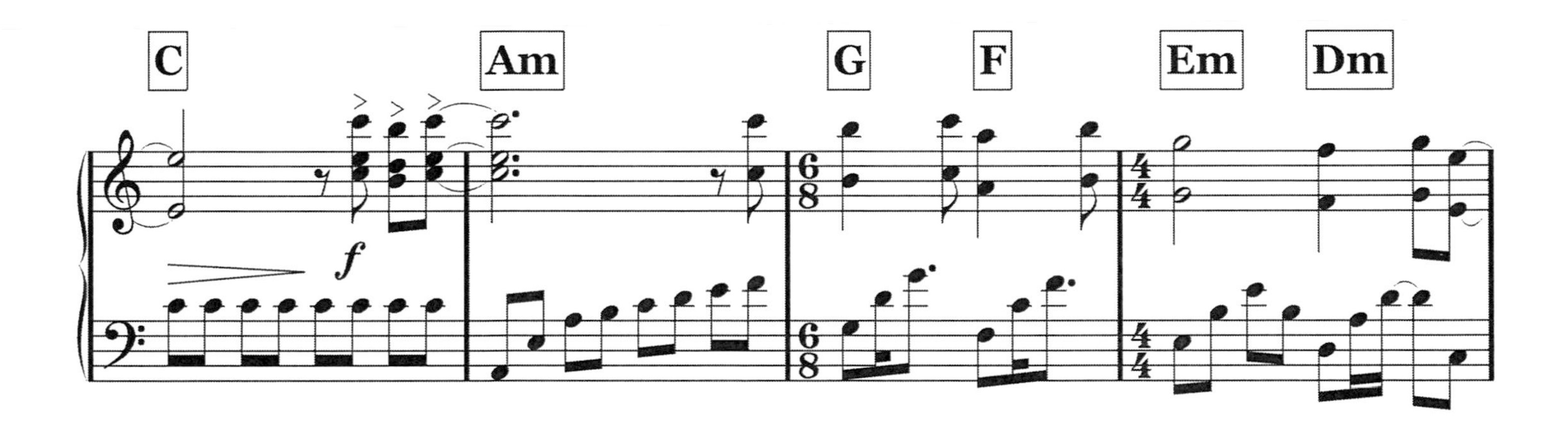
C
Am
G
F
Em
Dm

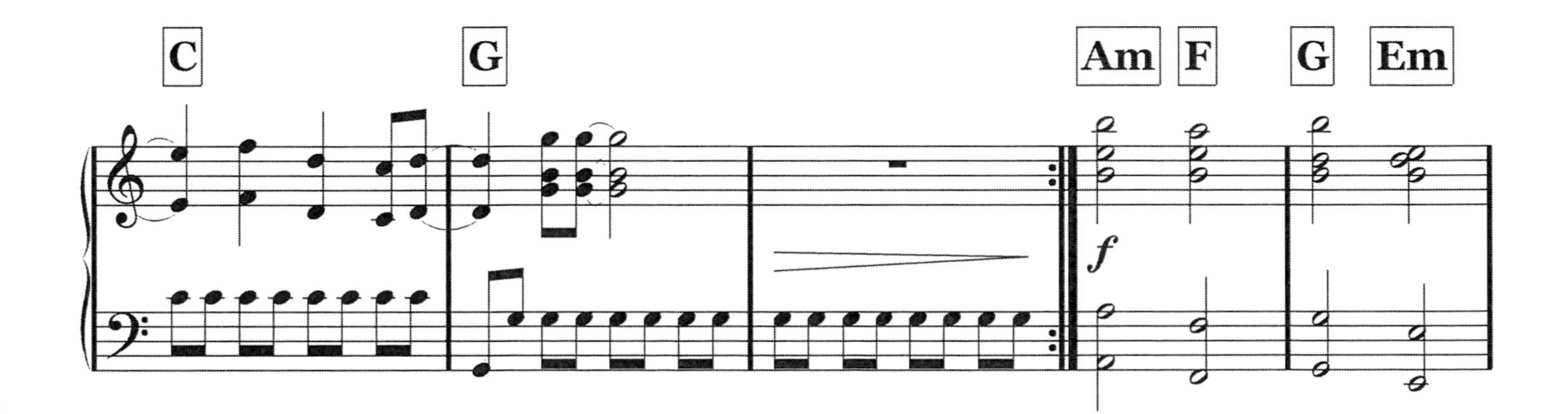
C
G
Am
F
G
Em

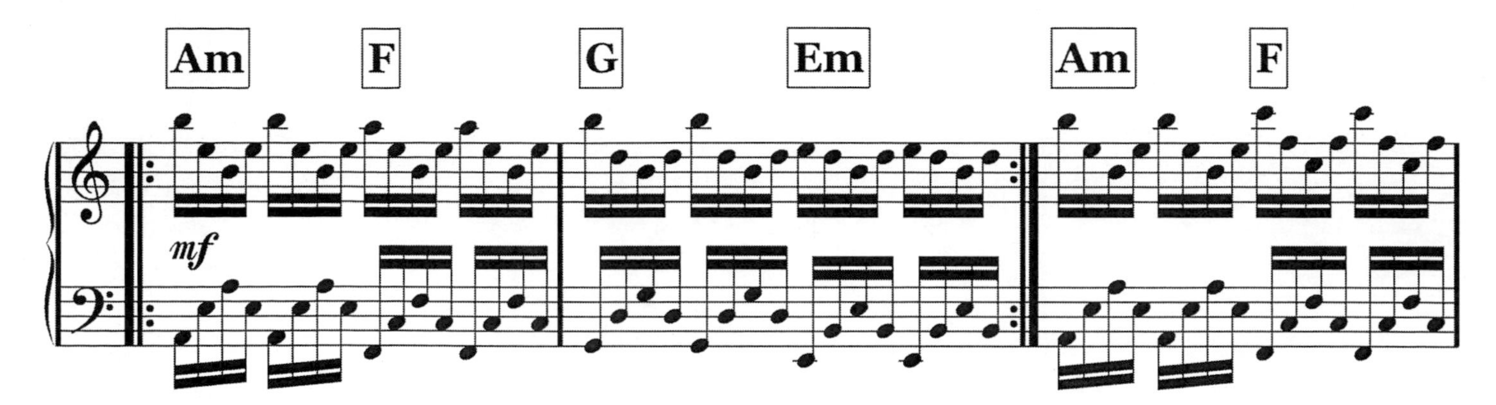
Am
F
G
Em
Am
F
mf
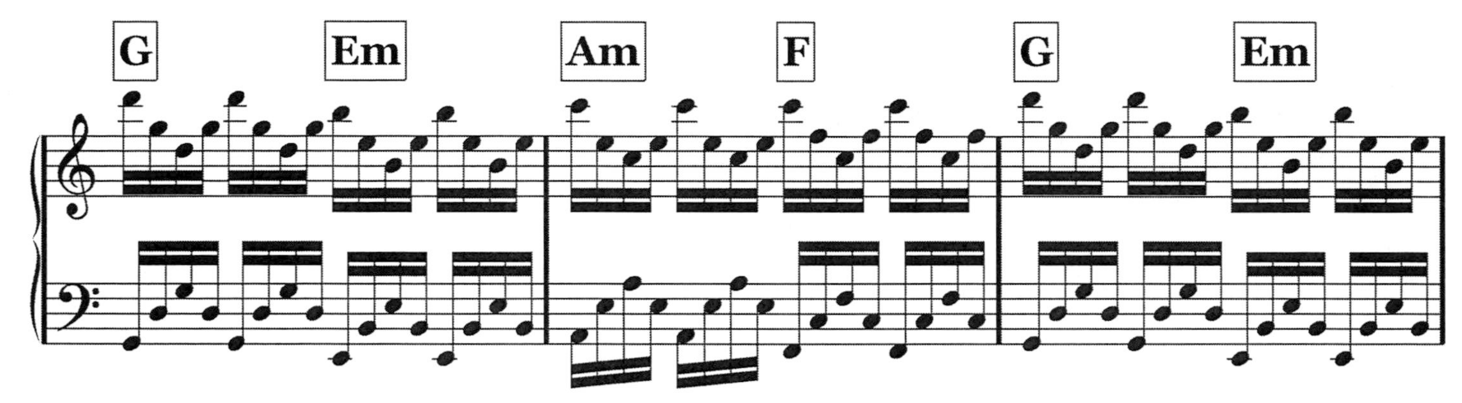
G
Em
Am
F
G
Em
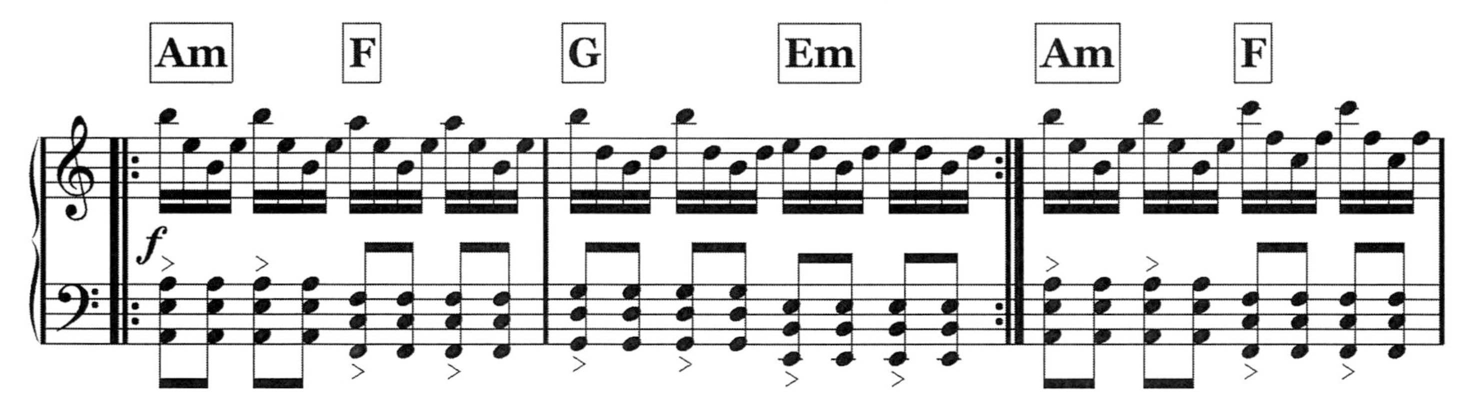
Am
F
G
Em
Am
F
f
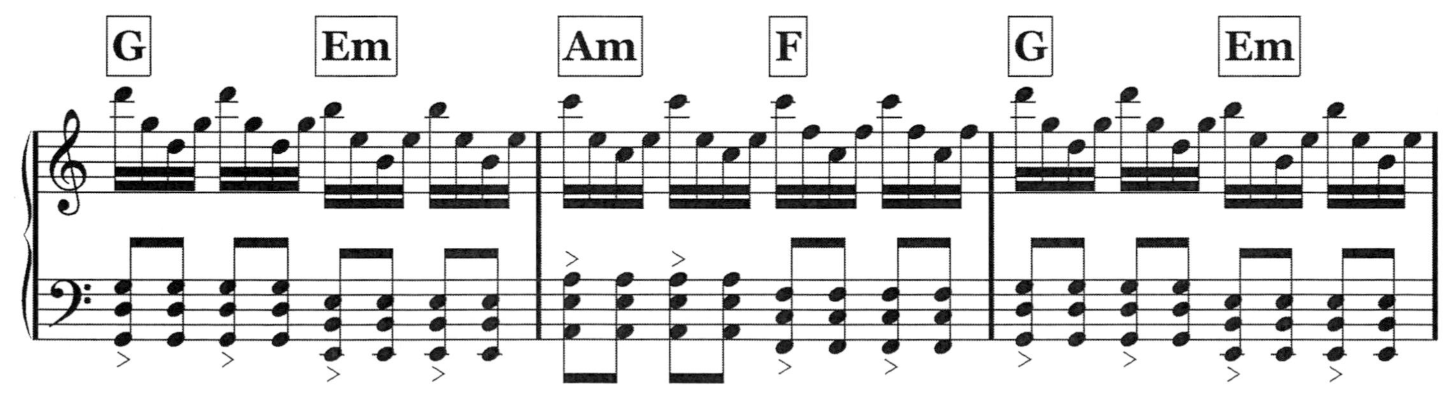
G
Em
Am
F
G
Em
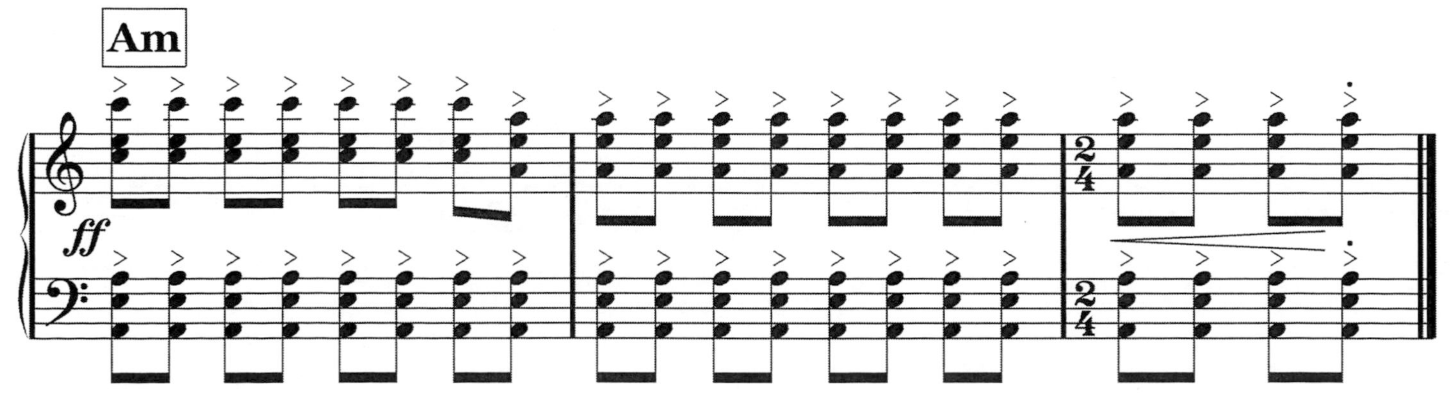
Am
ff

Variations on the Kanon

by Pachelbel

George Winston

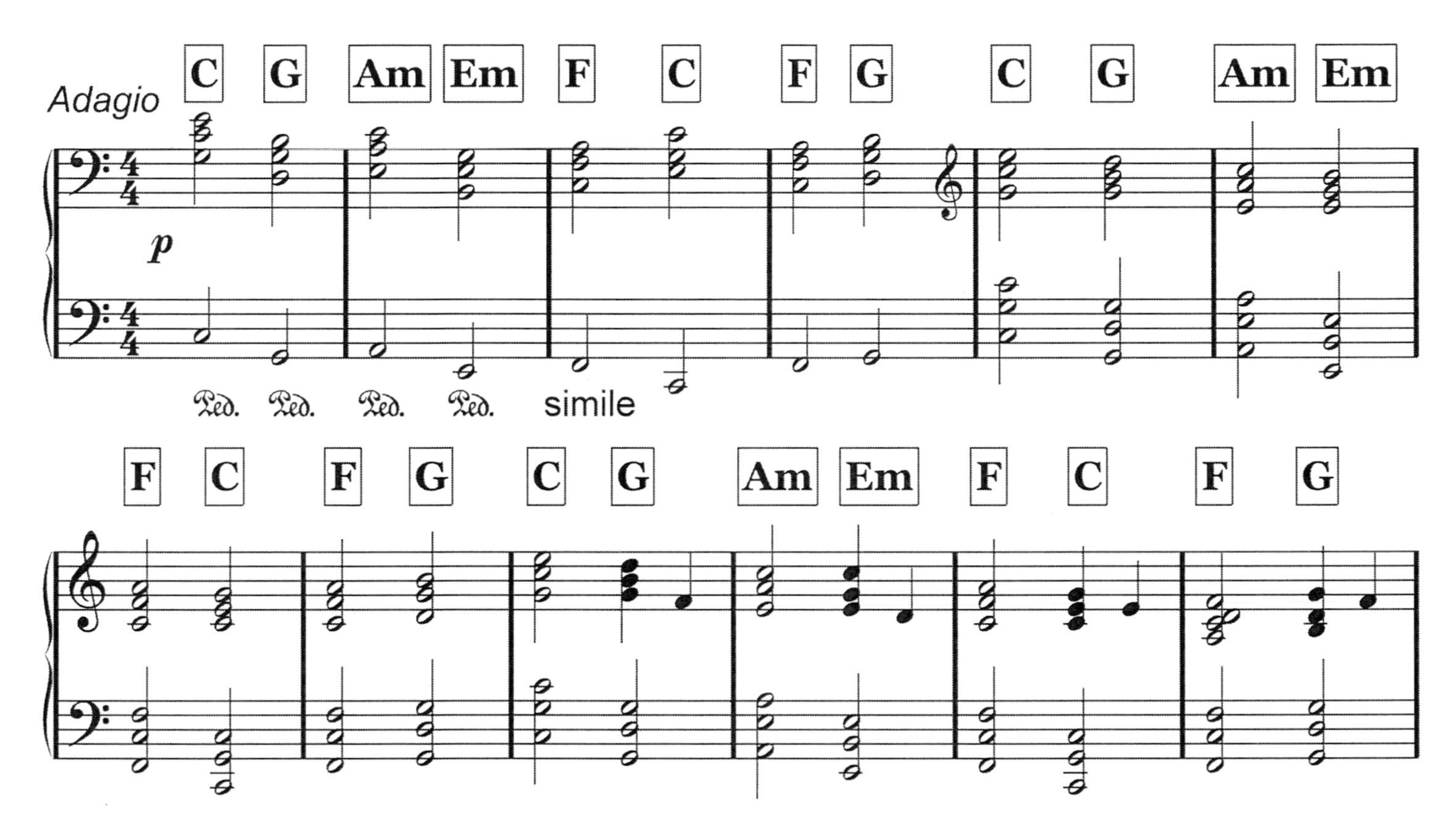

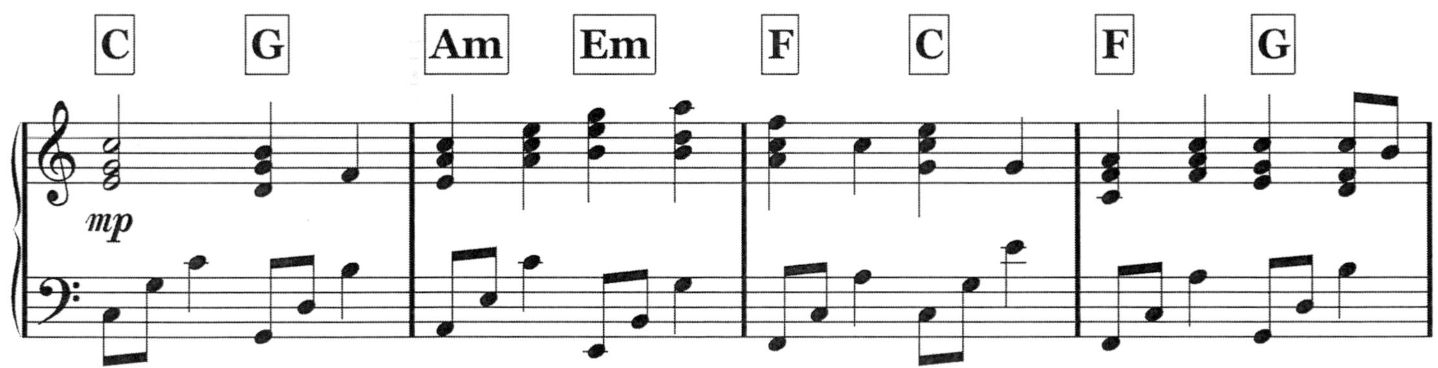

C
G
Am
Em
F
C
F
G

C
G
Am
Em
F
C
mf

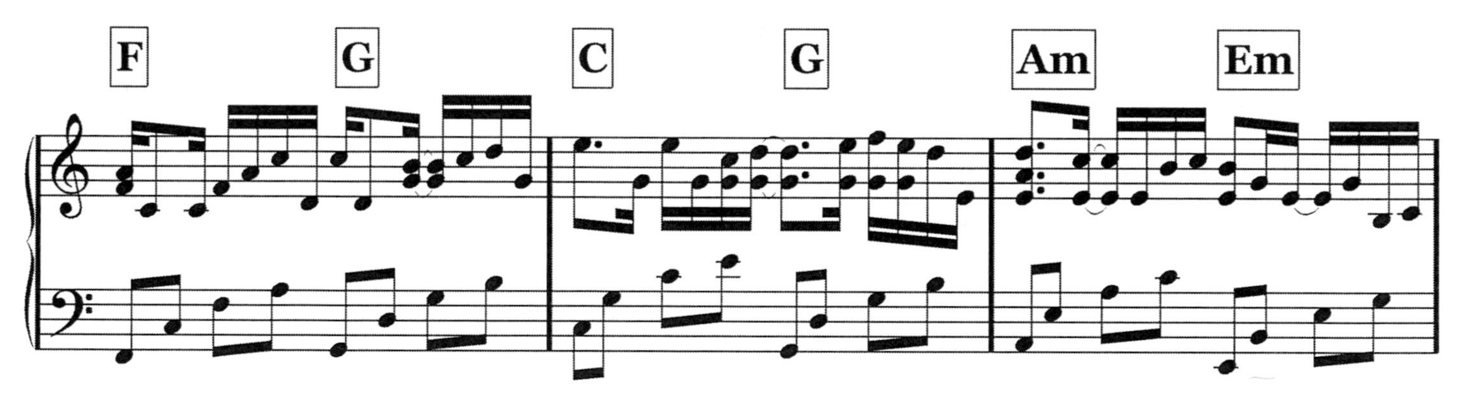
F
G
C
G
Am
Em

F
C
F
G
C
G

Am
Em
F
C
F
G

C
G
Am
Em
f

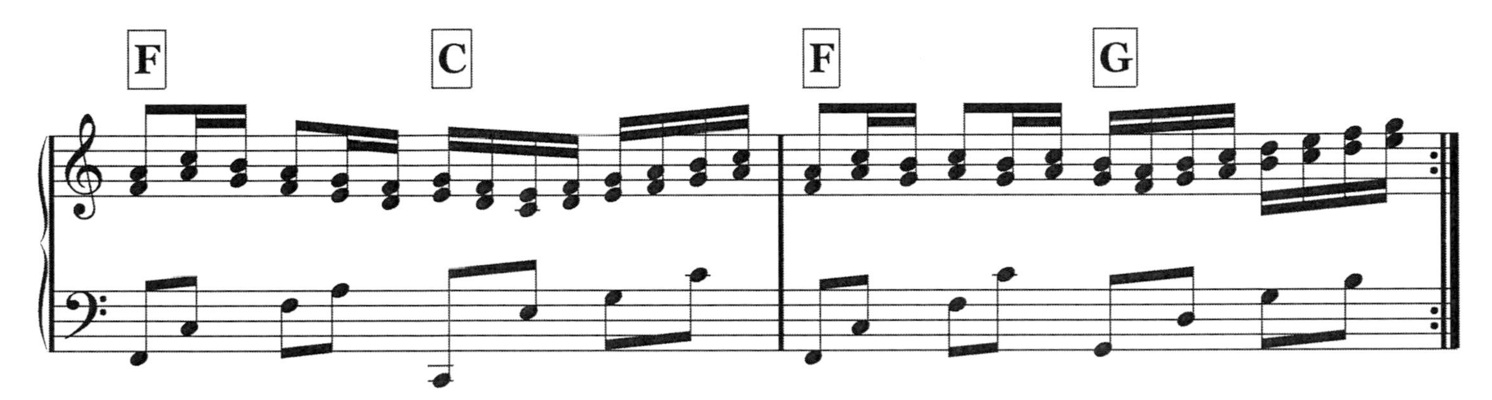
F
C
F
G

C
G
Am
Em
mp

F
C
F
G

C
G
Am
Em
F
C
Dm7
G
p

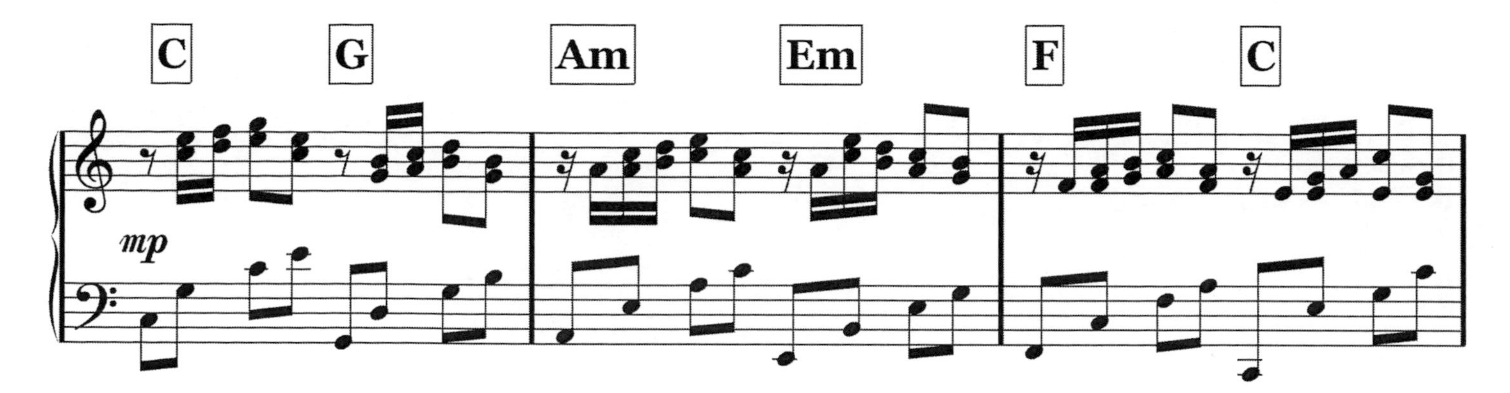
C
G
Am
Em
F
C
mp

F
G
C
G
Am
Em

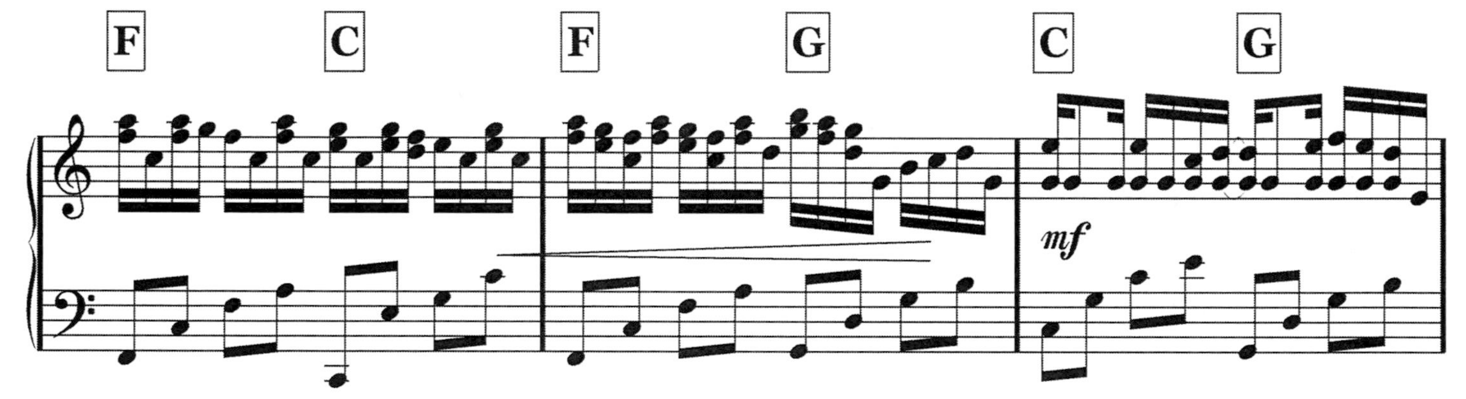
F
C
F
G
C
G
mf

Am
Em
F
C
F
G

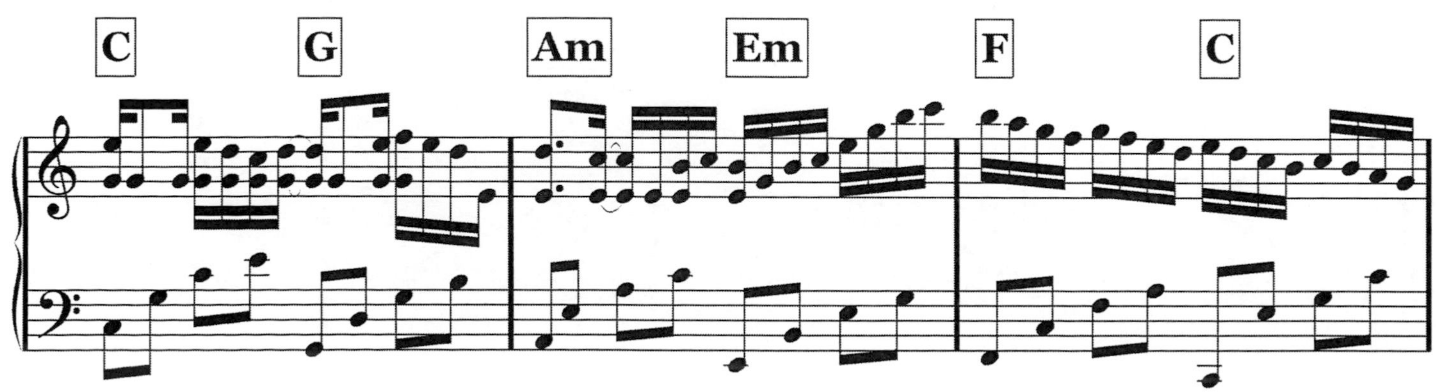
C
G
Am
Em
F
C

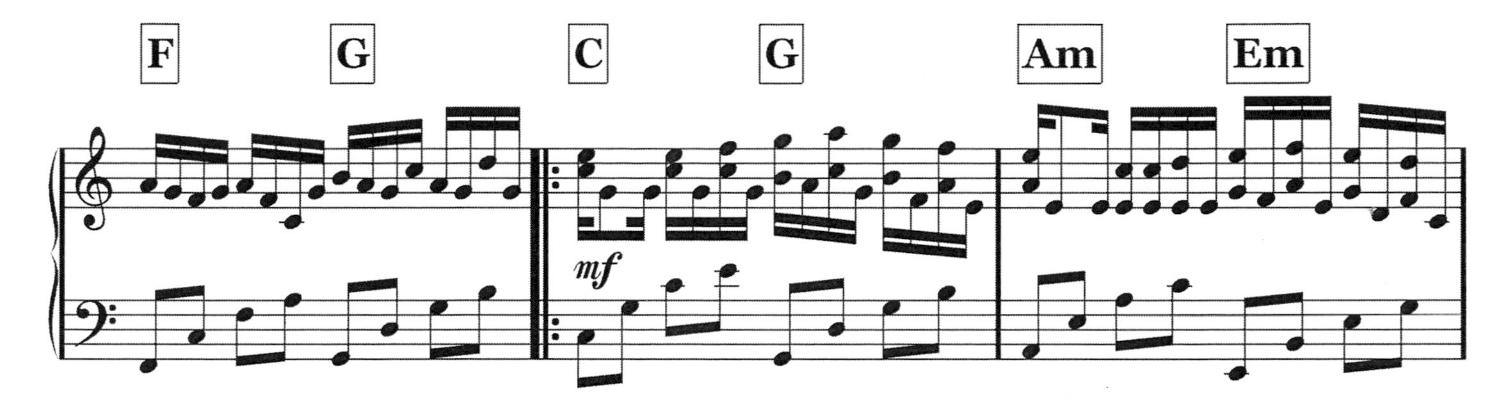
F
G
C
G
Am
Em
mf

F
C
F
G
C
G
f

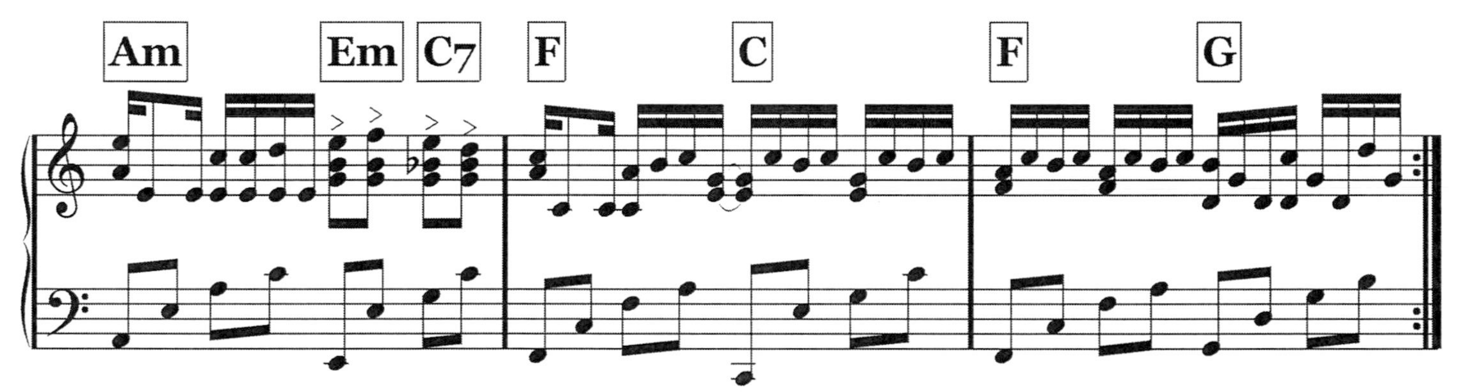
Am
Em
C7
F
C
F
G

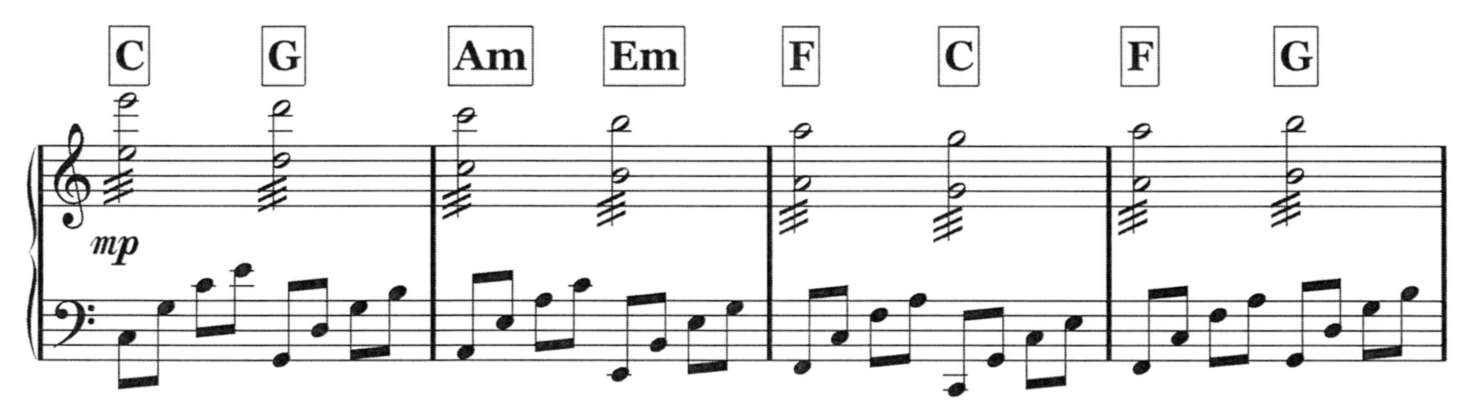
C
G
Am
Em
F
C
F
G
mp

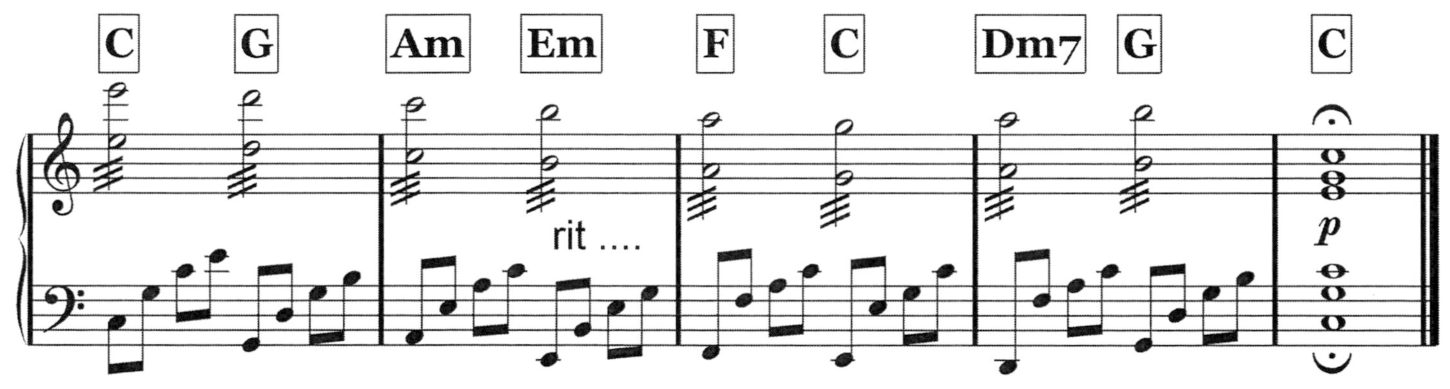
C
G
Am
Em
F
C
Dm7
G
C
rit ....
p

Jig of Sorts

Nightnoise

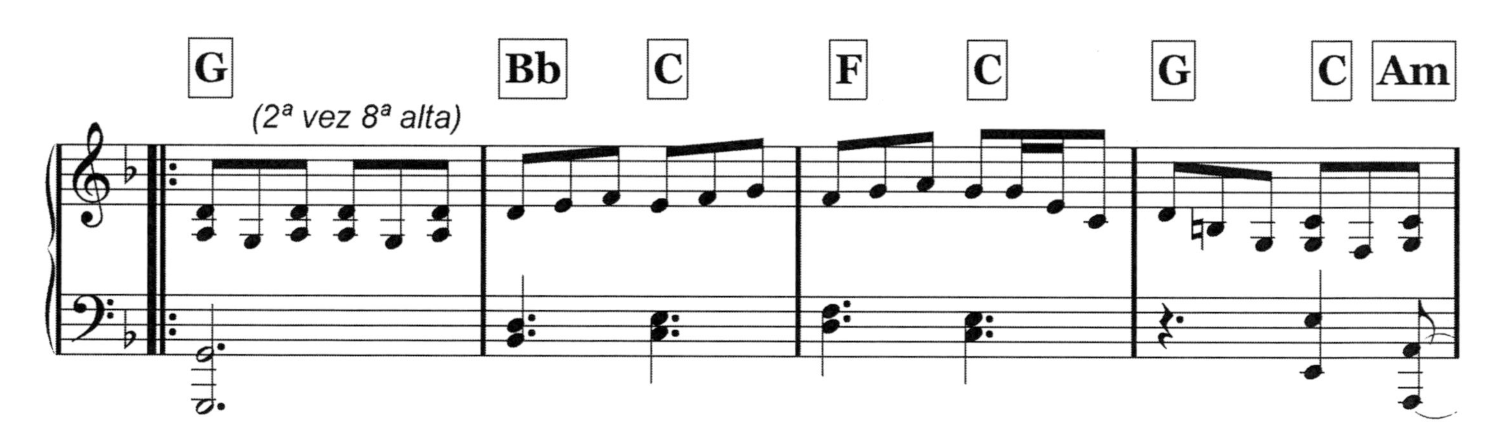

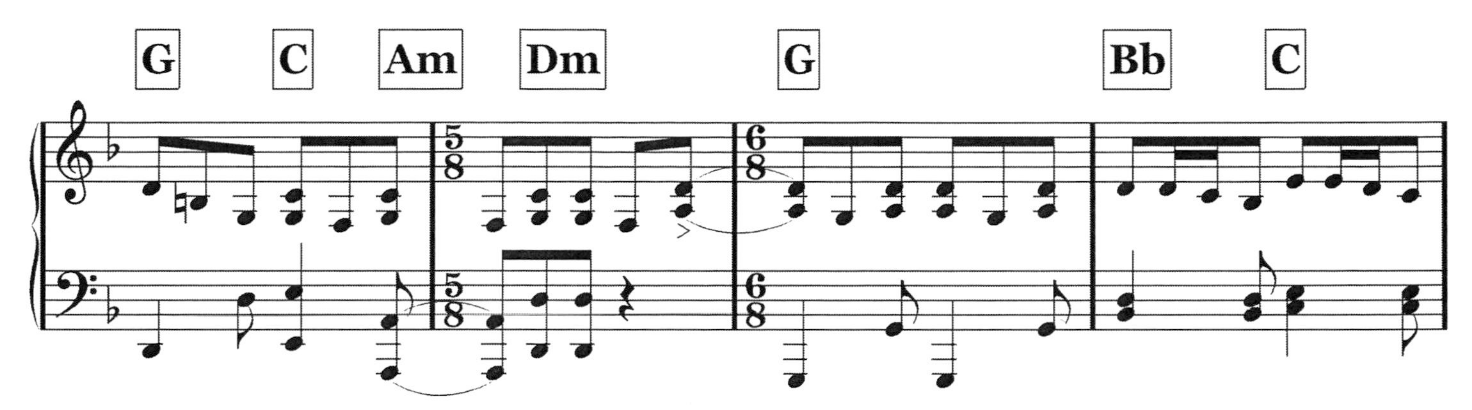
G
C
Am
Dm
G
Bb
C

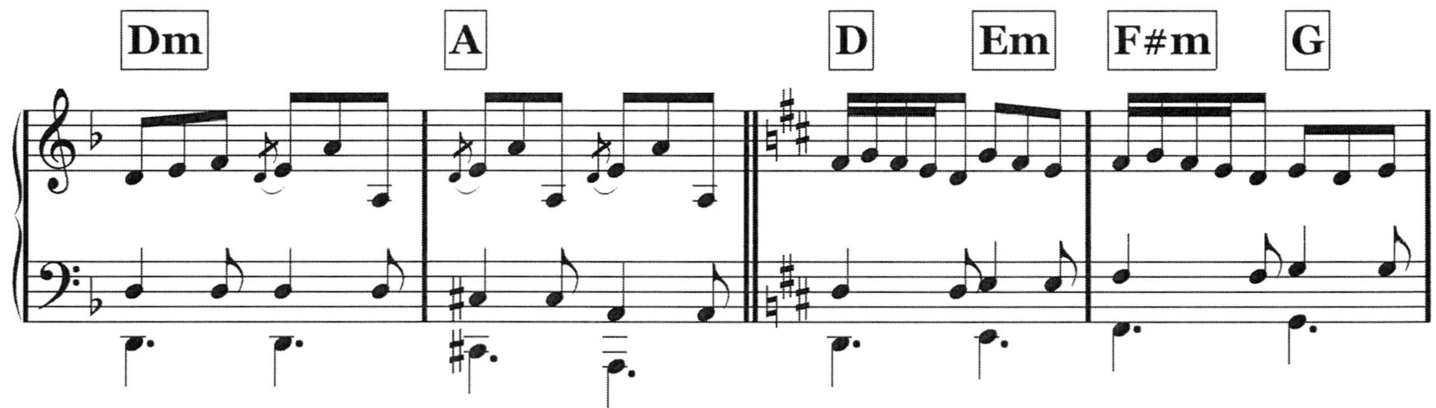
Dm
A
D
Em
F#m
G

A
Bm
G

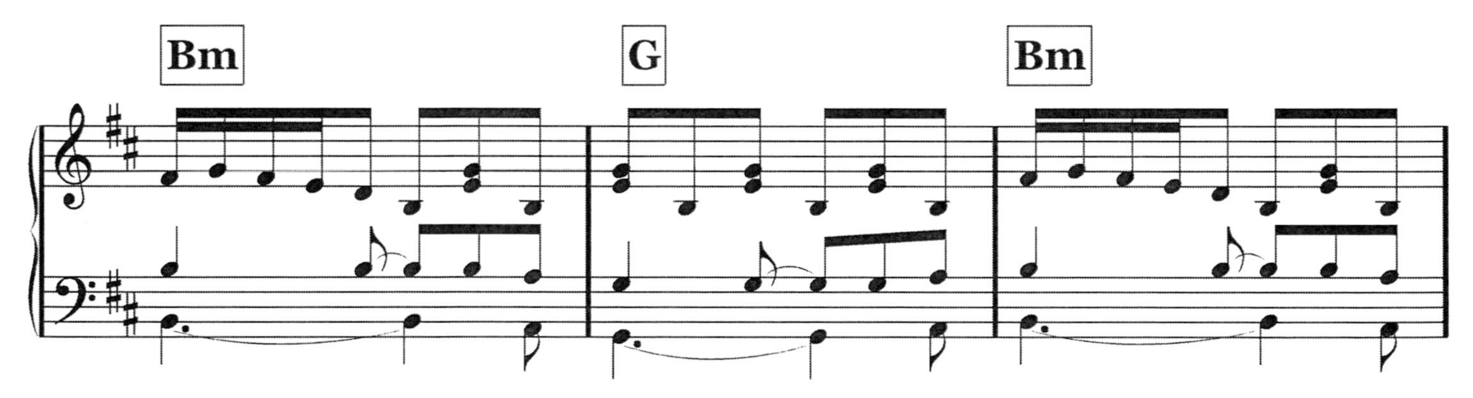
Bm
G
Bm

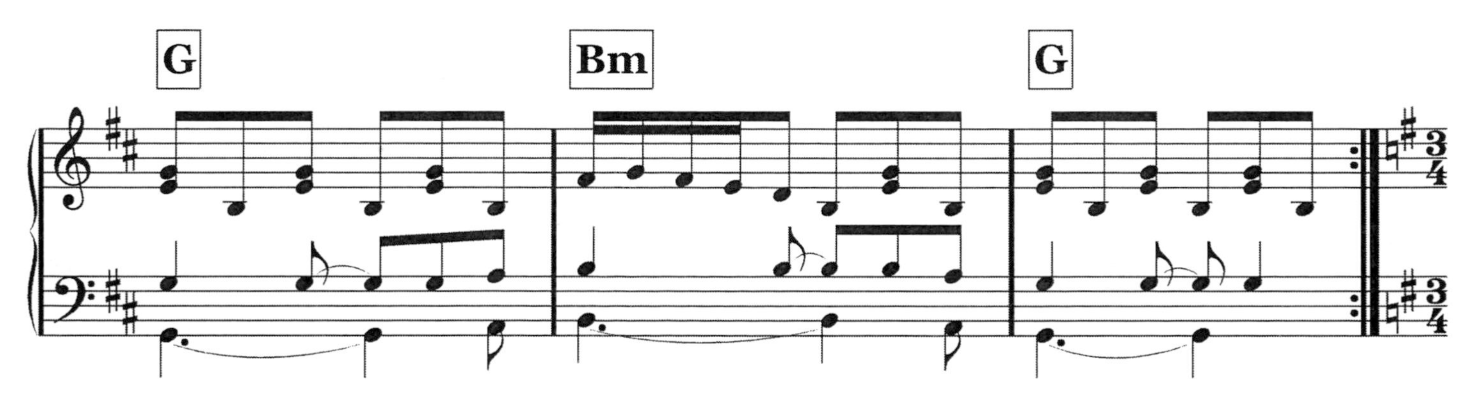
G
Bm
G

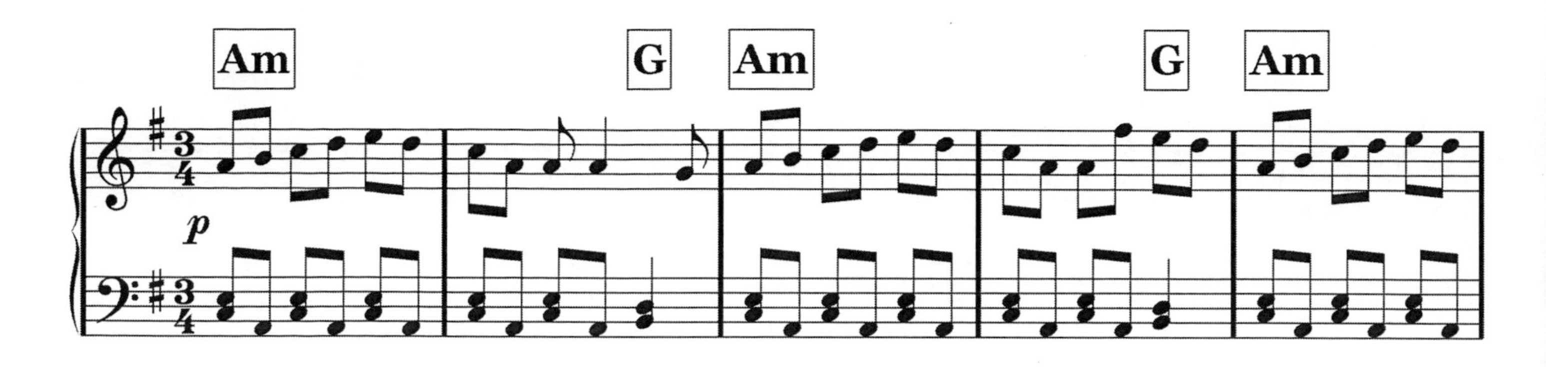
Am
G
Am
G
Am
p

G
Am
G
Bm
C
Bm
C
D

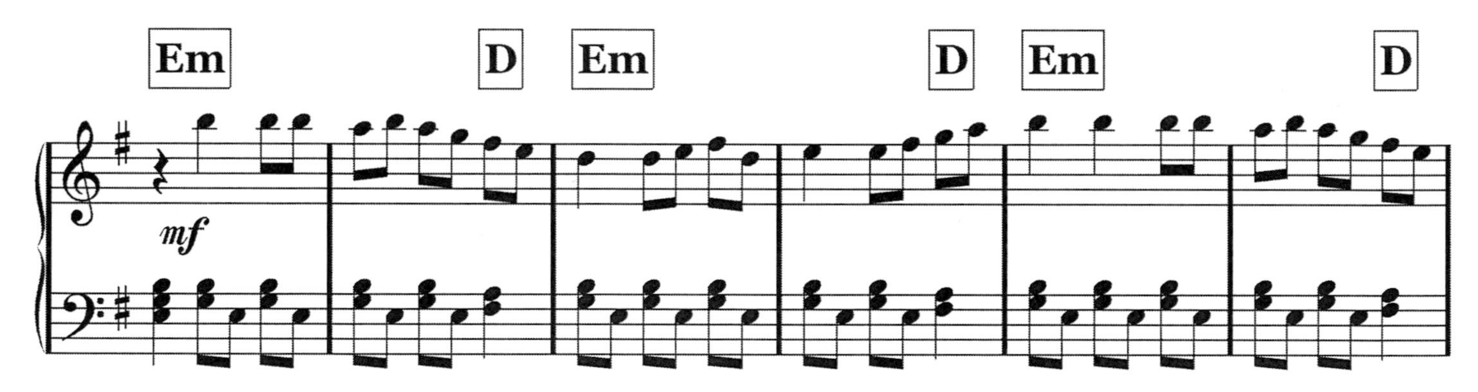
Em
D
Em
D
Em
D
mf

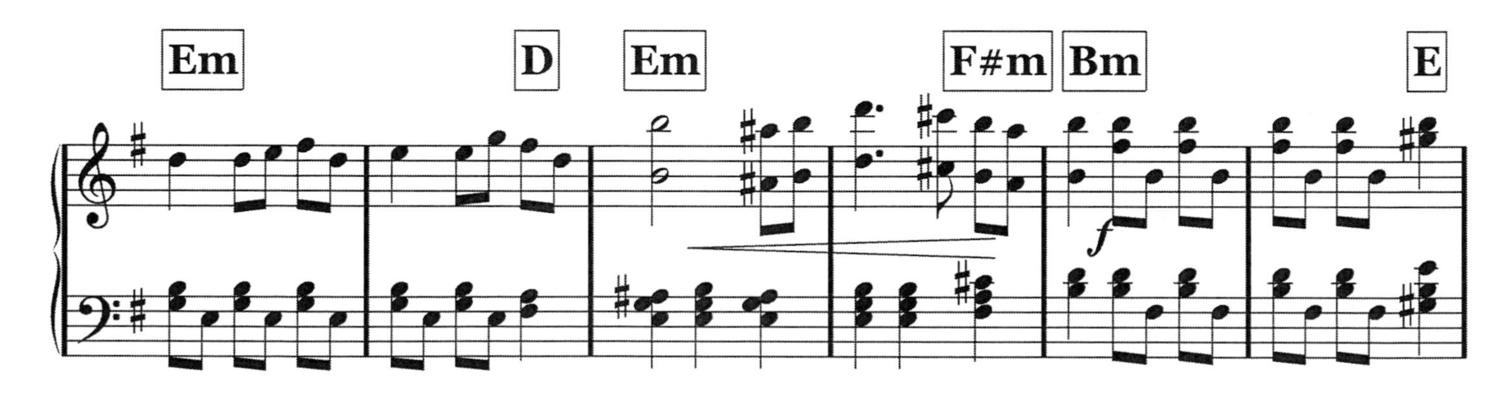
Em
D
Em
F#m
Bm
E
f

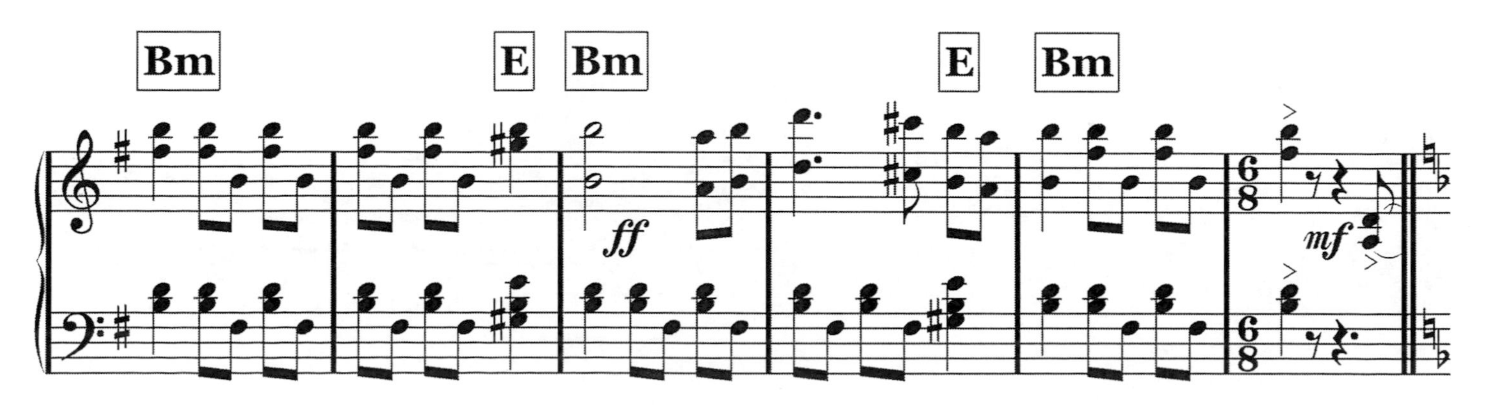
Bm
E
Bm
E
Bm
ff
mf

G
Bb
C
F
C
G
C
Am

Dm
G
Am

Bm
C
G
Bb
C
G
Bb
F
C
f

Am
dim ...

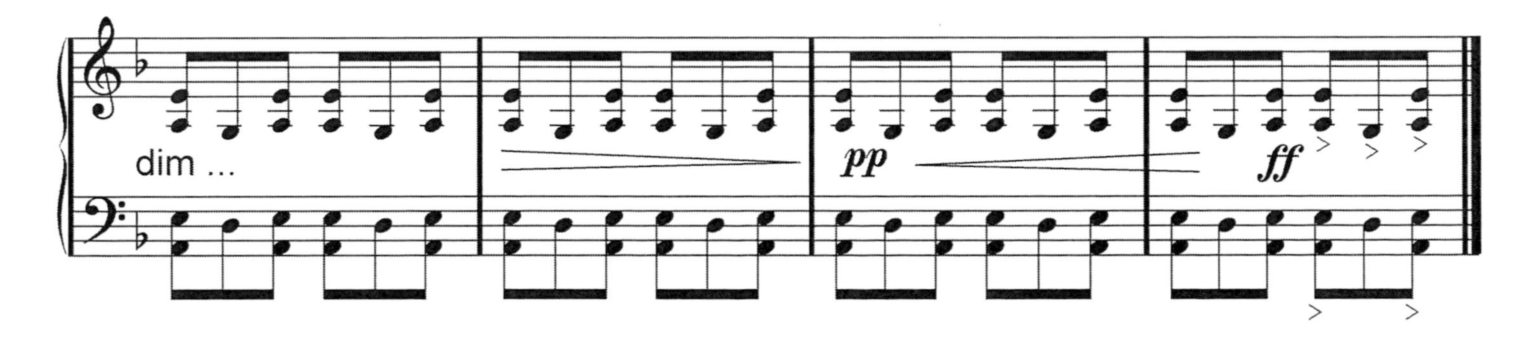
dim ...
pp
ff

Appalachian Morning

Paul Winter Consort

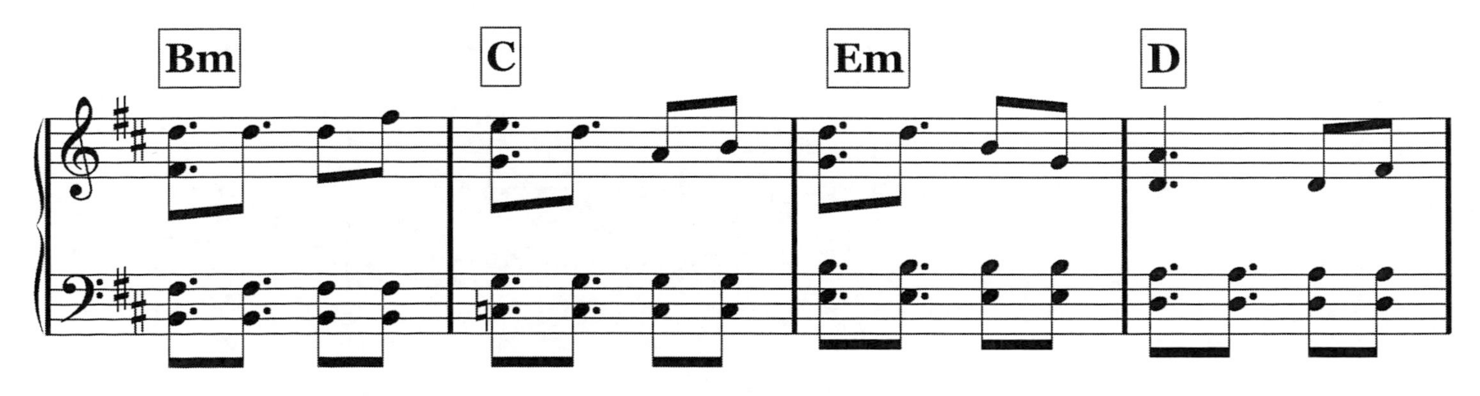

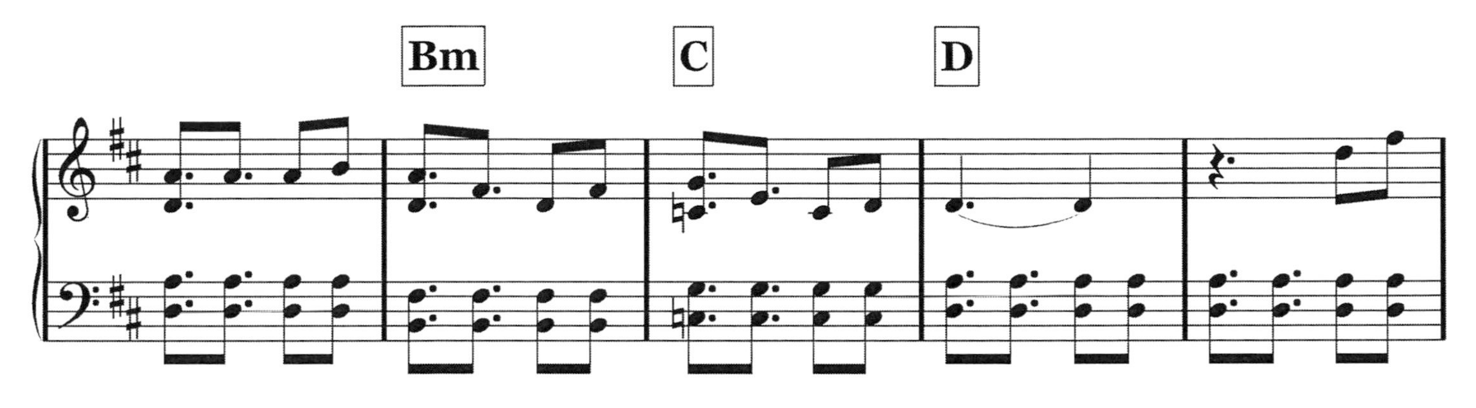
Bm
C
D

C
Em

Bm
C
A
Bm

C
Em
D

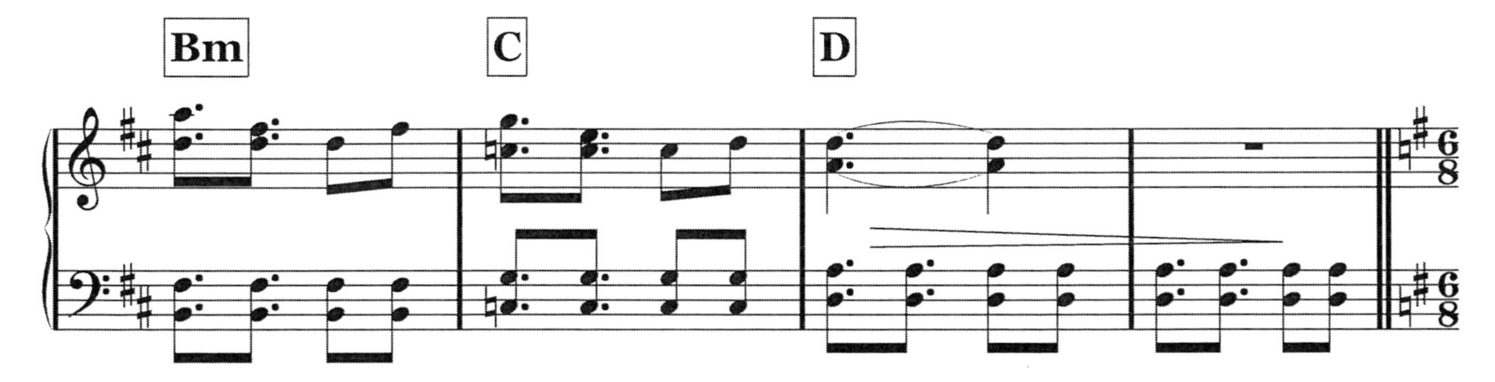
Bm
C
D

Am7
B7

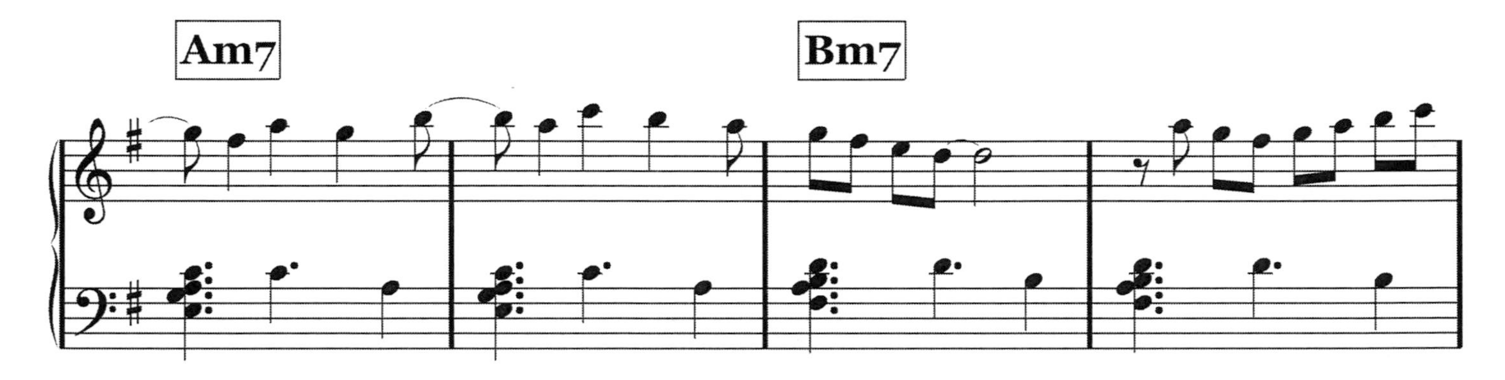
Am7
Bm7

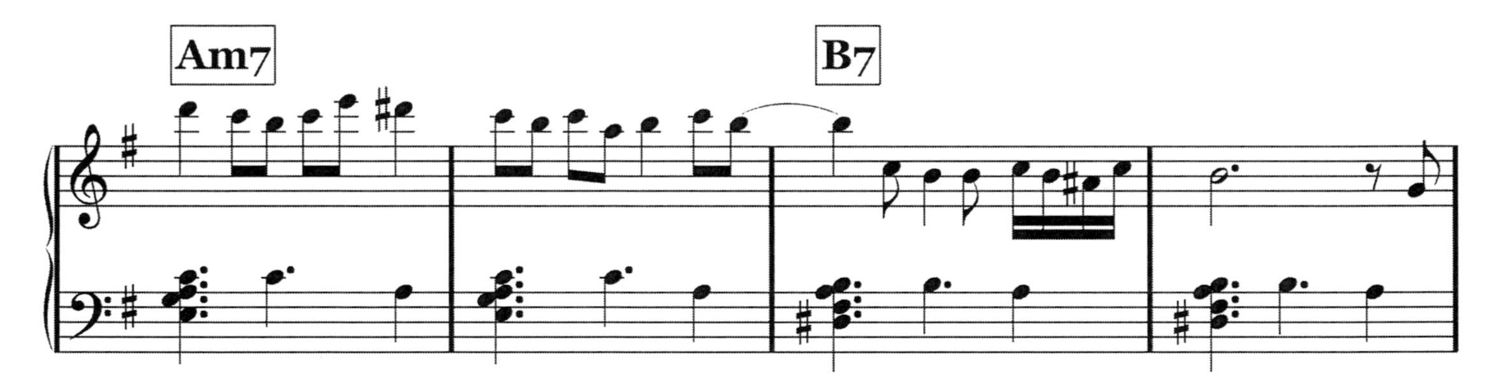
Am7
B7

Am7
Bm7

Am7
B7
rit .....
p

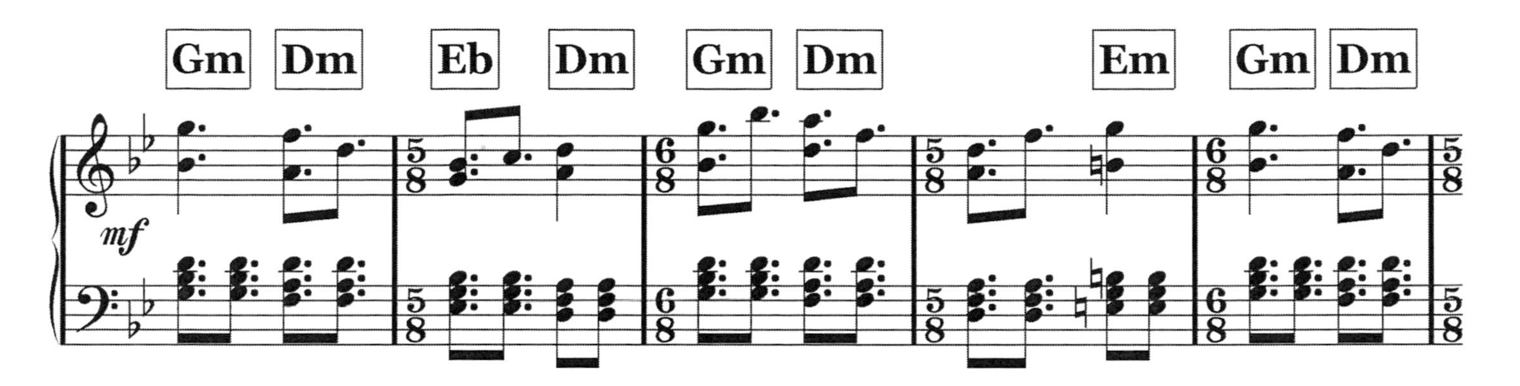
Gm Dm Eb Dm Gm Dm Em Gm Dm
mf

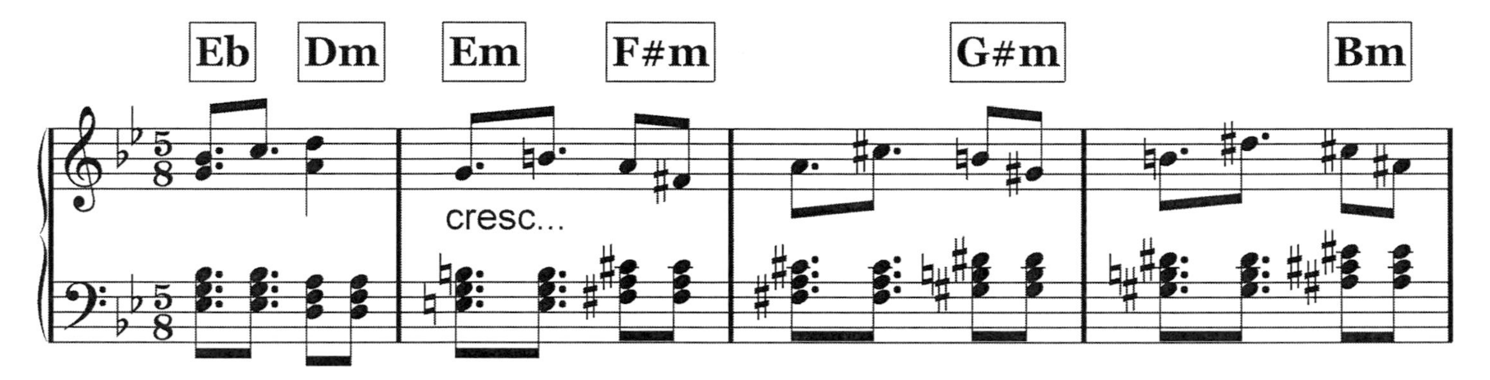
Eb Dm Em F#m G#m Bm
cresc...

F#m G#m Cm Gm Am Bm C#m
cresc...

F#m G#m C D C D C D
f

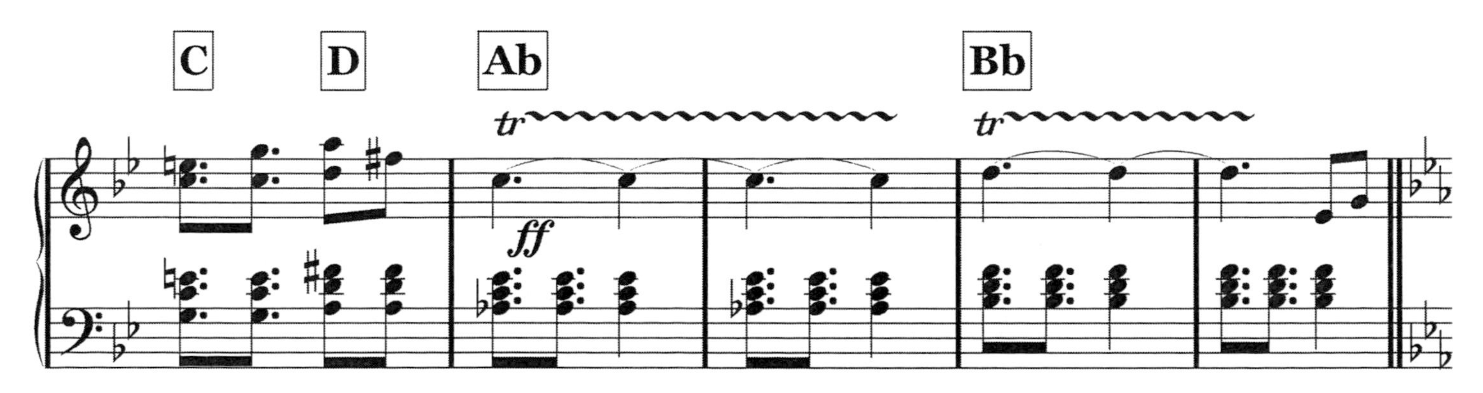
C D Ab Bb
tr
tr
ff

Eb
Db
Fm
Cm
f

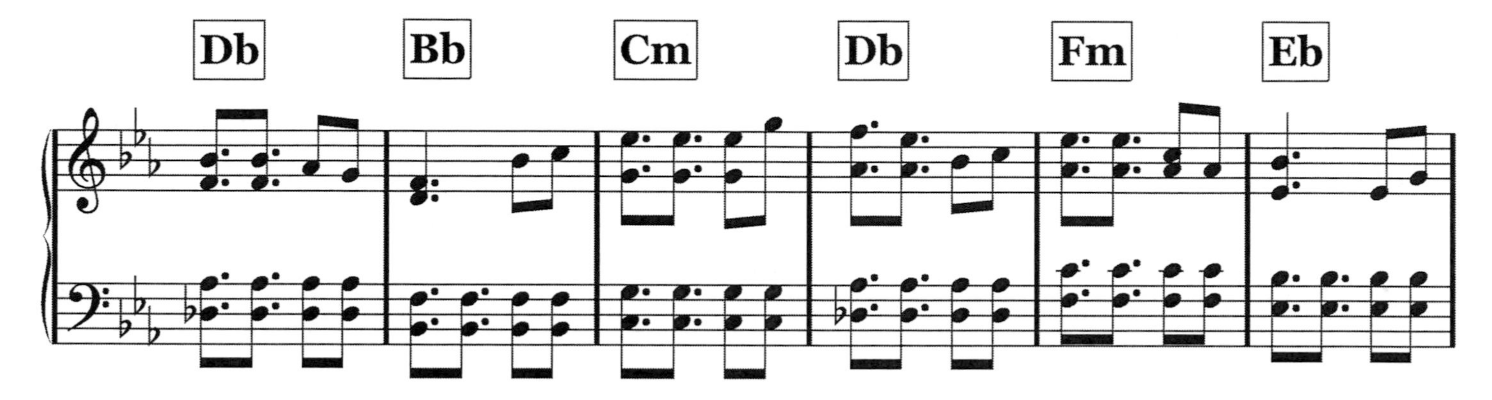
Db
Bb
Cm
Db
Fm
Eb

Cm
Db
Eb
Db
Cm

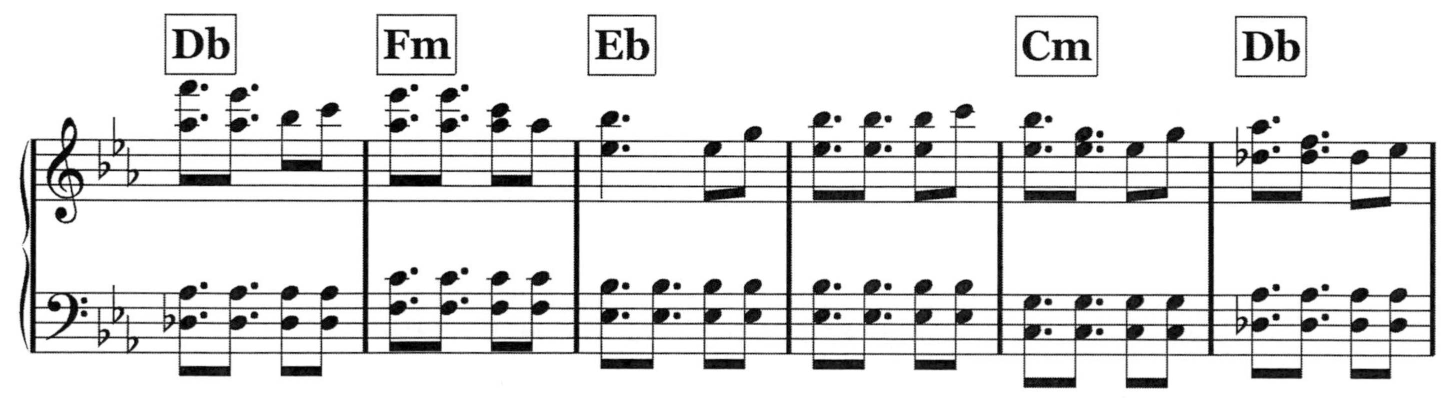
Db
Fm
Eb
Cm
Db

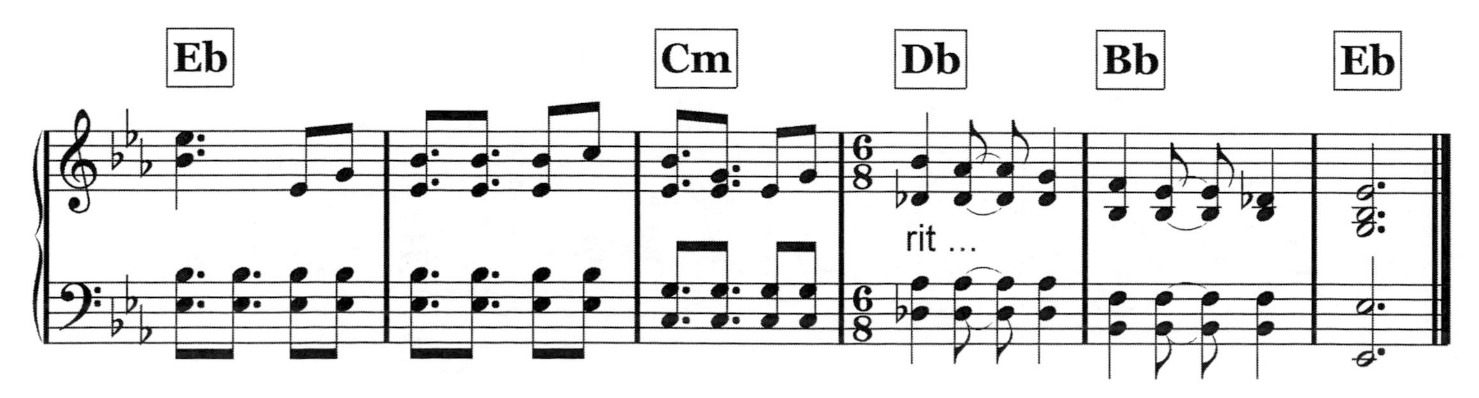
Eb
Cm
Db
Bb
Eb
6/8
rit ...

Entre dos aguas

Paco de Lucía

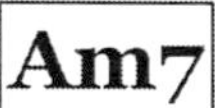

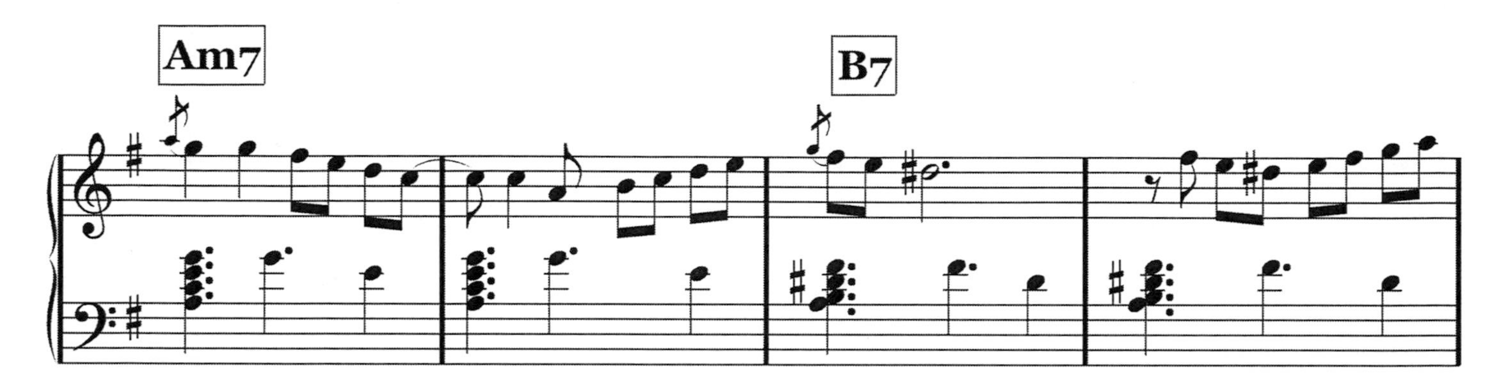

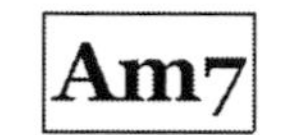

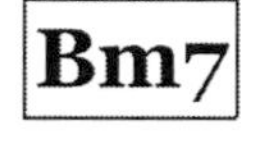

B7

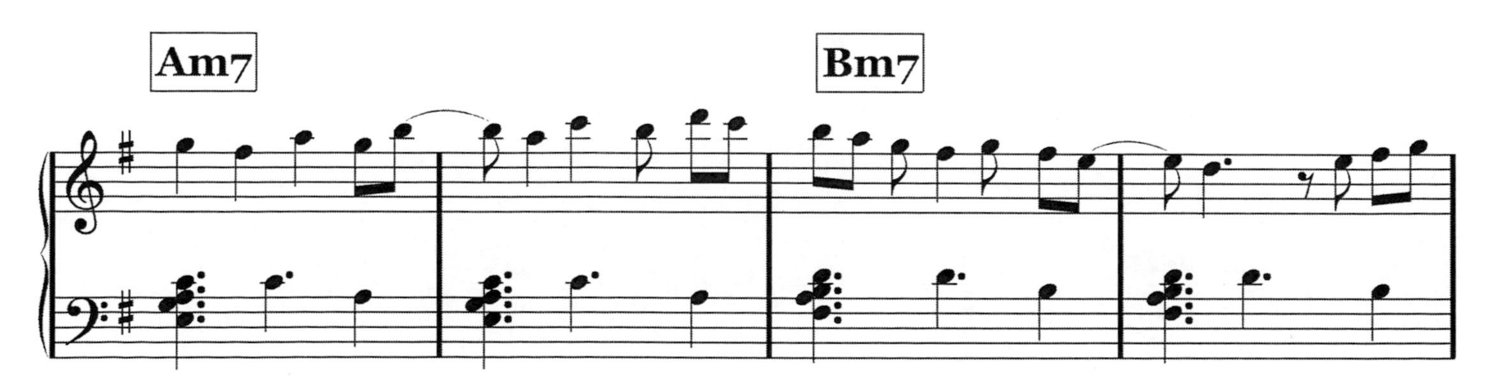

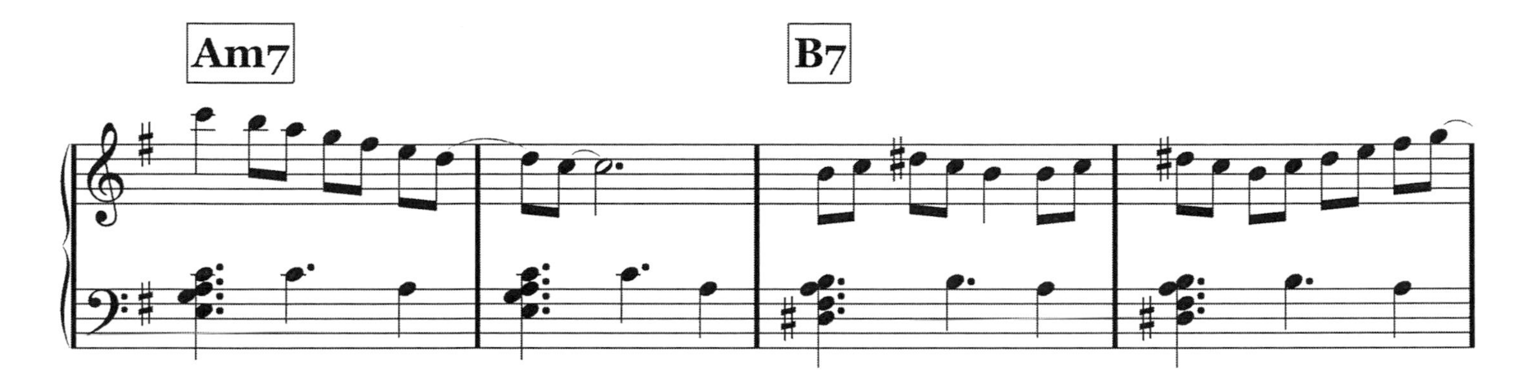
Am7
B7

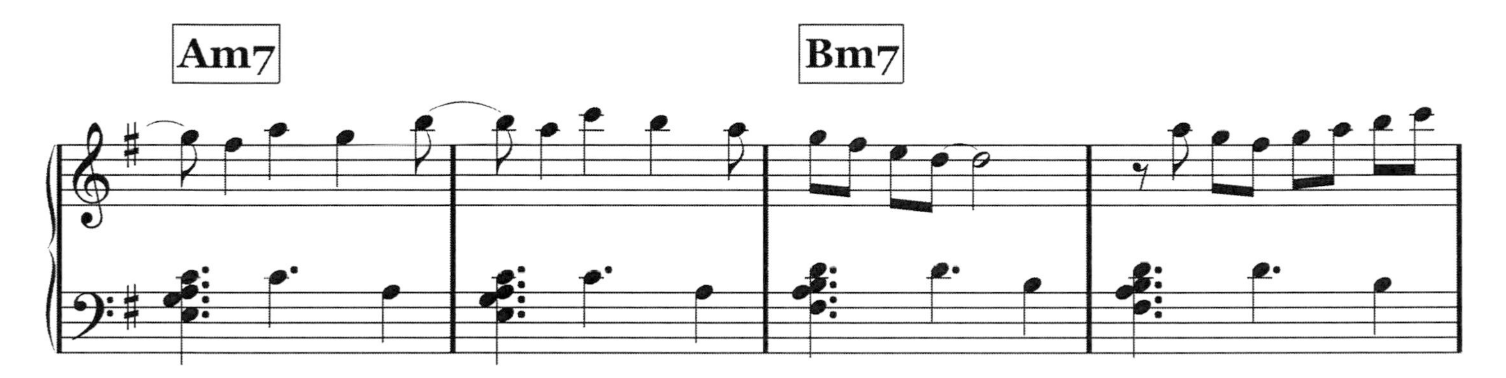
Am7
Bm7

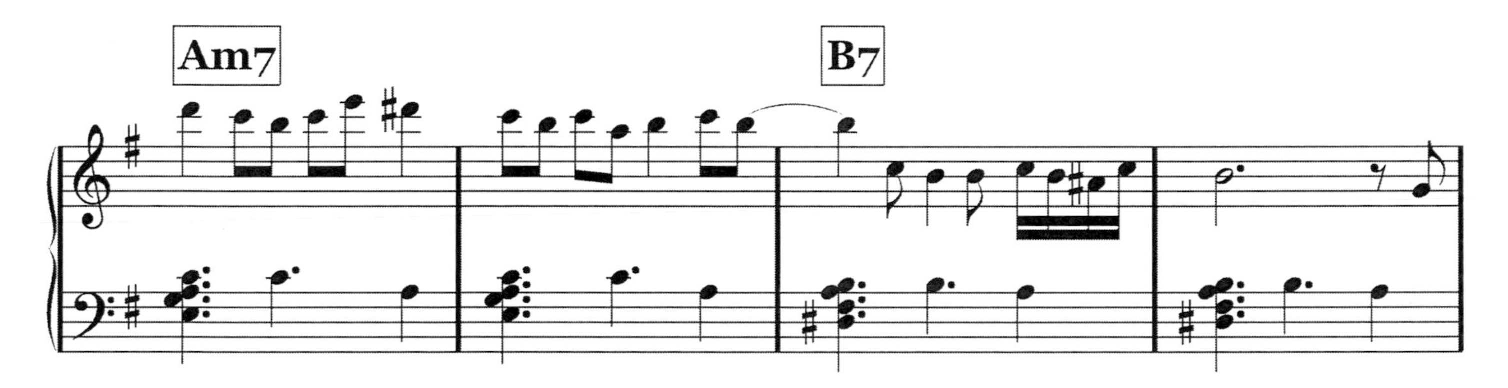
Am7
B7

Am7
Bm7

Am7
B7
rit .....
p

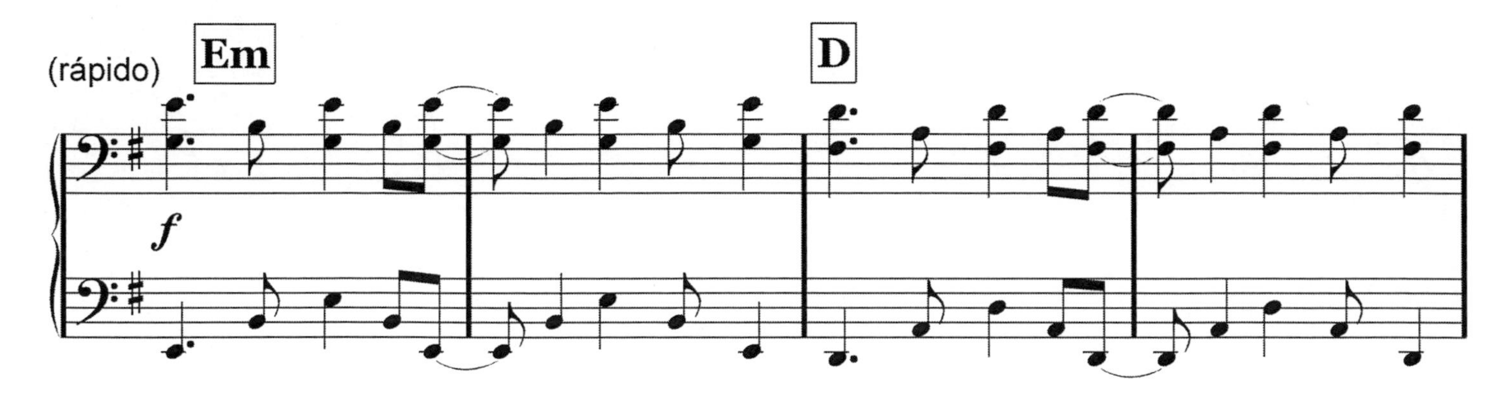
(rápido)
Em
D
f

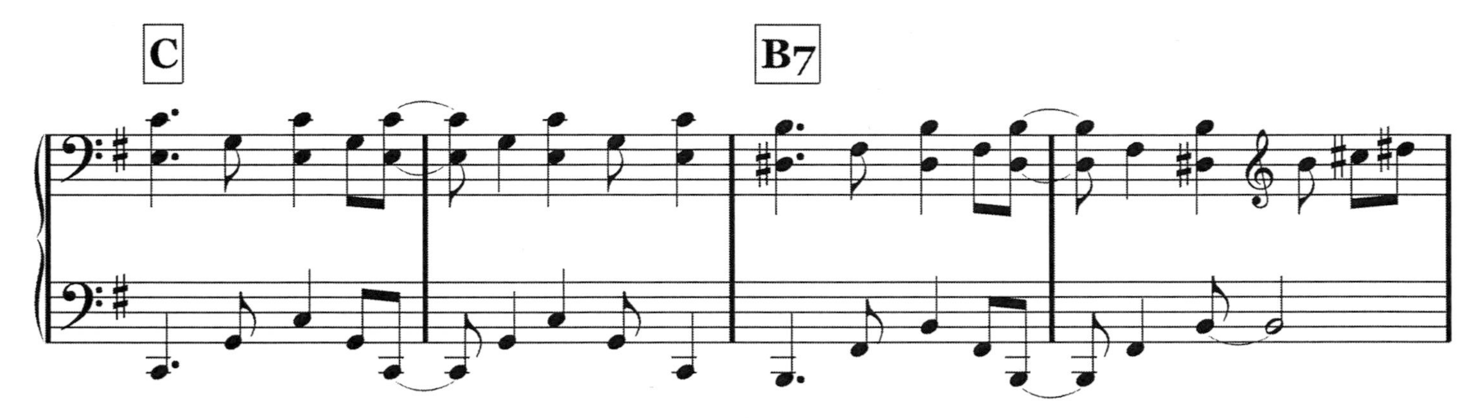
C
B7

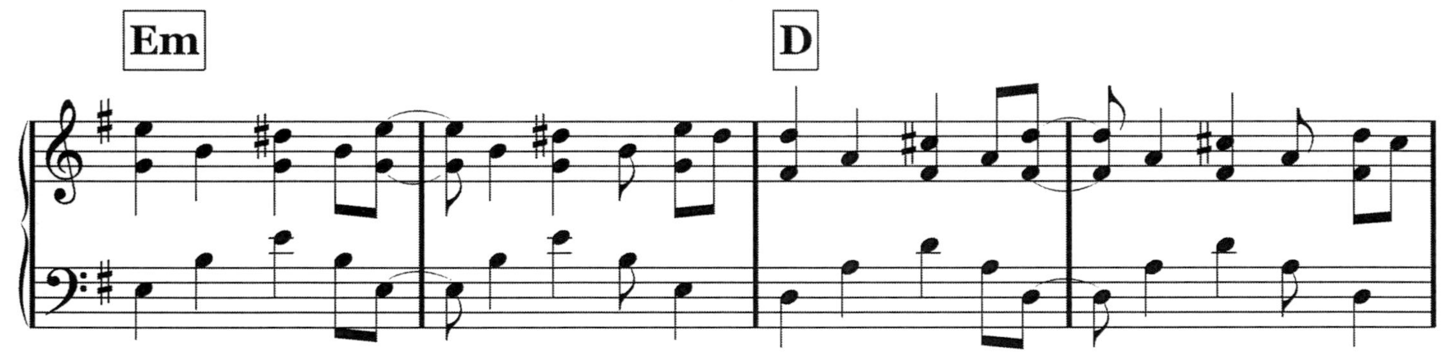
Em
D

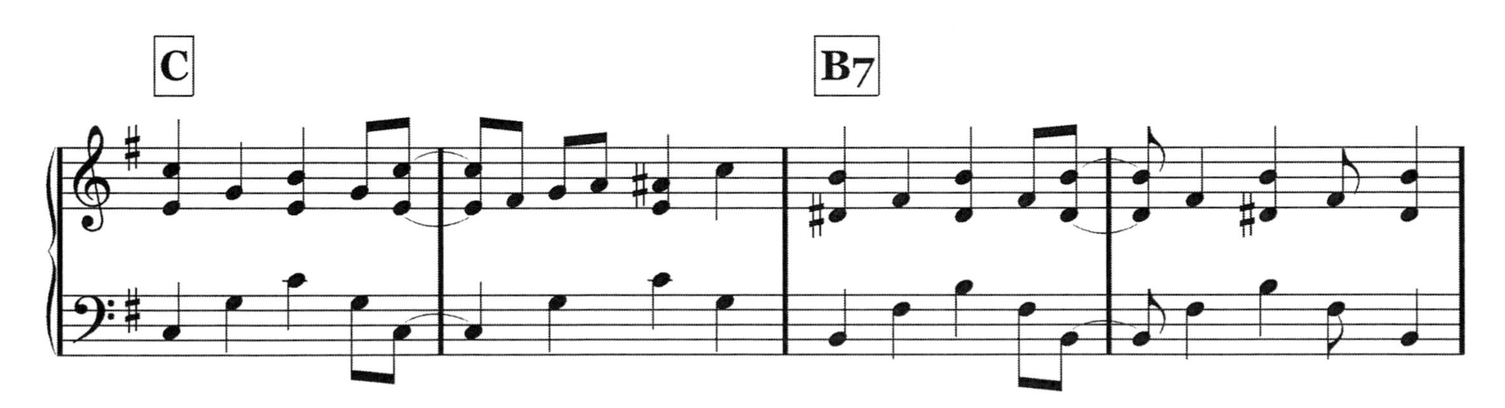
C
B7

Em
D
mf

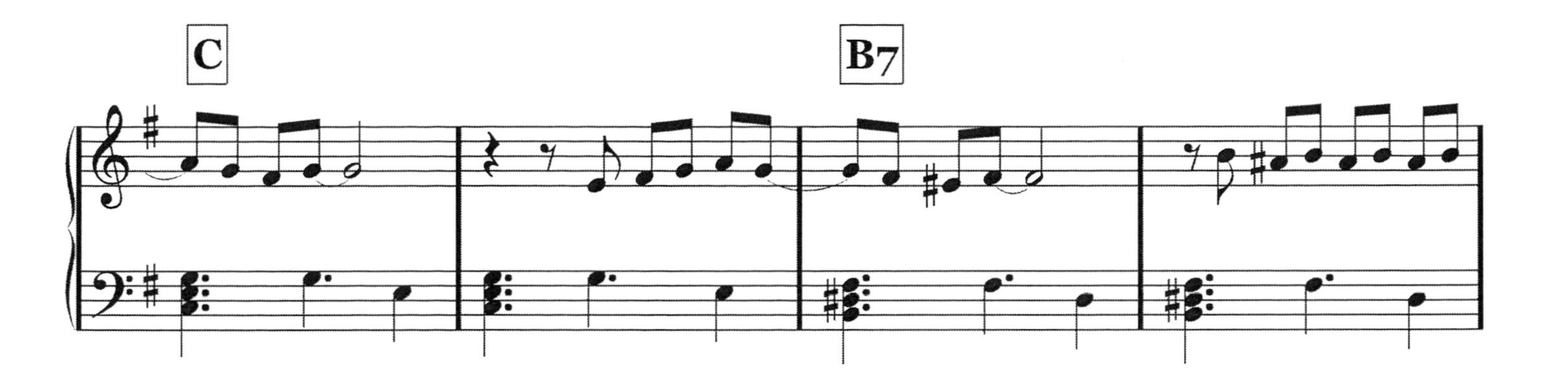
C
B7

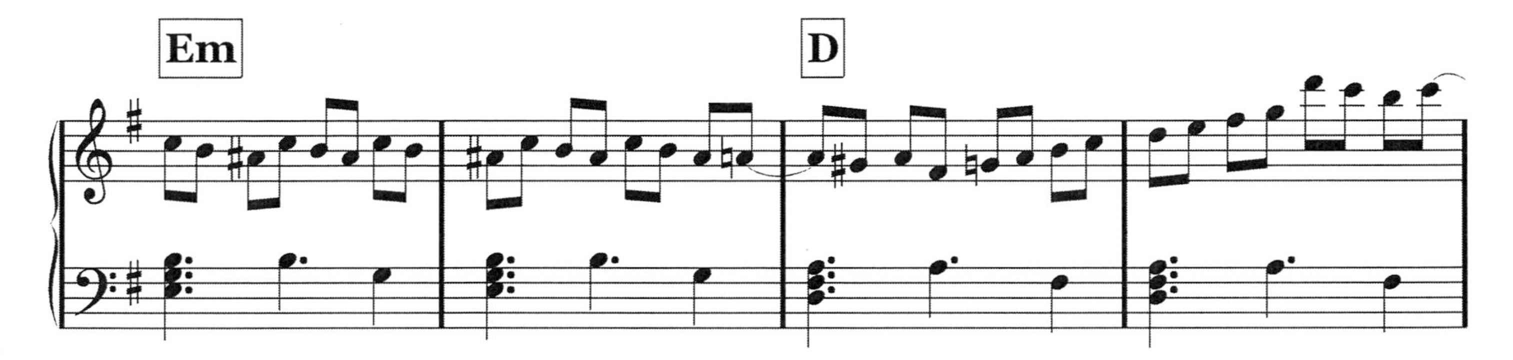
Em
D

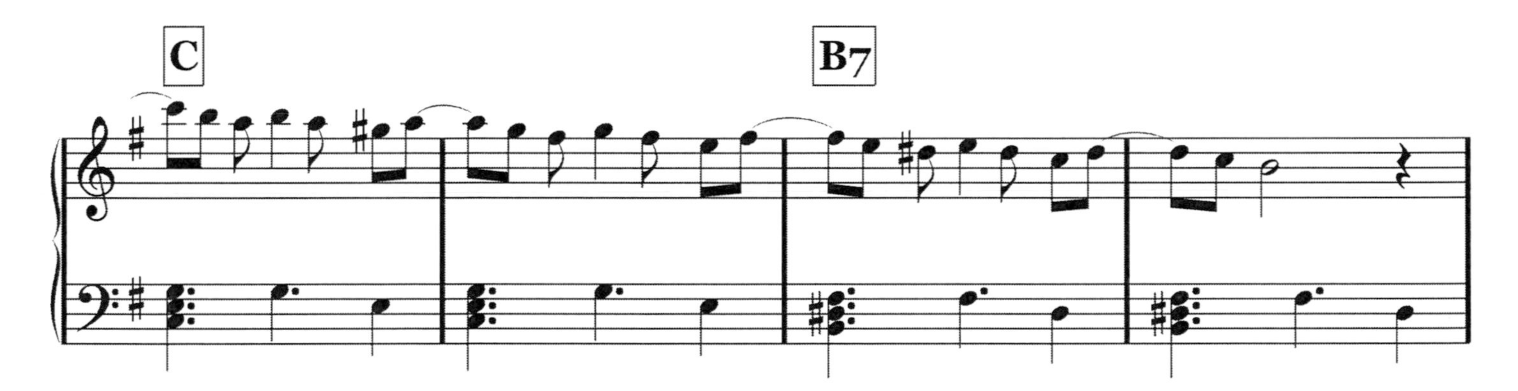
C
B7

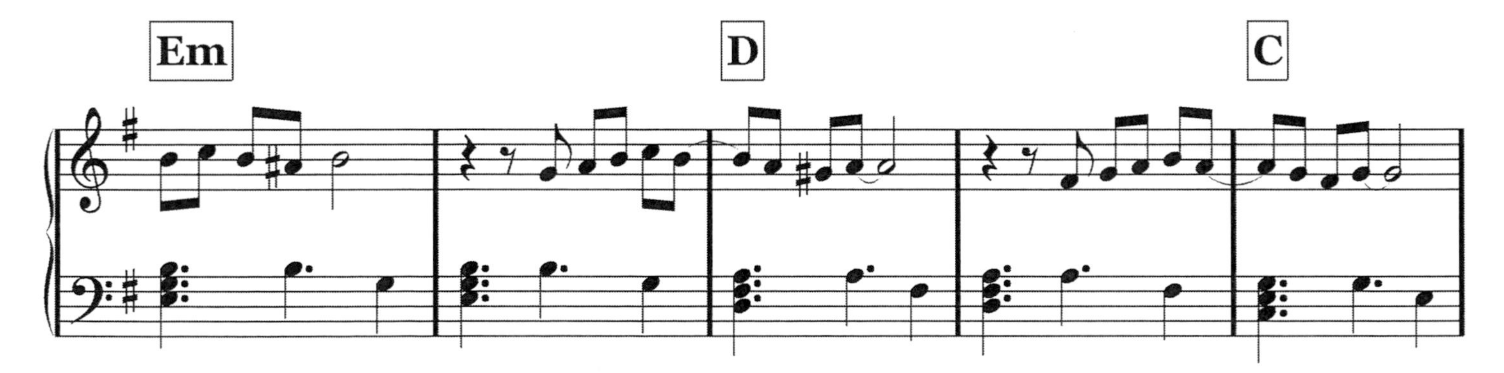
Em
D
C

B7
D
f

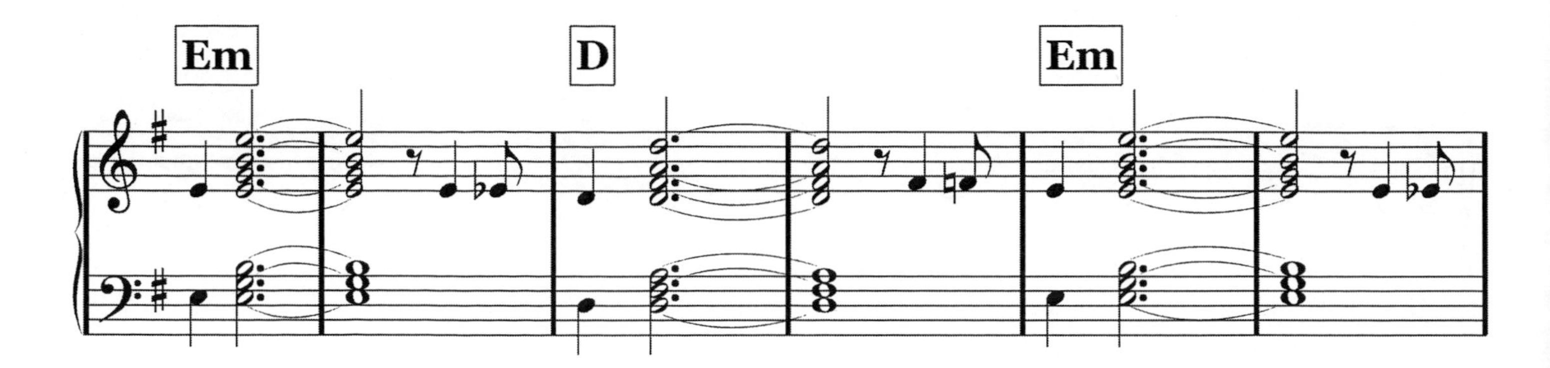
Em
D
Em

D
Em

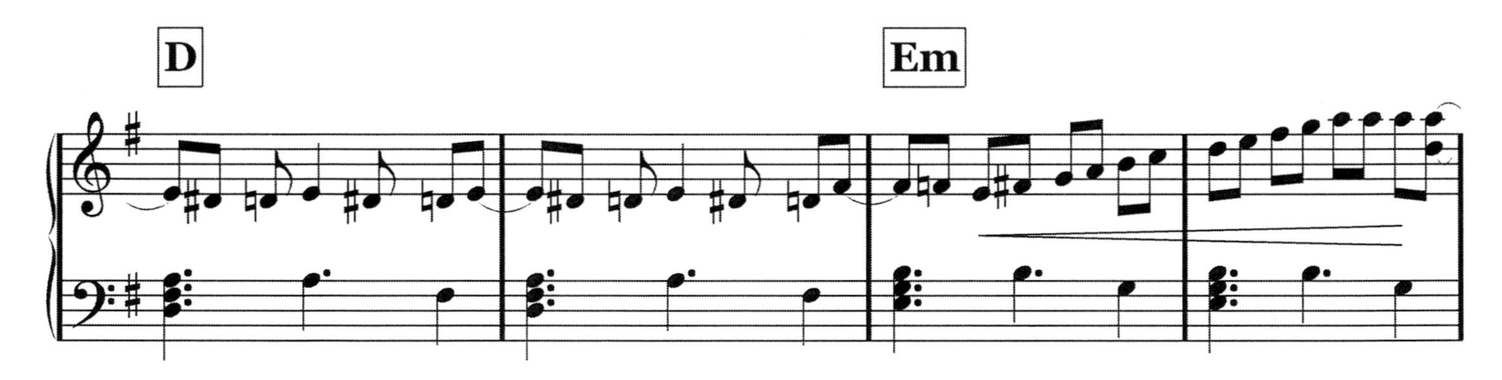
D
Em

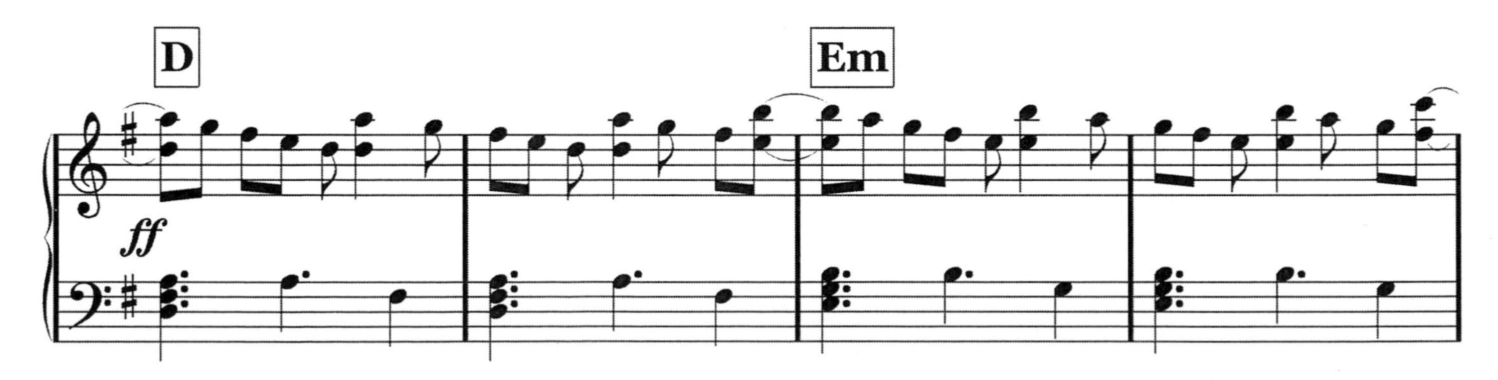
D
Em
ff

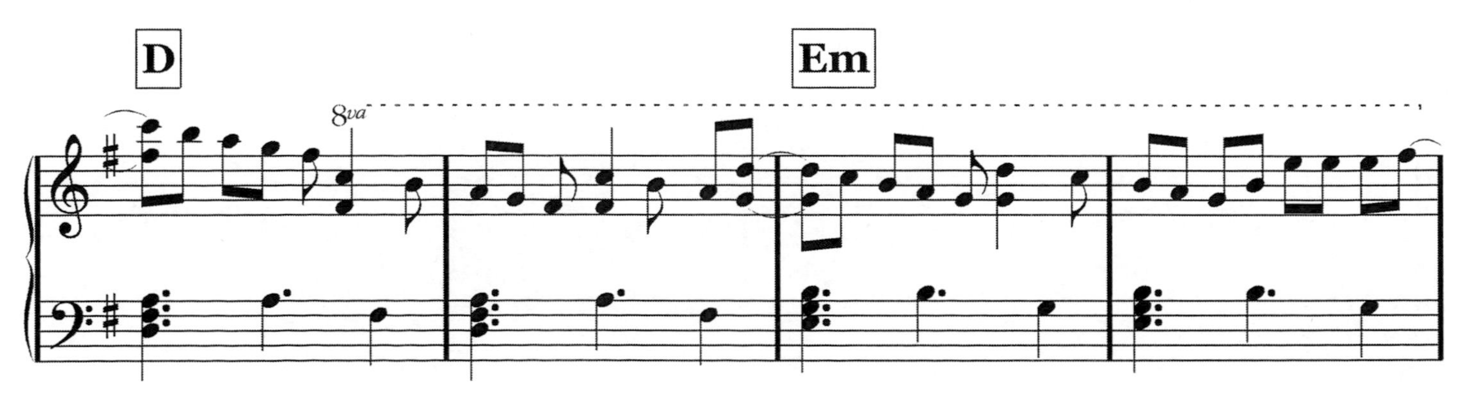
D
Em
8va

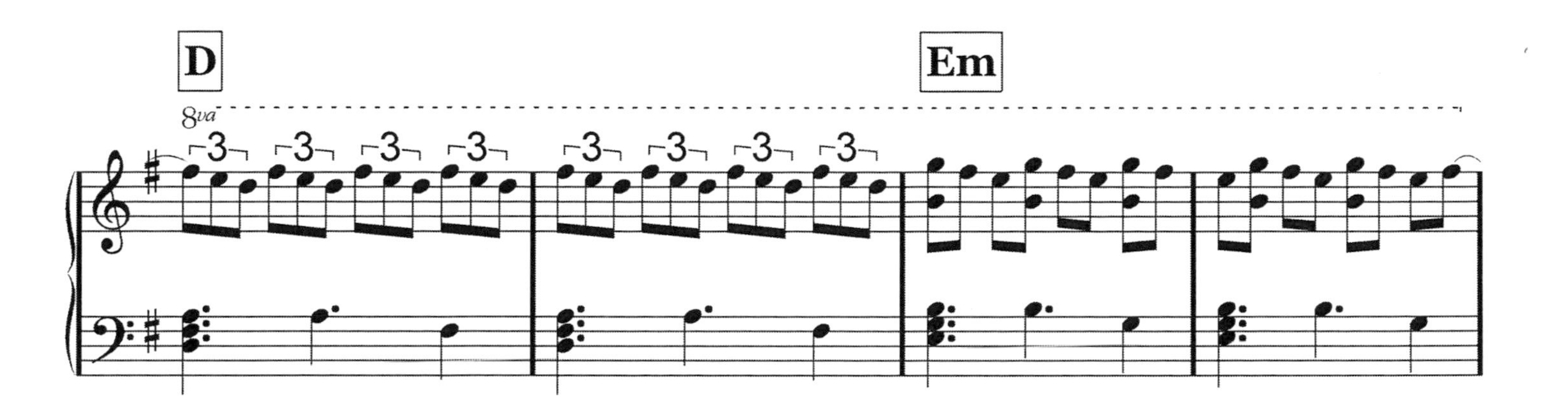
D
Em
8va
3 3 3 3 3 3 3 3

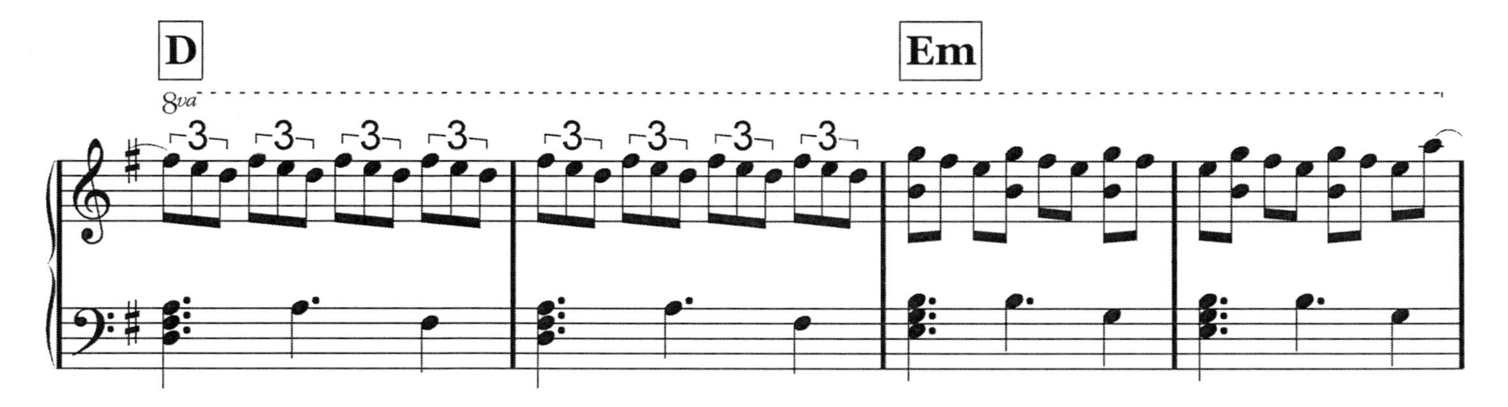
D
Em
8va
3 3 3 3 3 3 3 3

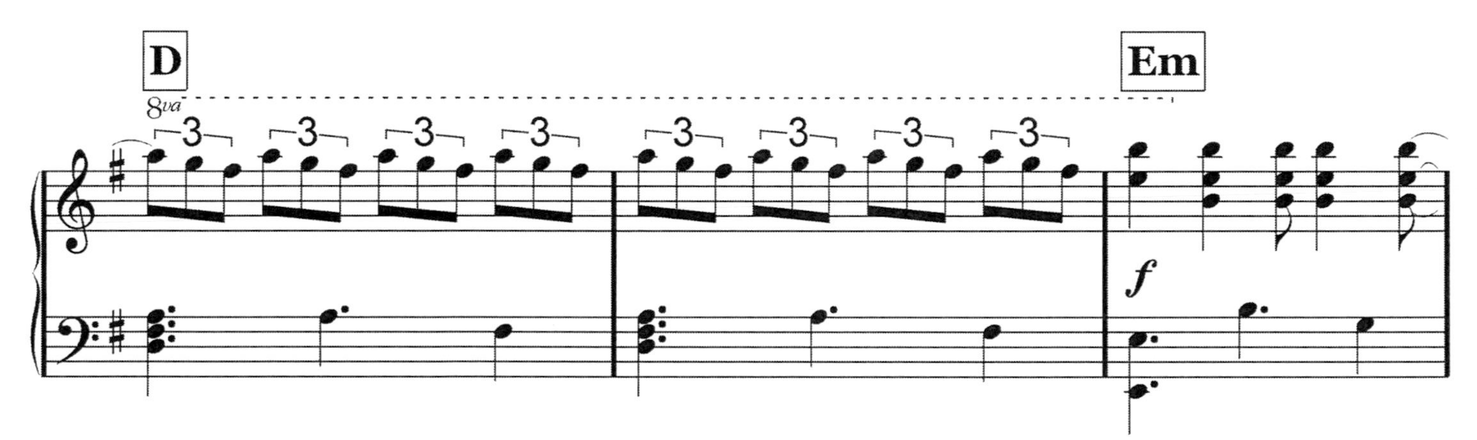
D
Em
8va
3 3 3 3 3 3 3 3
f

D
Em

D
Em

Partituras para aficionados al piano

MA
NON
TROPPO